防范化解重大风险丛书

防范化解
政治领域重大风险

马宝成　马彦涛◎著

国家行政管理出版社
NATIONAL ADMINISTRATION PRESS
·北京·

图书在版编目（CIP）数据

防范化解政治领域重大风险 / 马宝成，马彦涛著．
—北京：国家行政管理出版社，2020.10（2021.1 重印）
（防范化解重大风险丛书）
ISBN 978-7-5150-2486-8

Ⅰ.①防… Ⅱ.①马… ②马… Ⅲ.①中国共产党-
领导干部-思想政治教育-学习参考资料 Ⅳ.①D261.1

中国版本图书馆 CIP 数据核字（2020）第 209917 号

书　　名	防范化解政治领域重大风险 FANGFAN HUAJIE ZHENGZHI LINGYU ZHONGDA FENGXIAN
作　　者	马宝成　马彦涛　著
责任编辑	李瑞琪　王　莹
出版发行	国家行政管理出版社 （北京市海淀区长春桥 6 号　100089）
综 合 办	（010）68928903
发 行 部	（010）68922366　68928870
经　　销	新华书店
印　　刷	北京中科印刷有限公司
版　　次	2020 年 10 月北京第 1 版
印　　次	2021 年 1 月北京第 2 次印刷
开　　本	170 毫米×240 毫米　16 开
印　　张	15.75
字　　数	205 千字
定　　价	56.00 元

本书如有印装问题，可联系调换，联系电话：（010）68929022

《防范化解重大风险丛书》
编委会

新形势下，我国面临复杂多变的发展和安全环境，各种可以预见和难以预见的风险因素明显增多，如果得不到及时有效控制也有可能演变为政治风险。全党同志特别是各级领导干部必须增强风险意识，提高防范政治风险能力。

——习近平

坚持底线思维，着力防范化解重大风险*

习近平

2019年1月21日

坚持以新时代中国特色社会主义思想为指导，全面贯彻落实党的十九大和十九届二中、三中全会精神，深刻认识和准确把握外部环境的深刻变化和我国改革发展稳定面临的新情况新问题新挑战，坚持底线思维，增强忧患意识，提高防控能力，着力防范化解重大风险，保持经济持续健康发展和社会大局稳定，为决胜全面建成小康社会、夺取新时代中国特色社会主义伟大胜利、实现中华民族伟大复兴的中国梦提供坚强保障。

当前，我国形势总体上是好的，党中央领导坚强有力，全党“四个意识”、“四个自信”、“两个维护”显著增强，意识形态领域态势积极健康向上，经济保持着稳中求进的态势，全国各族人民同心同德、斗志昂扬，社会大局保持稳定。

面对波谲云诡的国际形势、复杂敏感的周边环境、艰巨繁重的改革发展稳定任务，我们必须始终保持高度警惕，既要高度警惕“黑天鹅”事件，也要防范“灰犀牛”事件；既要有防范风险的先手，也要有应对和化解风险挑战的高招；既要打好

---

* 这是习近平在省部级主要领导干部坚持底线思维着力防范化解重大风险专题研讨班开班式上的讲话要点。《习近平谈治国理政》第3卷，外文出版社2020年版，第219页。

防范和抵御风险的有准备之战，也要打好化险为夷、转危为机的战略主动战。

各级党委和政府要坚决贯彻总体国家安全观，落实党中央关于维护政治安全的各项要求，确保我国政治安全。要持续巩固壮大主流舆论强势，加大舆论引导力度，加快建立网络综合治理体系，推进依法治网。要高度重视对青年一代的思想政治工作，完善思想政治工作体系，不断创新思想政治工作内容和形式，教育引导广大青年形成正确的世界观、人生观、价值观，增强中国特色社会主义道路、理论、制度、文化自信，确保青年一代成为社会主义建设者和接班人。

当前我国经济形势总体是好的，但经济发展面临的国际环境和国内条件都在发生深刻而复杂的变化，推进供给侧结构性改革过程中不可避免会遇到一些困难和挑战，经济运行稳中有变、变中有忧，我们既要保持战略定力，推动我国经济发展沿着正确方向前进；又要增强忧患意识，未雨绸缪，精准研判、妥善应对经济领域可能出现的重大风险。各地区各部门要平衡好稳增长和防风险的关系，把握好节奏和力度。要稳妥实施房地产市场平稳健康发展长效机制方案。要加强市场心理分析，做好政策出台对金融市场影响的评估，善于引导预期。要加强市场监测，加强监管协调，及时消除隐患。要切实解决中小微企业融资难融资贵问题，加大援企稳岗力度，落实好就业优先政策。要加大力度妥善处理“僵尸企业”处置中启动难、实施难、人员安置难等问题，加快推动市场出清，释放大量沉淀资源。各地区各部门要采取有效措施，做好稳就业、稳金融、稳外贸、稳外资、稳投资、稳预期工作，保持经济运行在合理区间。

科技领域安全是国家安全的重要组成部分。要加强体系建设和能力建设，完善国家创新体系，解决资源配置重复、科研力量分散、创新主体功能定位不清晰等突出问题，提高创新体系整体效能。要加快补短板，建立自主创新的制度机制优势。要加强重大创新领域战略研判和前瞻部署，抓紧布局国家实验室，重组国家重点实验室体系，建设重大创新基地和创新平台，完善产学研协同创新机制。要强化事关国家安全和经济社会发展全局的重大科技任务的统筹组织，强化国家战略科技力量建设。要加快科技安全预警监测体系建设，围绕人工智能、基因编辑、医疗诊断、自动驾驶、无人机、服务机器人等领域，加快推进相关立法工作。

维护社会大局稳定，要切实落实保安全、护稳定各项措施，下大气力解决好人民群众切身利益问题，全面做好就业、教育、社会保障、医药卫生、食品安全、安全生产、社会治安、住房市场调控等各方面工作，不断增加人民群众获得感、幸福感、安全感。要坚持保障合法权益和打击违法犯罪两手都要硬、都要快。对涉众型经济案件受损群体，要坚持把防范打击犯罪同化解风险、维护稳定统筹起来，做好控赃控人、资产返还、教育疏导等工作。要继续推进扫黑除恶专项斗争，紧盯涉黑涉恶重大案件、黑恶势力经济基础、背后“关系网”、“保护伞”不放，在打防并举、标本兼治上下功夫。要创新完善立体化、信息化社会治安防控体系，保持对刑事犯罪的高压震慑态势，增强人民群众安全感。要推进社会治理现代化，坚持和发展“枫桥经验”，健全平安建设社会协同机制，从源头上提升维护社会稳定能力和水平。

当前，世界大变局加速深刻演变，全球动荡源和风险点增多，我国外部环境复杂严峻。我们要统筹国内国际两个大局、发展安全两件大事，既聚焦重点、又统揽全局，有效防范各类风险连锁联动。要加强海外利益保护，确保海外重大项目和人员机构安全。要完善共建“一带一路”安全保障体系，坚决维护主权、安全、发展利益，为我国改革发展稳定营造良好外部环境。

党的十八大以来，我们以自我革命精神推进全面从严治党，清除了党内存在的严重隐患，成效是显著的，但这并不意味着我们就可以高枕无忧了。党面临的长期执政考验、改革开放考验、市场经济考验、外部环境考验具有长期性和复杂性，党面临的精神懈怠危险、能力不足危险、脱离群众危险、消极腐败危险具有尖锐性和严峻性，这是根据实际情况作出的大判断。全党要增强“四个意识”、坚定“四个自信”、做到“两个维护”，自觉在思想上政治上行动上同党中央保持高度一致，自觉维护党的团结统一，严守党的政治纪律和政治规矩，始终保持同人民的血肉联系。中华民族正处在伟大复兴的关键时期，我们的改革发展正处在克难攻坚、闯关夺隘的重要阶段，迫切需要锐意进取、奋发有为、关键时顶得住的干部。党的十八大以来，我们取得了反腐败斗争压倒性胜利，但反腐败斗争还没有取得彻底胜利。反腐败斗争形势依然严峻复杂，零容忍的决心丝毫不能动摇，打击腐败的力度丝毫不能削减，必须以永远在路上的坚韧和执着，坚决打好反腐败斗争攻坚战、持久战。

防范化解重大风险，是各级党委、政府和领导干部的政治职责，大家要坚持守土有责、守土尽责，把防范化解重大风险工作做实做细做好。要强化风险意识，常观大势、常思大局，科学预见形势发展走势和隐藏其中的风险挑战，做到未雨绸缪。

要提高风险化解能力，透过复杂现象把握本质，抓住要害、找准原因，果断决策，善于引导群众、组织群众，善于整合各方力量、科学排兵布阵，有效予以处理。领导干部要加强理论修养，深入学习马克思主义基本理论，学懂弄通做实新时代中国特色社会主义思想，掌握贯穿其中的辩证唯物主义的世界观和方法论，提高战略思维、历史思维、辩证思维、创新思维、法治思维、底线思维能力，善于从纷繁复杂的矛盾中把握规律，不断积累经验、增长才干。要完善风险防控机制，建立健全风险研判机制、决策风险评估机制、风险防控协同机制、风险防控责任机制，主动加强协调配合，坚持一级抓一级、层层抓落实。

防范化解重大风险，需要有充沛顽强的斗争精神。领导干部要敢于担当、敢于斗争，保持斗争精神、增强斗争本领，年轻干部要到重大斗争中去真刀真枪干。各级领导班子和领导干部要加强斗争历练，增强斗争本领，永葆斗争精神，以“踏平坎坷成大道，斗罢艰险又出发”的顽强意志，应对好每一场重大风险挑战，切实把改革发展稳定各项工作做实做好。

目录

导　论　1

一、马克思主义政党历来高度重视防范化解政治领域重大风险 …… 1

二、马克思主义政党防范化解政治领域重大风险的教训镜鉴 …… 13

三、中国共产党在防范化解政治领域重大风险历程中成长壮大 …… 17

四、新时代防范化解政治领域重大风险的根本要求 …… 22

第一章　政治领域重大风险的基本内涵与具体表现　28

一、深刻认识和把握政治领域重大风险的基本内涵 …… 28

二、政治领域重大风险的具体表现 …… 35

三、防范化解政治领域重大风险是加强政治建设的根本要求 …… 44

第二章　防范化解国家主权安全面临的重大风险　53

一、国家主权安全概念 …… 53

二、我国国家主权安全面临的主要重大风险 …… 57

三、着力防范化解国家主权安全重大风险的主要内容………… 64

第三章　防范化解政权和制度安全面临的重大风险　79

一、政权和制度安全是政治安全最核心的内容……………………… 79
二、必须坚持和完善党的全面领导制度……………………………… 90
三、必须坚持和完善人民当家作主制度体系 ……………………… 101
四、必须坚持和完善中国特色社会主义行政管理体制 ……… 105
五、必须坚持和完善中国共产党领导的多党合作和政治协商制度 ………………………………………………………………… 111

第四章　防范化解意识形态安全面临的重大风险　115

一、防范化解意识形态风险事关党的生死存亡 ………………… 115
二、意识形态安全面临的重大风险 ………………………………… 126
三、防范化解意识形态重大风险的着力点与主战场 ………… 137

第五章　防范化解干部队伍建设面临的重大风险　160

一、干部队伍建设是防范化解政治领域重大风险的组织保障 ………………………………………………………………… 160
二、新时代干部队伍建设面临的重大风险 ……………………… 170
三、打造高素质干部队伍，着力防范化解干部队伍建设重大风险 ………………………………………………………………… 181

第六章　防范化解政治落实面临的重大风险　201

一、防范化解政治落实重大风险的重大意义 …………………… 201
二、清醒认识政治落实面临的重大风险 ………………………… 211
三、防范化解政治落实重大风险的重点任务 …………………… 222

后　　记………………………………………………………………… 234

导　论

2019年1月21日，习近平总书记在省部级主要领导干部坚持底线思维着力防范化解重大风险专题研讨班开班式上发表重要讲话，就防范化解政治、意识形态、经济、科技、社会、外部环境、党的建设等领域重大风险作出深刻分析，提出明确要求。防范化解重大风险事关国家安全，我们必须时刻把防范化解政治领域重大风险放在首要位置，“把准政治方向，坚持党的政治领导，夯实政治根基，涵养政治生态，防范政治风险，永葆政治本色，提高政治能力，为我们党不断发展壮大、从胜利走向胜利提供重要保证”。[①]

一、马克思主义政党历来高度重视防范化解政治领域重大风险

马克思主义政党的理论与实践发展史就是一部防范化解政治领域重大风险的历史。马克思主义政党自成立之日起就时刻面临着资产阶级的挑战与诘难。马克思、恩格斯作为马克思主义政党的创始人，对如何有效防范化解政治领域重大风险提出了科学指导和理论支撑。

---

① 习近平：《把党的政治建设摆在首位》，《人民日报（海外版）》2018年7月2日。

（一）马克思、恩格斯关于防范化解政治领域重大风险的经典论述

马克思、恩格斯认为，防范化解政治领域重大风险是保持执政党先进性的内在需要。“先进性是马克思主义政党的根本特征，也是马克思主义政党的生命所系、力量所在。”① 马克思、恩格斯在《共产党宣言》中指出：“在实践方面，共产党人是各国工人政党中最坚决的、始终起推动作用的部分；在理论方面，他们胜过其余无产阶级群众的地方在于他们了解无产阶级运动的条件、进程和一般结果。”② 共产党作为先锋队性质的工人组织，有着彻底的革命精神，并且了解无产阶级运动的条件、进程和结果，能够成功带领无产阶级在革命和建设运动中取得胜利。“他们没有任何同整个无产阶级的利益不同的利益。他们不提出任何特殊的原则，用以塑造无产阶级的运动。”③ 马克思主义政党除了思想上的先进性，还要在政治上、组织上保持独立性，才会让无产阶级拥有自己专属的政策和动力，才能真正摆脱资产阶级的影响，赢得稳固的执政地位。必须时刻警惕马克思主义政党腐败变质的风险，以抵御各种资本主义思想、观念的侵蚀与资产阶级的反扑。“无产阶级的运动是绝大多数人的、为绝大多数人谋利益的独立的运动”，④ 但绝大部分共产党人都是在资本主义的资产阶级思潮中发展、成熟起来的，资产阶级肯定会用他们腐朽的资产阶级思想同化共产党人，资产阶级糖衣炮弹的诱惑和鼓动随时都在发生，个别意志力薄弱的同志就容易腐败变质，作出危害马克思主义政党生命的不理智举动。因此，必须高度重视防范化解马克思主义政党腐败变质带来的政治风险。为防止

---

① 习近平：《干在实处走在前列——推进浙江新发展的思考与实践》，中共中央党校出版社2016年版，第453页。

② 《马克思恩格斯选集》第1卷，人民出版社2012年版，第413页。

③ 《马克思恩格斯文集》第4卷，人民出版社2009年版，第3页。

④ 《马克思恩格斯选集》第1卷，人民出版社1995年版，第283页。

马克思主义政党腐败变质，马克思、恩格斯提出，一要通过普选制、监督制、罢免制和普通工人工资制等一系列措施，用来“可靠地防止人们去追求升官发财”。对于执政党内的腐败分子，要采取零容忍的处理方式，坚决反对和驱逐。让广大劳动人民参与到国家事务的管理之中，推选出专属于人民自己的组织，运用自己的手去管理国家事务，保证人民群众实际参加国家管理。二要强化民主集中制思想。《共产主义同盟章程》规定全体盟员一律平等，党内一切事务都由盟员和代表大会来处理；代表大会每年定期举行，同盟的各级组织和领导成员都定期选举产生，并可以随时撤换；中央委员会是同盟的权力执行机关，中央委员会要同下级组织经常保持联系，下级组织要向上级组织报告工作等。这保证了马克思主义政党的权威性和组织纪律性。三要尽快发展社会生产力。马克思恩格斯在《共产党宣言》中指出，“无产阶级将利用自己的政治统治，一步一步地夺取资产阶级的全部资本，把一切生产工具集中在国家即组织成为统治阶级的无产阶级手里，并且尽可能快地增加生产力的总量”，[①] 这样才能为建立无产阶级专政提供物质保障，以便维持自身的执政地位。

马克思、恩格斯认为，无产阶级政党面临的风险存在于人类社会诸领域之中。在商品生产和流通过程中，风险是不可避免的。马克思指出：“如果说资本在由货币转化为生产条件并从处于静止状态中的资本的形式转入生产过程时，会遭受生产过程的风险，遭受自己的失败，——这是任何生产过程都会遭受的风险，而不管这个过程具有何种社会形式……。”[②] 恩格斯在《法国的改革运动》中指出：“在最近一次的两院会议上，艾米尔·德·日拉丹先生揭发了无数的行贿丑闻，以为这样就会把政府推翻，可是政府仍然熬过了这场风险。”[③] 这表明

---

① 《列宁全集》第 31 卷，人民出版社 2017 年版，第 169 页。

② 《马克思恩格斯全集》第 49 卷，人民出版社 1982 年版，第 305 页。

③ 《马克思恩格斯全集》第 4 卷，人民出版社 1958 年版，第 394 页。

资本主义民主政治中，资产阶级政府对于其执政的风险与挑战有着一定的防范化解能力，对于无产阶级政党来说也是一种挑战。在社会领域，社会分工带来的人的异化也产生了风险。“只要分工还不是出于自愿，而是自然形成的，那么人本身的活动对人来说就成为一种异己的、同他对立的力量，这种力量压迫着人，而不是人驾驭着这种力量。”[①]这说明劳动不是个体实现自由而全面发展的内在需要，而是沦为维持基本物质生存的手段，导致了劳动者与其劳动产品的异化，最终导致劳动者与人类本质的异化。风险同样存在于自然界，主要与人类生产方式对自然的破坏密切相关。马克思、恩格斯生活的时代，人与自然的紧张关系尚未十分突出，但从长期来看，人对自然界的“征服”会带来负面影响。正如恩格斯所说：“我们不要过分陶醉于我们人类对自然界的胜利。对于每一次这样的胜利，自然界都对我们进行报复。”[②]因此，马克思主义政党必须重视自身政治建设，始终保持在思想、政治、理论、组织以及政策、纲领上的独立性，高度警惕上述经济、政治、社会、自然等领域的变化而带来的政治风险。

（二）列宁对防范化解政治领域重大风险理论的丰富发展

列宁在无产阶级执政实践中丰富发展了防范化解政治领域重大风险的理论。列宁认为，十月革命胜利后，新生政权面临的政治领域重大风险有来自国内阶级敌人的，主要是小私有者和民族资本，特别是小私有者不遵循国家规定进行违法投机行为所带来的无政府状态；也有来自国际资产阶级的，主要指进行租借和参股的外国资本，可能成为国际资产阶级进行经济操控与和平演变的工具。列宁指出，防范化解政治领域重大风险的关键就是经济建设，如果经济建设搞不好，风险是极为严重的。列宁通过实行“新经济政策”，着重强调“在任何社

① 《马克思恩格斯选集》第1卷，人民出版社2012年版，第165页。
② 《马克思恩格斯选集》第3卷，人民出版社2012年版，第998页。

会主义革命中，当无产阶级夺取政权的任务解决以后，随着剥夺剥夺者及镇压他们反抗的任务大体上和基本上解决，必然要把创造高于资本主义的社会结构的根本任务提到首要地位，这个根本任务就是：提高劳动生产率”。[①] 列宁还要求各级党员干部要通过不断学习来加强经济领域知识的学习，要求党员干部必须要有经济管理能力。列宁还认为，防范化解官僚主义及脱离群众的风险，必须制定国家机关的立法制度。在《给代表大会的信》中，列宁指出官僚主义在党内无处不在，“对于一个人数不多的共产党来说，对于一个作为工人阶级的先锋队来领导一个大国在暂时没有得到较先进国家的直接援助的情况下向社会主义过渡的共产党来说，最严重最可怕的危险之一，就是脱离群众，就是先锋队往前跑得太远，没有‘保持排面整齐’，没有同全体劳动大军即同大多数工农群众保持牢固的联系”。[②] “我们必须懂得同官僚主义作斗争是绝对必要的，这种斗争也像同小资产阶级自发势力作斗争的任务一样复杂。”[③] “只有当全体居民都参加管理工作时，才能把反官僚主义的斗争进行到底。”[④] “在人民群众中，我们毕竟是沧海一粟，只有我们正确地表达人民的想法，我们才能管理。否则共产党就不能率领无产阶级，而无产阶级就不能率领群众，整个机器就要散架。”[⑤] 因而，时刻保持与人民群众的血肉联系，是防范化解政治领域重大风险的关键所在，是克服社会主义所遇到的各种风险的根本保障。

（三）中国共产党关于防范化解政治领域重大风险的理论创新与实践创新

关于防范化解政治领域重大风险，毛泽东同志、邓小平同志、江

---

① 《列宁全集》第 34 卷，人民出版社 2017 年版，第 168 页。
② 《列宁全集》第 42 卷，人民出版社 2017 年版，第 383 页。
③ 《列宁全集》第 32 卷，人民出版社 1958 年版，第 179 页。
④ 《列宁全集》第 36 卷，人民出版社 2017 年版，第 154 页。
⑤ 《列宁全集》第 43 卷，人民出版社 2017 年版，第 113 页。

泽民同志、胡锦涛同志讲得很多，也很深刻，是治党治国很重要的政治经验和政治智慧。

以毛泽东同志为主要代表的中国共产党人，在中国革命和建设的伟大进程中，为防范化解政治领域重大风险进行了艰苦探索，积累了宝贵经验。毛泽东同志是防范化解重大风险的战略大师。1929 年，毛泽东同志在古田会议上提出了思想建党、政治建军等一系列主张，严肃批评了当时红军中存在的将军事与政治对立起来、认为军事好政治自然好、军事不好政治也不好的观点，强调“红军是一个执行革命的政治任务的武装集团”，要“从教育上提高党内的政治水平”，要“教育党员使党员的思想和党内的生活都政治化”，并将“政治观念没有错误”[①] 作为新党员入党的重要条件。他还指出“枪杆子里头出政权”的极端重要性，强调在严酷的革命环境中，必须加强军事建设，建立强大的武装力量，通过无产阶级思想教育军队，强调军民结合来防范军队建设中可能出现的风险。毛泽东同志还提出只有走农村包围城市、武装夺取政权的革命道路，才能避开敌人力量集聚的地区，防范化解被国民党围剿的风险。

抗日战争时期，毛泽东同志强调广大干部要努力成为无产阶级政治家以防范化解各种政治领域重大风险。“一个政党要引导革命到胜利，必须依靠自己政治路线的正确和组织上的巩固。”[②] “我们的干部不但能治党，而且能治国，要懂得向全中国与全世界人民讲话，并为他们做事，要有远大的政治眼光与政治家的风度。”[③] 可以说，没有强有力的政治保证，党的团结统一就是一句空话，中国革命就不可能取得胜利。1945 年，毛泽东同志在党的七大上作结论报告，在讲“准备吃亏”、准备困难时一口气列了十七条困难：第一条，外国大骂；第二

① 《毛泽东文集》第 1 卷，人民出版社 1993 年版，第 79、80、84、90 页。

② 《毛泽东选集》第 1 卷，人民出版社 1991 年版，第 303 页。

③ 《毛泽东文集》第 2 卷，人民出版社 1993 年版，第 60 页。

条，国内大骂；第三条，被国民党占去几大块根据地；第四条，被国民党消灭若干万军队；第五条，伪军欢迎蒋介石；第六条，爆发内战；第七条，出了斯科比，中国变成希腊；第八条，“不承认波兰”，也就是共产党的地位得不到承认；第九条，跑掉、散掉若干万党员；第十条，党内出现悲观心理、疲劳情绪；第十一条，天灾流行，赤地千里；第十二条，经济困难；第十三条，敌人兵力集中华北；第十四条，国民党实行暗杀阴谋，暗杀我们的负责同志；第十五条，党的领导机关发生意见分歧；第十六条，国际无产阶级长期不援助我们；第十七条，其他意想不到的事。他说：“许多事情是意料不到的，但是一定要想到，尤其是我们的高级负责干部要有这种精神准备，准备对付非常的困难，对付非常的不利情况。这些，我们都要透彻地想好。”[①] 对上述种种困难，毛泽东同志还提出了防范化解之策，成为中国共产党在即将“胜利”的大好形势下高度重视防范化解重大风险的典范。

新民主主义革命胜利前夕，毛泽东同志预计，一是在党内可能会出现居功自傲、止步不前、贪图享乐的风气；二是党内会有人经不起资产阶级的侵蚀。为此，他告诫全党，伟大的中国革命的胜利来之不易，但是革命之后的任务会更加艰巨，在革命即将取得胜利的时候，要让全党同志“务必使同志们继续地保持谦虚、谨慎、不骄、不躁的作风，务必使同志们继续地保持艰苦奋斗的作风”。[②] 新中国成立后，党中央和毛泽东同志严厉处理党内的不良作风和贪污腐败问题，化解了贪污腐败给党的肌体的侵蚀，加强了党与人民群众的血肉联系。在社会主义建设时期，毛泽东同志强调要重视党的思想政治建设，要防止修正主义，防止党的旗帜改变颜色。针对社会主义制度建立后的一些社会矛盾，毛泽东同志首先承认了矛盾的存在，并且认真地作了调查研究，他希望这些矛盾的爆发，可以教育干部克服官僚主义，避免

① 《毛泽东文集》第 3 卷，人民出版社 1996 年版，第 392 页。

② 《毛泽东选集》第 4 卷，人民出版社 1991 年版，第 1438—1439 页。

脱离群众。1957 年，毛泽东同志明确提出了党在执政的情况下，避免风险的方式就是要营造又有集中又有民主，又有纪律又有自由，又有统一意志，又有个人心情舒畅、生动活泼的政治局面。但遗憾的是，党对国际国内形势的误判，特别是对国内阶级斗争的错估与经济发展的难以落实，使党与国家经历了十年浩劫，带来了沉重的损失，值得我们深思。

党的十一届三中全会以后，中国共产党人更加重视政治领域重大风险的防范化解。邓小平同志反复强调："我们要把工作的基点放在出现较大的风险上，准备好对策。这样，即使出现了大的风险，天也不会塌下来。"① 在 1979 年召开的理论工作务虚会上，邓小平同志指出："马克思主义的思想理论工作是不能离开现实政治的。我这里说的政治，是国内外阶级斗争的大局，是中国人民和世界人民在现实斗争中的根本利害。不能设想，离开政治的大局，不研究政治的大局，不估计革命斗争的实际发展，能成为一个马克思主义的思想家、理论家。"② 通过总结十年"文革"的惨痛教训，邓小平同志明确指出："社会主义现代化建设是我们当前最大的政治，因为它代表着人民的最大的利益、最根本的利益。现在，每一个党员、团员，每一个爱国的公民，都必须在党和政府的统一领导下，克服一切困难，千方百计地为实现四个现代化贡献出一切力量。"③ "我们在确定做这件事的时候，就意识到会有这样的风险。"④ 这些风险主要体现在：一是帝国主义推行霸权主义带来的战争风险。虽然霸权主义在世界范围内不得人心，但"超级大国的争夺日益加剧，苏联霸权主义加速推进全球战略部署，严重地威胁着世界的和平和我国的安全"。⑤ 他告诫全党要保持戒心，

① 《邓小平文选》第 3 卷，人民出版社 1993 年版，第 267 页。
② 《邓小平文选》第 2 卷，人民出版社 1994 年版，第 179 页。
③ 《邓小平文选》第 2 卷，人民出版社 1994 年版，第 163 页。
④ 《邓小平文选》第 3 卷，人民出版社 1993 年版，第 113 页。
⑤ 《邓小平文选》第 2 卷，人民出版社 1994 年版，第 395 页。

“因为霸权主义者有疯狂性，不知道他们在什么地方制造一件什么小事情，就可能挑起战争。大战固然可能推迟，但是一些偶然的、局部的情况是难以完全预料的”。[①] 二是帝国主义实行的“软战争”策略。1989年，邓小平同志针对当时的国内国际情势，果断地提出了防止“和平演变”的战略。他告诫全党“西方国家正在打一场没有硝烟的第三次世界大战。所谓没有硝烟，就是要社会主义国家和平演变”。[②] 他们采用更为隐蔽的意识形态手段来“分化”“西化”我们，这种毒害能够深入人的灵魂，是一种政治洗脑。三是来自改革的风险。改革是一场涉及中国社会各领域的全方位革命。改革会打破原有体制，会打破原有利益格局，会改变人们的利益关系，会带来各种矛盾与纠纷，破坏社会的稳定。对外开放会给我们带来精神污染，带来资产阶级自由化的思想，会付出政治上的代价，甚至是失败的风险。邓小平同志认为：“搞改革、搞四化可不简单。我们从来没有自我陶醉，没有认为会一帆风顺。一定会有来自多方面的干扰，有‘左’的也有右的干扰。”但是“我们的社会主义政策和国家机器有力量去克服这些东西”。[③] 正是因为党和政府具备了防范化解政治风险的能力，我们才能成功应对东欧剧变、苏联解体、世界社会主义出现严重曲折所带给我们的巨大挑战，积极开拓中国特色社会主义道路；我们才能重挫西方某些敌对势力借机对我国在政治上施压、在经济上“制裁”的伎俩，坚决捍卫社会主义国家政权，捍卫人民的根本利益。

江泽民同志指出，我们党已经“成为一个领导人民掌握着全国政权并长期执政的党”，“成为在全面改革开放条件下领导国家建设的党”，有效防范化解党长期执政中的政治风险，是党长期执政所面临的更为重要的一环。为化解治党不严的风险，江泽民同志指出：“在新的

---

① 《邓小平文选》第2卷，人民出版社1994年版，第77页。
② 《邓小平文选》第3卷，人民出版社1993年版，第344页。
③ 《邓小平文选》第3卷，人民出版社1993年版，第199、139页。

形势下，党内也经常产生一些不容忽视的问题，一些惰性的、消极的甚至腐朽的东西逐渐滋生起来，从思想上、作风上和组织上严重侵蚀着党员、干部队伍，影响着党的凝聚力、战斗力的增强和党同群众关系的加强。”[①] 全党要认识到：“越是改革开放，越是发展社会主义市场经济，越要从严治党。如果治党不严，纪律松弛，组织涣散，发展下去不是没有亡党亡国的危险啊!”[②] 为化解脱离群众的风险，江泽民同志指出：“我们党执政以后，一方面取得了更好地服务人民的条件，另一方面也增加了脱离群众的危险。”[③] 他认为，脱离群众的风险不仅来源于领导干部以权谋私、贪赃枉法、贪图享受、消极腐败等具体行为，还源于国内外反动势力对党群关系的挑唆，但是最根本的还是在于党风不正。全党只要同人民群众真正地连成一体、打成一片，“就会一身正气，什么歪风邪气也刮不倒。相反，如果脱离了群众，脑子里没有群众观念、群众利益，就会成为歪风邪气的俘虏”。[④] 为化解领导干部腐化堕落的风险，江泽民同志反复强调：“如果腐败得不到有效惩治，党就会丧失人民群众的信任和支持。”[⑤] 腐败分子一旦出现，“不论是什么人，都必须依照党纪国法，坚决予以惩处”，[⑥] 全党都要同腐败现象作斗争。为有效防范化解政治领域重大风险，江泽民同志还特别提出：“领导干部一定要讲政治”，[⑦] 要善于从政治上提出和处理问题。他提醒广大领导干部，要纠正陷于日常事务，不关心政治，不注意社会思想政治动态的现象。要提高政治敏锐性和洞察力，善于从政治上认识问题、处理问题，在事关方向、事关原则的问题上保持清醒的头脑和坚定的立场。

---

① 中共中央文献研究室编：《十五大以来重要文献选编》（中），人民出版社 2001 年版，第 1107 页。

② 中共中央文献研究室编：《十五大以来重要文献选编》（中），人民出版社 2001 年版，第 1108 页。

③ 《江泽民文选》第 1 卷，人民出版社 2006 年版，第 98 页。

④ 《江泽民论党风廉政建设和反腐败斗争》，中国方正出版社 2003 年版，第 135 页。

⑤ 《江泽民论党风廉政建设和反腐败斗争》，中国方正出版社 2003 年版，第 23 页。

⑥ 《江泽民论党风廉政建设和反腐败斗争》，中国方正出版社 2003 年版，第 52 页。

⑦ 《江泽民文选》第 1 卷，人民出版社 2006 年版，第 455 页。

21 世纪，随着改革开放的持续深入，我国经济社会发展在取得巨大历史成就的同时，也面临着一系列的挑战与问题。政治上，社会结构重新组合，社会阶层逐渐分化，社会财富与社会资源分配不公，社会政策利益导向更加明显，使我国社会问题越来越凸显，给政府公信力与党的合法性带来了严峻挑战。文化上，深化改革在满足人民群众日益增长的文化需求的同时，也使人们思想活动的独立性、选择性、多变性、差异性明显增加，西方社会思潮的影响越来越大。以胡锦涛同志为代表的中国共产党人敏锐把握世情、国情和党情的深刻变化，针对新世纪新情况新问题，进一步分析了党在 21 世纪所面临的政治领域的各类风险挑战，并制定了积极的应对措施。他认为，在我们已经取得巨大成就的同时，各级领导干部要清醒地认识到，我们面临的严峻问题与风险挑战也越来越大，各级领导干部要增强危机意识，见微知著，防微杜渐，不断提升执政能力与水平。2009 年，胡锦涛同志在党的十七届四中全会上指出党面临的执政风险时刻存在，党的执政地位有丧失的可能。“党的先进性和党的执政地位都不是一劳永逸、一成不变的，过去先进不等于现在先进，现在先进不等于永远先进；过去拥有不等于现在拥有，现在拥有不等于永远拥有。”① 2011 年在建党 90 周年的讲话中，胡锦涛同志明确指出：“新形势下，党面临的执政考验、改革开放考验、市场经济考验、外部环境考验是长期的、复杂的、严峻的。精神懈怠的危险，能力不足的危险，脱离群众的危险，消极腐败的危险，更加尖锐地摆在全党面前，落实党要管党、从严治党的任务比以往任何时候都更为繁重、更为紧迫。”② 2012 年在党的十八大报告中，他再次重申“四大考验、四大危险”，告诫全党要不断提高党的领导水平和执政水平，提高拒腐防变和抵御风险能力，这是党巩固执政地位，实现执政使命必须解决好的重大课题。

① 《胡锦涛文选》第 3 卷，人民出版社 2016 年版，第 169 页。

② 胡锦涛：《在庆祝中国共产党成立 90 周年大会上的讲话》，《人民日报》2011 年 7 月 2 日。

进入新时代，习近平总书记高度重视政治领域重大风险。“治其本，朝令而夕从；救其末，百世不改也。”对于一个政党来说，政治属性是政党第一位的属性，旗帜鲜明讲政治是马克思主义政党的突出特点和优势。从革命战争年代强调“革命的政治工作是革命军队的生命线”，到社会主义建设时期提出“政治工作是一切经济工作的生命线”，再到改革开放后强调“到什么时候都得讲政治”，注重政治建设是我们党一以贯之的思想自觉和行动自觉。历史和现实一再证明，党的政治建设是党的建设的“根本”，什么时候这个根本性建设抓对了抓实了，全党就能团结统一、力量坚强；什么时候在政治建设上出现松懈或偏差，党就有可能犯错误甚至是严重错误。防范政治风险是新时代我们党必须正视和解决的重大现实课题。当今世界正处于“百年未有之大变局”，世情、国情、党情都发生着深刻变化。从世情变化上来看，影响世界和平与发展的不确定因素在增加。全球化的迅速发展，一方面造成了风险的全球化，使政治风险跨越政治地理边界成为可能；另一方面，随着世界多极化的深入发展，国际秩序面临诸多挑战，我国在国际领域中政治安全的风险也在某种程度上有加剧的趋势。从国情变化上来看，我国社会主要矛盾发生了变化，但我国仍处于并将长期处于社会主义初级阶段的基本国情没有变，我国是世界最大发展中国家的国际地位没有变。我国社会发展与人民群众的期望之间还存在较大的差距，如果我们党不能及时回应人民群众的利益诉求和对美好生活的向往，将动摇党的执政根基，加剧国内政治风险激化的可能性。从党情变化上来看，全面从严治党虽然取得了很大成绩，但党内存在的政治问题还没有得到根本解决。当前，一些党组织和党员干部忽视政治、淡化政治、不讲政治的问题还比较突出，有的甚至存在偏离中国特色社会主义方向的严重问题，严重威胁到党的执政地位和国家政权安全。尽管国内外形势发生着深刻而复杂的变化，但并没有改变我国发展仍处于重要战略机遇期这一基本现实。我们要想在新时代大有作为，必须保持饱满的精神和昂扬的斗志，时刻保持警醒，以高度的忧患意识、风险意识防范政治风险的发生。

二、马克思主义政党防范化解政治领域重大风险的教训镜鉴

防范化解政治领域重大风险是马克思主义执政党的天然使命。执政党如果忽视政治领域重大风险，就会失去国家安全最核心的屏障，就会有随时失去政权的危险。这不但是中国共产党的近百年历史的经验总结，更是世界执政党特别是马克思主义执政党执政经验的总结。纵观世界各国政党史，世界上的许多国家都是政党政治，但各国执政党的执政不是一成不变的，而是不断变化的。有的国家的政党有着长期执政的历史，也有失去执政地位的历史。执政党失去执政地位的原因是多方面的，而最为重要的原因在于执政党逐渐失去防范化解政治领域重大风险的能力，不能有效应对政治领域的各种风险，最后使各类风险集中爆发，由小风险演化成大风险，以至失去执政地位。

从世界马克思主义执政党的历史看，苏联共产党失去执政地位是最值得我们借鉴的反面教材，越南共产党等有效维护执政地位的经验也为我们提供了积极的参考。

20 世纪 90 年代初，有着 74 年执政史、2100 万党员的大党老党苏联共产党一夜之间突然垮台，失去政权。其原因是多方面的，但最终反映出苏联共产党在防范化解政治领域重大风险上出现了隐患。政治制度上的风险表现在苏联建立了高度集权的政治体制，培养出了一个超越于民众之上的特权阶层，不但扼杀了人民群众建设社会主义的积极性主动性创造性，还使得苏联共产党与人民群众的联系日益疏远，腐败成风，法制形同虚设，民主政治建设严重滞后，使苏联共产党执政的合法性资源日益枯竭；政治制度领域的风险反映在经济领域又体

现为高度集中的计划经济体制导致企业缺乏生机活力，政府管得过多过死，政企不分，官僚主义盛行，严重阻碍了经济的发展，加之长期优先发展重工业的政策，使得原本就十分落后的农业和轻工业越来越落后，严重影响了人民群众的生活，使人民群众看不到任何希望，对苏联共产党失去了最后的信任；政治思想上的风险主要体现在大搞形式主义、实用主义、官僚主义、特权主义，领导干部教条主义、本本主义盛行，党的理论创新停滞不前，思想日益僵化；意识形态上的风险体现在对于“西化”“和平演化”洞门大开，失防无防；政治关系上的风险体现在苏联共产党在与以美国为首的资本主义国家关系上实行自我封闭与全球对抗，强迫其他社会主义国家接受苏联模式，导致苏联内外关系紧张，缺乏和平发展的环境；执政党组织上的风险体现在苏共党内分化严重，各行其是，党中央权威严重缺失，对地方党组织的管理与指挥处于无序与失控状态；等等。这些构成了苏联共产党在政治领域重大风险的基本表现，而最严重的是，政治领域的各类风险由隐蔽转为显性，由个部演化为局部甚至全局，由民众期待转化为民众愤怒。特别是苏联共产党高层在化解政治领域重大风险的过程中又出现了一系列的政策失误或错误，如政治上的“民主化”“公开化”，经济上的“非国有化”“私有化”，思想上的“多元化”，外交上的“新思维”，使原本就摇摇欲坠的苏联共产党政权无以为继，最后落得垮台的下场。

苏联共产党解体后，国际共产主义运动进入低潮。但在世界其他马克思主义政党执政的国家仍然坚持马克思主义政党的执政地位，如越南共产党、古巴共产党、朝鲜劳动党等面对不断变幻的国内外形势提高了风险意识，采取了不同方法防范化解了政治领域重大风险。越南共产党在 1994 年越共七届中期会议上提出防范化解越共面临的各类风险，需要通过各种方式进行。一是不断创新党的指导思想，将马克思主义与越共的执政实际相结合，创立了胡志明思想，并用其指导越共的实践。二是不走苏联模式的老路，探索符合自己国情的社会主义发展道路，“有越南特色的社会主义”，提出了“民富、国强、民主、公平、文明”的社会主义建设目标。三是密切党群联系，提出加强与各层人民的密切关系是“党生存、发展和活动的规律”，改进群众工作方法。古巴共产党在防范化解政治领域重大风险上同样取得了可喜的成就。一是把马列主义与本国实际相结合，创立了“马蒂思想”，并告诫全党必须时刻警惕风险。二是不断满足人民群众的合理需求。古巴共产党认为社会主义的本质是为民造福，要实施满足古巴人民需求的基本福利措施，进行“古巴特色的社会主义建设”。三是强调党群关系是执政之本，对于危及党群关系的任何不当行为都予以坚决的斗争，如坚决切除腐败毒瘤。四是适时调整执政方式。2008 年，劳尔·卡斯特罗就强调改革“不是简单地任命几个领导人的问题，而是要确定应进行什么样的改革”，改变了以往古巴共产党包揽一切的执政方式。朝鲜劳动党认为东欧剧变使朝鲜进入了建国以来最困难的时期，进入了关系生死存亡的关键时期。一方面，朝鲜劳动党创立了适应本国的马克思主义思想，并视为唯一指导思想，提出了建设“朝鲜式的社会主义”方向，坚持“以人民为本”“为人民服务”的原则。另一方面，在党内指出党员干部不是骑在人民头上的特殊群体，而是要做人民的忠仆，要彻底克服官僚主义，维护和实现人民群众的利益。

防范化解政治领域重大风险也是非马克思主义执政党的必修课。除了马克思主义执政党外，世界上一些国家的大党老党在长期执政后也相继失去政权，如印度国大党、墨西哥革命制度党、印尼专业集团都是长期执政的政党，由于疏于自身建设，疏于防范化解政治领域面临的重大风险，最终失去了政权。最为典型的就是阿根廷。阿根廷素有“发展中国家的发达国家”的美称。然而，自 2001 年 12 月以来，阿根廷历经金融、社会、政治三重危机之后，债台高筑，失业率高达 21.5%，53%的人口生活在贫困线以下，继而被国际货币基金组织列入世界28个“破产国家”的黑名单，正义党失去执政地位，从此国家经济一蹶不振，人民生活水平难以提高。这与阿根廷政党忽视防范化解政治领域重大风险密切相关。一是阿根廷政党之间斗争激烈，缺乏公众形象。阿根廷主要政党有激进党、国家团结阵线、正义党。正义党内部政治斗争激烈，斗争日益尖锐和公开化，导致党内分裂。二是阿根廷政府机构臃肿，执行能力低下。一方面，阿根廷的总人口为3600万，而公务员则多达200万。不少政府官员经常利用手中的权力为一些人安排有名无实的工作，公共财政支出负担过重。另一方面，阿根廷总统掌握着行政权力，但受到很大的制约，政府实施的经济计划接二连三地失败或半途而废，致使国内外投资者被迫停止投资或将资金转移到国外。

马克思主义政党必须从世界各国执政党防范化解政治领域重大风险中吸取经验教训。总体上讲，执政党在本国失去执政地位的原因是多方面的。从表面上看，他们都出现了权力寻租化、贪腐公开化、特权合法化、生活享乐化、利益交换化的情况，但本质上是政党失去防范风险的意识，在政治领域重大风险来临或扩大时，没有采取相应的措施，或者没有能力去防范化解，从而走向衰亡的结局。而防范化解政治领域重大风险上存在的问题基本如出一辙。其一，政治上高层率先动摇。党的建设中忽视了干部的思想政治倾向，过分注重海外背景、高学历等，使得一些与执政党离心离德的人走上领导岗位，加速了执政地位的丧失。其二，理论上垄断真理话语。执政党的主要领导人的言论成为社会判别真理与谬误的唯一标准，导致权力产生真理、权力裁决真理、权力支配真理的恶果，使执政理念建立在不正常、不正确，甚至扭曲的基础上。其三，对权力的监督失灵失效。官员为利益集团服务，不受民众监督，特别是最高权力没有受到有效的制衡与监督，使国家利益掌握在政治利益集团手中，成为某些人的私有财产。

从以上成功与失败的案例所得出的经验教训就是：第一，必须坚持和发展中国特色社会主义道路，绝不能犯战略性、颠覆性错误。全面深化改革必须坚持正确的政治方向，绝不能走闭关锁国的老路，也不能走改旗易帜的邪路。第二，必须坚持党的领导，坚决维护以习近平同志为核心的党中央权威和集中统一领导。中国的问题关键在党。没有党的政治领导，没有一个坚强的领导核心，中国就难以凝聚磅礴的力量，就会四分五裂，就难以防范国内国际重大政治风险，实现中华民族的伟大复兴就会是一句空话。第三，必须坚持以马克思主义为指导，以习近平新时代中国特色社会主义思想武装全党。只有坚持马克思主义这一科学理论的指导，才能科学分析国际国内形势，制定正确的路线方针政策以应对各种政治风险。只有以习近平新时代中国特色社会主义思想武装全党，才能凝聚全党思想共识，为防范政治风险提供坚实的思想基础。第四，必须增强政治敏锐性和政治鉴别力，做到眼睛亮、见事早、行动快。切实防范政治风险，要增强前瞻性、自觉性、主动性，要下好先手棋；要做好最坏打算，要往最好处努力；要力争把风险化解在源头，不让小风险演化为大风险；要防范系统性风险的发生；要把危机变为转机，风险变为机会。第五，必须加强党的自身建设，坚持全面从严治党，坚定不移地惩治腐败，使党始终走在时代前列，不断提高党的自我净化、自我完善、自我提高、自我革新的能力，才能夯实政治根基，营造风清气正的政治生态，永葆政治本色，不断提高政治能力，战胜一切风险和挑战。

三、中国共产党在防范化解政治领域重大风险历程中成长壮大

中国共产党是在防范化解政治领域重大风险的历史进程中成长起来的。中国共产党在成立之初，在防范化解政治领域重大风险中还呈现出一定的幼稚性，出现了错误，导致革命失败。中国共产党在领导

中国民主革命与社会主义建设过程中，还经历了由于自身的错误和失误导致的政治风险，而后又不断依靠党自身的努力加以克服纠正，使中国革命和建设事业在艰难曲折的道路上跋涉前进。

中国共产党自成立之初到新中国成立，是在与国民党的斗争中不断成长壮大的，在防范化解国民党所形成的各类风险挑战中成长起来的。1921 年，中国共产党成立之时就遭到北洋军阀政府和外国侵略势力的严密监视和围捕，险些被扼杀在襁褓之中。为应对大革命失败的政治风险，中国共产党凭着坚定而执着的信仰，坚忍不拔的勇气和充满智慧的战略举措，在生死存亡的历史关头确立了走农村包围城市道路的正确路线，使革命迅速转危为安。为应对第五次反“围剿”失败的政治风险，中国共产党开启了长征的伟大征程，在遵义会议上独立自主地运用马列主义基本原理解决了党的路线方针政策，结束了王明“左”倾冒险主义在党中央的统治，确立了毛泽东同志在党中央的领导地位，挽救了党，挽救了红军，挽救了中国革命，开辟了中国革命走向胜利的坦途。全面抗战时期，为应对国民党发动的反共高潮，以毛泽东同志为代表的中国共产党人沉着冷静，谋定后动，坚持“政治上取攻势，军事上暂时仍取守势”[①] 的斗争策略，坚持“以斗争求团结则团结存，以退让求团结则团结亡”的斗争原则，打退了国民党的三次反共高潮，赢得了国际与国内的声誉，提升了中国共产党的形象。解放战争时期，为赢得中国革命的胜利，防范国民党消灭中国共产党的企图及可能出现的政治风险，通过军事斗争加政治斗争，保障了中国革命的最终胜利。同时，为防范中国革命胜利后可能出现的被“不拿枪的敌人”所打倒，毛泽东同志郑重提出：“务必使同志们继续地保持谦虚、谨慎、不骄、不躁的作风，务必使同志们继续地保持艰苦奋

① 中共中央文献研究室、中央档案馆编：《建党以来重要文献选编（1921—1949）》第 18 册，中央文献出版社 2011 年版，第 46 页。

斗的作风。”①

新中国成立后，中国共产党成功防范化解国内外敌对势力对新生政权的挑战与威胁。一方面，国内反动势力仍旧负隅顽抗，潜伏于全国各地及各个领域战线，并不断积聚力量伺机对新生政权发动攻击。另一方面，以美国为首的西方国家出于阵营与意识形态的考虑，在国际上拒不承认新生政权，还发动军事威胁，妄图颠覆新生政权。中国共产党人通过肃清国内反动势力、经济战金融战、剿匪反特斗争、抗美援朝战争、一边倒外交政策等举措，巩固了新生政权，为党和国家的发展创造了有利的外部环境。为应对社会主义探索时期的政治风险，中国共产党人既有成功的经验，也走了一段时期的弯路。1956 年，社会主义改造基本完成后，社会主义制度在我国正式确立，党所面临的政治领域重大风险发生了变化。一方面，由于缺乏社会主义建设经验，党在经济建设上出现了偏差，加之中苏关系恶化，使对社会主义建设的探索更加艰难。另一方面，由于社会主义建设的不断推进与发展，部分领导干部中开始滋生腐败，党群关系受到极大破坏。加之，党内反右斗争扩大化，急躁冒进主观主义情绪的扩散，使党内政治生态受到极大破坏，严重影响了经济建设的进程。为解决日益严峻的政治领域重大风险，党采取了一系列的措施进行化解。一是推进党内民主集中制建设。这有效提升了党在政治决策上的科学性，也为党的领导集体的稳定性提供了坚实保障。二是践行群众路线。毛泽东同志重申了调查研究的重要性并亲赴多地开展调研，为有效摆脱党内主观主义带来的政治风险提供了现实路径，进一步巩固了党的执政根基。三是推进党的作风建设。改善各级领导干部工作作风，不断提升各级领导干部社会主义建设的本领与能力，提高各级领导干部干事创业的积极性、主动性与创造性。但由于对国际国内政治形势判断失误，强调“以阶

① 《毛泽东选集》第 4 卷，人民出版社 1991 年版，第 1438—1439 页。

级斗争为纲”的错误指导思想，使中国社会主义革命和社会主义建设遭受挫折，导致十年浩劫的发生，党和人民为此付出了惨重的代价。

党的十一届三中全会后，中国共产党面临的政治领域重大风险主要来自两个方面。从内部看，主要来自党的建设所面临的现实挑战。改革开放以来，市场经济原则与党性原则的交织冲突对撞，使党内腐败问题愈演愈烈，不但扰乱改革开放的大好局面，也使党和政府的公信力与合法性受到质疑与挑战。从外部看，政治多极化、和平演变的影响越来越深。改革开放 40 多年来，国际形势风云变幻，特别是东欧剧变后，中国在经济、政治上面临的遏制及意识形态渗透呈现出公开性、整体性、全面性的特征。从内部看，国内多种社会思潮影响着不同的群体，给党的执政带来严峻的政治考验。政治腐败问题不断裂变，不仅影响着来之不易的市场经济秩序，而且也导致党的执政公信力出现流失的危机，政治权威性受到挑战。

一是为防范化解霸权主义和强权政治所带来的政治风险。邓小平同志把“反对霸权主义，维护世界和平”提升至中国“对外政策的纲领”的高度。他指出，霸权主义是威胁世界和平与稳定的主要根源，要维护世界和平与各国安全、主权，建立公正合理的国际政治经济新秩序，都必须坚持反对霸权主义和强权政治。他还一再强调中国“永不称霸”，并表示如果中国“也在世界上称王称霸”，世界人民“就应当揭露它，反对它，并且同中国人民一道，打倒它”①。江泽民同志指出：“我们党是在日益复杂的国内外环境中履行执政职能、制定各项政策和开展各项工作的。我们在前进道路上不可能一帆风顺，必然会遇到来自国内外的各种困难和风险。”② 他还指出：“国际金融自由化的发展也会加大我国的金融风险。目前国际经济的‘游戏规则’，虽然其

① 中共中央文献研究室编：《邓小平文集（1949—1974）》下卷，人民出版社 2014 年版，第 355 页。

② 《江泽民文选》第 3 卷，人民出版社 2006 年版，第 45 页。

中有符合社会化大生产的一面，但总体上是在西方国家主导下制定的，加之国际经济和金融组织都控制在美国等发达国家手里，他们总要利用这些优势，推行经济霸权主义，谋取最大利益。”① “我国经济总体素质还不高，国际竞争能力还比较弱，经济全球化不可避免地会给我们带来不利的因素和风险。”②

二是为应对中国特色社会主义理论发展及确立经济发展思想的政治风险。经过“两个凡是”的讨论，党确立了实践是检验真理唯一标准的重大原则，作出了改革开放的伟大决策。为防范化解关于实行计划经济还是市场经济、姓“资”姓“社”问题所带来的政治领域重大风险，明确指出，社会主义也可以搞市场经济，计划经济与市场经济只是发展经济的手段，它不专属于哪一种制度，使经济增长进入快车道。防范化解关于私营经济比例增大是否会改变所有制结构问题所带来的政治风险，党的十五大报告明确宣布，非公有制经济是我国社会主义市场经济的重要组成部分；党的十六大报告提出要进一步肯定资本的活力，要求放宽民间资本的市场准入领域，提出完善保护私人财产的法律制度。在关于改革开放是否搞错的问题上，党的十七大报告指出，改革开放的方向和道路是完全正确的，停顿和倒退没有出路；必须贯彻科学发展观，加快推进以改善民生为重点的社会建设。中共十七届二中全会指出，推进政治体制改革以适应社会主义市场经济发展的需要。所有这些决策，使社会主义市场经济始终行驶在正确的航向上。

三是为应对腐败问题，党中央为推进反腐败工程，进行了一系列的探索与丰富。“廉政建设要作为大事来抓。还是要靠法制，搞法制靠得住些。”③ 党的十四大强调了建立防范以权谋私的约束机制的重要性，党的十五大和十六大则进一步强调了反腐败要坚持标本兼治、综

① 《江泽民文选》第2卷，人民出版社2006年版，第201页。

② 《江泽民文选》第2卷，人民出版社2006年版，第201页。

③ 《邓小平文选》第3卷，人民出版社1993年版，第379页。

合治理的发展方针。新时期党和国家的反腐败体制不断趋于完善，腐败蔓延势头在20世纪90年代中期后开始趋于下降，党执政的政治根基亦由此得到巩固。

四、新时代防范化解政治领域重大风险的根本要求

党的十八大以来，以习近平同志为主要代表的中国共产党人把防范化解政治领域重大风险放在极端重要的位置。"安而不忘危，存而不忘亡，治而不忘乱。"随着中国的发展步入21世纪20年代，中华民族伟大复兴的中国梦进入了新的起点。但是中国的发展使西方一些大国感受到了威胁、紧张，由采取个别的、简单的、隐蔽的措施到全面的、烦琐的、公开的对中国的发展进行遏制。2020年是全面建成小康社会的收官之年，也是中华民族伟大复兴中国梦进入新的起点的开局之年。我们要深刻认识到，越是新的起点新的任务，越会面临着不可预知的各种风险与挑战，而来自政治领域的风险危害最大也最为严重，必须倍加警惕。

习近平总书记指出："我们党要始终成为时代先锋、民族脊梁，始终成为马克思主义执政党，自身必须始终过硬。"[①] 苏联解体的教训说明，党员数量的增长并不能保证党的执政地位的巩固。如果自身不过硬，随着权力增大以及与群众距离的拉远，即使有再好的承诺，也无法得到人民群众的信任，还会导致丧失执政地位的悲剧。因此，必须坚持全面从严治党，坚定不移地惩治腐败，使我们党始终走在时代前列，永葆先进性和纯洁性。当前，在世情、国情、党情都发生深刻变化的形势下，我们党要顺应时代发展，常怀"能力不足"的忧患意识，切实提高防范政治风险的能力。既要增强政治敏锐性和政治鉴别力，

① 习近平：《决胜全面建成小康社会　夺取新时代中国特色社会主义伟大胜利》，人民出版社2017年版，第16页。

及时把风险化解在源头，又要提高风险处置能力，化风险为机遇，化危机为转机。

防范化解政治领域重大风险必须坚持底线思维。一要树立忧患意识，防患于未然。要牢记“图之于未萌，虑之于未有”“安而不忘危，存而不忘亡，治而不忘乱”“生于忧患，死于安乐”的古训，更要着力解决好“其兴也勃焉，其亡也忽焉”的历史性课题。习近平总书记指出：“增强忧患意识，做到居安思危，是我们治党治国必须始终坚持的一个重大原则。我们党要巩固执政地位，要团结带领人民坚持和发展中国特色社会主义，保证国家安全是头等大事。”[①] 自觉增强忧患意识，有利于清醒认识我国国家政治安全形势，准确把握国家政治安全形势变化的新特点新趋势；有利于积极地应对国家政治安全面临的各种威胁和挑战，有效防范、管理、处理国家政治安全的风险，有力应对、处置、化解社会安定挑战；有利于提高治党治国的能力，做好预防、化解社会矛盾工作，从制度、机制、政策、工作上积极推动社会矛盾预防、化解工作，大力维护社会大局稳定工作。二要树立担当意识，有效化解各类政治风险。防范化解政治领域重大风险，必须强化政治担当。要大力加强维护国家安全工作，坚决捍卫国家政治安全、政权安全。以聚集防范“颜色革命”为主线，坚决挫败境内外敌对势力的各种政治图谋。针对敌对势力利用境外非政府组织渗透破坏活动，利用律师、公知等重点人插手炒作敏感案件，组建所谓政治反对派，利用民族、宗教等问题实施分裂破坏企图，必须予以坚决打击。要加强防范化解恐怖活动。进一步提升对暴恐极端活动的主动发现、侦查打击和防控处置能力，保持严打高压态势。要加强社会治安治理工作。要坚持依法严打方针，严厉打击严重刑事犯罪、个人极端暴力犯罪，严厉打击电信诈骗、食品药品安全犯罪、网络犯罪，严厉打击证券犯

① 《习近平谈治国理政》，外文出版社 2014 年版，第 200 页。

罪、地下钱庄、非法集资，坚决整治“黑拐枪”“黄赌毒”等治安顽疾，切实增强人民群众安全感。三要树立服务意识。“国家安全为人民”，“国家安全靠人民”，防范化解政治领域重大风险必须坚持人民立场。习近平总书记明确指出：“中国是一个大国，决不能在根本性问题上出现颠覆性错误，一旦出现就无法挽回、无法弥补。”[①] 其根本点就是要坚持以人民为中心，时刻把人民群众的生命与财产安全放在防范化解政治领域重大风险的第一位。人民立场是中国共产党的根本政治立场，是马克思主义政党区别于其他政党的显著标志。“水有源，故其流不穷；木有根，故其生不穷。”只有始终与人民心连心、同呼吸、共命运，始终依靠人民应对风险挑战，解决矛盾问题，才能做到黑云压城城欲摧，我自岿然不动。中国共产党代表着中国最广大人民的根本利益，只有以人民为中心，才能提升人民群众对党的信任和拥护，厚植党的执政基础；只有站稳党性立场和人民立场，才能保证社会主义现代化事业的正确方向，避免颠覆性错误的发生。习近平总书记指出：“一个政党，一个政权，其前途和命运最终取决于人心向背。如果我们脱离群众、失去人民拥护和支持，最终也会走向失败。”[②] 民心是最大的政治，必须坚持以人民为中心的发展思想，不断增加人民群众的获得感、幸福感、安全感，把体现人民利益、反映人民愿望、维护人民权益、增进人民福祉落实到防范化解重大风险的全过程，始终保持党同人民群众的血肉联系。

防范化解政治领域重大风险必须全面践行总体国家安全观。“当前我国国家安全内涵和外延比历史上任何时候都要丰富，时空领域比历史上任何时候都要宽广，内外因素比历史上任何时候都要复杂，必须坚持总体国家安全观，以人民安全为宗旨，以政治安全为根本，以经

① 习近平：《在全国党校工作会议上的讲话》，人民出版社 2016 年版，第 14 页。

② 中共中央文献研究室编：《十八大以来重要文献选编》（上），中央文献出版社 2014 年版，第 81 页。

济安全为基础，以军事、文化、社会安全为保障，以促进国际安全为依托，走出一条中国特色国家安全道路。”[①] 随着经济全球化发展，国内政治国际化、国际政治国内化现象日益明显，政治、经济、文化领域联系日趋密切，各种安全问题渗透性、交叉性、关联性也日显突出，使国家政治安全问题变得非常复杂。习近平总书记指出：“贯彻落实总体国家安全观，必须既重视外部安全，又重视内部安全，……既重视国土安全，又重视国民安全，……既重视传统安全，又重视非传统安全，……既重视发展问题，又重视安全问题，……既重视自身安全，又重视共同安全。”[②] 各级领导干部面对可能发生的各种政治风险，要增强责任感和自觉性，要加强对各种风险源的调查研判，提高动态监测、实时预警能力，推进风险防控工作科学化、精细化，力争把风险化解在源头，不让小风险演化为大风险，不让个别风险演化为综合风险，不让局部风险演化为区域性或系统性风险，不让经济风险演化为社会政治风险，不让国际风险演化为国内风险。

防范化解政治领域重大风险必须营造良好政治生态。“营造良好政治生态是一项长期任务，必须作为党的政治建设的基础性、经常性工作，浚其源、涵其林，养正气、固根本，锲而不舍、久久为功。要把树立正确选人用人导向作为重要着力点，突出政治标准。要贯彻落实新形势下党内政治生活的若干准则，让党员、干部在党内政治生活中经常接受政治体检，增强政治免疫力。要加强党内政治文化建设，让党所倡导的理想信念、价值理念、优良传统深入党员、干部思想和心灵。要弘扬社会主义核心价值观，弘扬和践行忠诚老实、公道正派、实事求是、清正廉洁等价值观，以良好政治文化涵养风清气正的政治生态。”[③] 党的十九大报告指出：“全党要坚定执行党的政治路线，严

① 《习近平谈治国理政》，外文出版社 2014 年版，第 200—201 页。

② 《习近平谈治国理政》，外文出版社 2014 年版，第 201 页。

③ 《把党的政治建设作为党的根本性建设　为党不断从胜利走向胜利提供重要保证》，《人民日报》2018 年 7 月 1 日。

格遵守政治纪律和政治规矩，在政治立场、政治方向、政治原则、政治道路上同党中央保持高度一致。要尊崇党章，严格执行新形势下党内政治生活若干准则，增强党内政治生活的政治性、时代性、原则性、战斗性，自觉抵制商品交换原则对党内生活的侵蚀，营造风清气正的良好政治生态。”① 2019 年 1 月底，《中共中央关于加强党的政治建设的意见》的发布成为新时代加强党的政治建设的指南。习近平总书记强调：“党内政治生活、政治生态、政治文化是相辅相成的，政治文化是政治生活的灵魂，对政治生态具有潜移默化的影响。要注重加强党内政治文化建设，倡导和弘扬忠诚老实、光明坦荡、公道正派、实事求是、艰苦奋斗、清正廉洁等价值观，旗帜鲜明抵制和反对关系学、厚黑学、官场术、‘潜规则’等庸俗腐朽的政治文化，不断培厚良好政治生态的土壤。”②

防范化解政治领域重大风险必须发扬斗争精神增强斗争本领。2019 年 9 月 3 日，习近平总书记在中央党校（国家行政学院）中青年干部培训班开班式上发表重要讲话强调，广大干部特别是年轻干部要经受严格的思想淬炼、政治历练、实践锻炼，发扬斗争精神，增强斗争本领，为实现“两个一百年”奋斗目标、实现中华民族伟大复兴的中国梦而顽强奋斗。疾风知劲草、烈火炼真金。防控政治领域重大风险是一场艰巨斗争，领导干部要保持清醒头脑和战略定力，敢于迎风而上，遇险更强，永葆斗争精神，坚定斗争意识，增强斗争本领，积累斗争经验。要把战胜风险挑战作为斗争历练，在攻坚克难、闯关夺隘中直面矛盾，真刀真枪、动真碰硬，敢接“烫手山芋”，勇于涉险滩、破难题、攻堡垒、克难关，以“踏平坎坷成大道，斗罢艰险又出发”的顽强意志，勇于战胜前进道路上的各种艰难险阻，防范化解重

① 习近平：《决胜全面建成小康社会　夺取新时代中国特色社会主义伟大胜利》，人民出版社 2017 年版，第 62 页。

② 《习近平谈治国理政》第 2 卷，外文出版社 2017 年版，第 181 页。

大风险挑战，切实把改革发展稳定各项工作做实做好，在急风暴雨的考验中提升能力，百炼成钢。广大干部要切实增强政治敏锐性和政治鉴别力，做到眼睛亮、见事早、行动快。必须完善制度机制，筑牢抵御各种风险挑战的“防火墙”。工欲善其事，必先利其器。提高防控能力，围绕防范化解政治领域重大风险，重点健全完善“三大机制”。健全完善风险研判机制，以制度化、常态化方式，对潜在风险作出科学准确的分析判断，抢占先机，赢得主动，做到“为之于未有，治之于未乱”。健全完善决策风险评估机制，准确评价各种决策风险类型，既要防止小概率、难以预测的“黑天鹅”事件，也要防止大概率、可以预测的“灰犀牛”事件，打好化险为夷、转危为机的战略主动战，避免局部风险演化为区域性或系统性风险。健全完善风险防控协同机制，运用系统控制原理，加强协调配合，整合各方力量，科学排兵布阵，守住风险点、风险源和风险面，重点突破，整体推进，防止各领域风险连锁联动。

第一章　政治领域重大风险的基本内涵与具体表现

党的十九大报告指出："统筹发展和安全，增强忧患意识，做到居安思危，是我们党治国理政的一个重大原则。必须坚持国家利益至上，以人民安全为宗旨，以政治安全为根本，统筹外部安全和内部安全、国土安全和国民安全、传统安全和非传统安全、自身安全和共同安全，完善国家安全制度体系，加强国家安全能力建设，坚决维护国家主权、安全、发展利益。"① 防范化解政治领域重大风险是防范化解重大风险、维护国家安全的根本任务。各级领导干部必须增强防范化解政治领域重大风险、维护政治安全的本领，作好与各类政治风险斗争的准备，牢牢把握防范化解政治领域重大风险的主动权。

一、深刻认识和把握政治领域重大风险的基本内涵

政治领域重大风险是相对于政治安全而言的。"政治安全是指国家主权、政权、政治制度、政治秩序以及意识形态等方面免受威胁、侵

① 习近平：《决胜全面建成小康社会　夺取新时代中国特色社会主义伟大胜利》，人民出版社2017年版，第24页。

犯、颠覆、破坏的客观状态。”[①] 政治领域重大风险主要是指一个政治体系在政治领域可能遇到的内部或外部威胁、侵害的可能性。具体来说，就是一个国家在主权、政权、政治制度和意识形态等具体政治领域面临的风险。防范化解政治领域重大风险必须深刻把握政治领域重大风险的基本内涵，掌握政治领域重大风险的特征，处理好政治领域重大风险与政治安全的关系。

（一）政治领域重大风险的内涵

马克思主义认为，政治是经济的集中表现，是以国家权力为核心展开的各类社会活动和社会关系的总和，是治理主体运用各种治理手段治理国家的治理活动以及伴随治理活动而产生的各种关系的总和。政治主体在国家治理的过程中也会遇到困难与挑战、风险与挫折、阻挠与干扰、破坏与颠覆，甚至是公开的战争，这些无疑给政治主体增加了政治风险，威胁到政治安全。同时，在政治主体治理国家的过程中，也会因政治主体自身的因素，如政策的不合理、政治过程的黑箱化、官员的腐败、民众需求得不到满足、发展中的各类问题而引发政治风险。

风险最早是指渔民出海打鱼，难以预测的风浪及其可能引发的后果，意为危险，或遭受损失、伤害和不利等的可能性。“在早期的用法中，风险被理解为客观的危险，体现为自然现象或航海遇到礁石、风暴等事件。”[②] 风险与危险不同。危险处于已然状态，是可以直接感知到的某种危害正在发生的过程或无法改变的结果；风险是未然状态，是某种尚处于潜在状态、无法直接感知的危险。风险具有不确定性，由于主体自觉控制程度和时空各种因素变化而变化，风险是否发生或危害大小会随着所处环境的变化而变化；风险具有潜在性，风险一旦

① 杨大志：《政治安全是国家安全的根本》，《解放军报》2018 年 4 月 20 日。

② 杨雪冬等：《风险社会与秩序重建》，社会科学文献出版社 2006 年版，第 12 页。

发生，成为危险，往往会直接危及主体的生命财产或事业发展。在现实生活中，风险无处不在、无时不有，任何活动或工作都会潜藏着这样那样的风险。按风险的成因可分为外界风险、人造风险。外界风险是指由外在环境本身的因素而产生的风险；人造风险是指人为因素造成的后果。

在诸多风险的研究中，除了保险等领域中用于风险分析的纯技术方法外，主要形成了“文化/象征”理论、“风险社会”理论和“治理性”理论三种研究范式。其中，以德国社会学家乌利希·贝克、英国社会学家安东尼·吉登斯为代表的“风险社会”理论为我国学界所熟知。他们认为，在后现代性条件下，风险不仅大量出现而且全球化了，因此，风险比过去更难以被计算、管理或避免。[①]

政治领域重大风险主要表现为中国共产党在治国理政过程中面临的各种问题、困难、挑战。从主体上看，政治领域重大风险的主体集中反映在中国共产党及其各级组织上；从客体上看，它不但直接反映在政治领域，也映射在经济、文化、社会、生态等领域；从目的上看，其根本目的是对中国共产党的领导和社会主义制度进行渗透、分化、瓦解直至颠覆；从方式上来看，风险是多种多样的，既可能是直接的显性的，也可能是间接的隐性的，还可分为政治、经济、文化、军事、社会等领域的风险；从层级性上看，可分为全局性、局部性风险，但不论哪个领域哪个层面出现风险，如果得不到恰当处置，都会影响到经济社会的稳定发展和国家的长治久安；从来源上看，可分为内源性政治风险与外源性政治风险。内源性政治风险主要指因执政党自身建设以及执政能力与执政地位不相适应而有可能引发的潜在危险，包括消极腐败、脱离群众、能力不足、精神懈怠等；外源性执政风险则指外部环境方面出现的各种对执政党不利的状况。二者是互相影响、相

① 参见杨雪冬等：《风险社会与秩序重建》，社会科学文献出版社 2006 年版。

互作用的，在不断运动中形成了执政党的政治风险。辩证地讲，政治领域重大风险的发生是客观的、必然的。故而，防范化解政治领域重大风险的过程对党的自身建设、党的执政是一个强健肌体、提升能力素养和整体水平的过程，是一个直面困境、危险、危机，并努力做到“险中求胜、危中寻机”的过程。

当今中国，分配不公、环境污染、城乡差距、贪污腐化、监管短板、就业压力等领域的问题，都是引发政治领域重大风险的潜在因素，尤其是这些问题往往交织在一起，极大地考验着执政党应对风险的能力。对于中国共产党来说，面对政治领域重大风险，应该采取有力的措施趋利避害、化害为利、化险为夷；应该在高度警惕防范化解执政风险的同时，注重对执政风险实践做法、基本经验、深刻教训的总结提炼，并据此制定防范执政风险的科学制度安排、有效工作机制。

把握政治领域重大风险的内涵，还要正确认识并把握政治隐患、政治问题、政治风险、政治危机、政治消亡间的递进逻辑关系。政治隐患指的是执政主体在执政过程中在国家主权、政权与制度安全、意识形态、干部队伍、政治落实等方面可能存在的极不易察觉的隐疾。政治隐患在具体的政治过程中会被发现、放大，进而对执政主体带来一定程度的影响，促使执政主体将此类政治隐患所产生的影响摆上议事日程，成为所要解决的问题，称之为政治问题。如果政治问题在政治过程中得不到较好的解决，就会进一步放大成为具有较强影响力的社会问题，进而在更大程度上对执政主体产生影响，并对执政主体的执政地位产生一定的风险，即政治风险。政治风险是必然要解决与化解的，但是在具体的操作过程中，我们也看到许多执政主体并没有较好地化解政治风险，而是使之进一步演化成威胁执政主体地位的政治危机。一旦政治危机爆发且得不到有效控制，就会产生政权消亡，危及执政安全。

（二）政治领域重大风险的特征

政治领域重大风险作为一种客观存在，是执政党必须面对且要解决好的首要风险。各级领导干部要始终保持高度警惕，增强政治敏锐性和政治鉴别力，及时消除各种政治隐患，特别是及早识别、防范、化解“蝴蝶效应”、“黑天鹅”事件、“灰犀牛”事件的冲击，就必须掌握政治领域重大风险的特征。

复杂多变性。政治领域重大风险产生的诱因、演变过程、化解、防范、变迁及类型是复杂多样的。单从原因上来讲，既有国际原因，也有国内原因；既有外部原因，也有党内原因；既有组织原因，也有个人原因；既有客观原因，也有主观原因；既有现实原因，也有历史原因；既有其经济社会原因，也有错综复杂的政治原因。一方面，改革开放 40 多年来，中国社会的社会结构、组织形式、活动方式呈现出多元化特征，中国人的生产方式、生活方式、交往方式、表达方式也呈现出了多样化特点。随着全面深化改革的深入推进，在各种利益集团之间的交锋冲突越来越明显，各种利益诉求思潮表达越来越迫切的现实情境下，也越来越急切地要求中国的政治体制、政治运行机制、政治生态环境进行适应性变革，这种变革所带来的剧烈震荡增加了政治领域重大风险的复杂多变性。另一方面，当今世界正处于百年未有之大变局，世界正经历着政治经济秩序之变、治理之变、科技之变，呈现出更加复杂多变的状态。特别是世界多元力量之间的竞争与合作逐步加深，某些大国对我国的遏制意图越来越明显、手段越来越公开、程度越来越深，给我国经济社会发展带来了猛烈冲击，增加了政治领域重大风险发生的变数。

隐蔽潜在性。政治领域重大风险不像经济、文化、社会领域风险那样，从一出现就容易被人们切身感受和发现。政治领域风险一般不会直接表现出来，而是受到某些因素或力量的掩饰，通过其他风险间接表现出来，具有一定的潜伏性和隐蔽性。只有当政治领域风险对社会造成一定的危害时，人们才会警觉起来。这是由政治的特性所决定的。一般情况下，政治表现往往是通过社会其他领域表现出来的，人们在直观的感受之后通过理性的认识，才会对政治领域进行思考，这也决定了政治风险的潜在性。一些西方国家对我国的“和平演变”，就是通过文化交流、思想宣传、新闻诱导、学术交流等形式灌输和渗透的，通过持续的长时间的潜移默化的影响，最终对政治思想形成威胁。

扩散交织性。扩散性是指一旦政治领域发生风险，就会迅速影响到国家政治生活的各个方面，从经济到社会到文化及大众心理，进而会影响到人们的生活生产方式。扩散性还体现在跨境扩散上。政治风险往往是一个政党一个国家内部所产生的，而由于国际化的加深，往往会向另一个国家、另一个区域传递扩散，进而发展成区域性风险、世界性风险。政治风险在扩散发展的过程中，还呈现出交织胶着状态。政治、经济、社会、文化、生态、党建等领域的风险是彼此联系、相互影响、相互交织的，稍不留意，都有可能由单一风险引发系统性风险，由区域性风险引发整体性风险，给整个社会的发展带来巨大危险，甚至有失去执政地位的危险。

客观可控性。政治领域重大风险是客观存在的，其发生不以人的意志为转移。这是因为一个国家一个政党一旦开展政治活动，就会有与政治活动相关的各种风险，虽然执政主体会尽力避免政治风险的发生或降低政治风险的影响，但决不会阻止其发生。但政治领域风险又是可控的，执政主体要做的就是防范风险的发生、延迟风险的发生，在风险发生后，尽力将风险的影响控制在最小范围，降至最低。在可能的情况下，还要因势利导，将政治风险转化为政治机遇或是推动政治改革的契机，为我所用。

突发传导性。政治领域重大风险是客观的、可控的，也是有规律可循的。但是其发生却是难以掌握的。我们能够预测政治领域风险会在某个层面、某个阶段发生，但是却难以准确预测其发生的具体时间。政治领域风险通常在特定时机、背景下因某些偶然因素而引发，其成因及演化过程包含较多不确定性，具有突发性强、变化快等特点。这要求我们防范化解政治领域重大风险时必须时刻保持忧患意识，提高防范的警惕性。

（三）防范化解政治领域重大风险的根本目的是维护政治安全

防范化解政治领域重大风险的目的就是要维护执政地位，确保政治安全。政治安全就是国家在政治方面免于内部与外部各种因素侵害和威胁的客观状态。

唯物史观认为，社会是一个复杂的系统构成，涉及经济、政治、文化、社会、国防和军事等各个领域，它们之间有着密不可分的关系，其中任何一个方面都有可能出现风险。只有确保政治安全，才能有效维护经济、科技、文化、社会、国防和军事等其他领域的安全。在当代中国，防范化解政治领域重大风险，维护政治安全，就是要坚定捍卫中国共产党的长期执政地位，捍卫中国特色社会主义制度，捍卫我国宪法的权威和尊严。当前国际国内风险因素日趋增多、纷繁复杂，面临的各种风险挑战前所未有，呈现多维度风险交织、多领域风险叠加的趋势。随着我国全面改革的不断深入，一些深层次的矛盾问题日益凸显，党内存在的政治不纯、思想不纯、组织不纯、作风不纯等突出问题尚未得到根本解决，一些已经解决的问题还可能反弹，新问题不断出现，“四大考验”“四种危险”依然复杂严峻。这些容易诱发政治风险的因素，如处理不当、把控不好，将会直接影响国家安全和社会稳定。因而，维护国家政治安全是防范化解政治领域重大风险的根本所在。

总体来看，维护国家政治安全集中表现为保持我国主权独立、领土完整，坚持中国共产党的领导，坚持中国特色社会主义制度，坚持马克思主义意识形态的指导地位，维护社会政治秩序稳定。具体来说，维护国家政治领域安全主要体现在国家主权安全、政权和制度安全、意识形态安全、干部队伍安全、政治落实安全等几个方面。国家主权安全是政治安全的基础，就是保证国家主权与领土不受侵犯，并有能力维护国家主权安全，防范化解国家主权面临的各种风险，使国家主权处于没有威胁的客观状态。政权安全和制度安全是政治安全的核心，最重要的就是坚持党的全面集中领导，维护中国特色社会主义制度，维护党中央权威。意识形态安全是政治安全最现实的需求，主要指国家在意识形态领域处于一种相对安全的状态，使国家主流意识形态成为社会主要群众信奉的价值标准，并能应对各种社会思潮在思想领域的挑战，防范化解可能造成的风险。干部队伍安全是政治安全的组织保障，是指国家拥有一支高素质的人才干部队伍，能够将政治意图贯彻下去，在国家治理的过程中发挥主体作用，并能处理好干部队伍腐化堕落带来的风险。政治落实安全是政治安全的重要保障，是指国家路线方针政策必须不折不扣地落实到位，增强人民群众的获得感幸福感安全感，并能防范化解政治落实不实而带来的各种风险。

二、政治领域重大风险的具体表现

防范化解政治领域重大风险不是抽象的概念，而是具体的活动。政治领域重大风险主要体现在国家主权安全、政权和制度安全、意识形态安全、干部队伍安全、政治落实安全等各个方面，各级领导干部必须清醒认识，正确把握，才能时刻作好防范化解政治领域重大风险的准备。作好与各类政治风险斗争的准备，防范政治风险的发生，将政治领域重大风险的影响化解至最低。

（一）政治领域重大风险是执政党面临的最大风险

中国共产党历来重视政治建设，也历来重视政治领域存在的风险。在中国革命即将胜利之际，毛泽东同志就敏锐地认识到党在执政条件下面临着比战争中更大的危险，必须防止资产阶级糖衣炮弹的攻击，坚持“两个务必”；在改革开放初期，邓小平同志根据改革开放面临的新情况新挑战，以及总结苏东国家的教训，要求全党切实防范腐败问题与和平演变的风险；江泽民同志指出我们必须提高拒腐防变和抵御各种风险的能力；胡锦涛同志指出我们党面临着“四大考验”和“四大危险”；党的十八以来，面对新时代具有许多新的历史特点的伟大斗争，习近平总书记明确强调：“我们党在内忧外患中诞生，在磨难挫折中成长，在战胜风险挑战中壮大，始终有着强烈的忧患意识、风险意识。”① “前进道路不可能一帆风顺，越是取得成绩的时候，越是要有如履薄冰的谨慎，越是要有居安思危的忧患，绝不能犯战略性、颠覆性错误。”② 2018 年 6 月，习近平总书记在中共中央政治局第六次集体学习时强调：“党的政治建设是一个永恒课题。要把准政治方向，坚持党的政治领导，夯实政治根基，涵养政治生态，防范政治风险，永葆政治本色，提高政治能力，为我们党不断发展壮大、从胜利走向胜利提供重要保证。”③ 2019 年 1 月 21 日，习近平总书记在省部级主要领导干部坚持底线思维着力防范化解重大风险专题研讨班开班式上发表重要讲话，提出防范政治风险的重大命题和重大任务，是对无产阶级政党执政经验教训的深刻总结，是对新时代迎接国内国际新挑战的回应，体现了党中央强烈的忧患意识和责任担当。

---

① 习近平：《增强推进党的政治建设的自觉性和坚定性》，《求是》2019 年第 14 期。

② 《以时不我待只争朝夕的精神投入工作　开创新时代中国特色社会主义事业新局面》，《人民日报》2018 年 1 月 6 日。

③ 《把党的政治建设作为党的根本性建设　为党不断从胜利走向胜利提供重要保证》，《人民日报》2018 年 7 月 1 日。

政治领域重大风险直接关系到中国共产党的执政地位，关系到党和国家长治久安的重大问题。强化忧患意识、风险意识，必须切实防范化解政治领域重大风险，这是确保党的政权稳定，使党始终成为中国特色社会主义领导核心的政治前提。当前，在夺取新时代中国特色社会主义伟大胜利之际，我们要时刻应对重大挑战、抵御重大风险、克服重大阻力、化解重大矛盾、解决重大问题，既要防范国内重大政治风险，打赢全面深化改革攻坚战，切实取得反腐败斗争的压倒性胜利，也要沉着应对国际环境压力和风险挑战。

从外部来看，当今时代，国与国之间的核心利益之争、意识形态之争依然存在，随时都有可能引发触发我国的政治危机，甚至政治颠覆。因此，面对波谲云诡的国际形势、复杂敏感的周边环境、艰巨繁重的改革发展稳定任务，我们既要有防范风险的先手，也要有应对和化解风险挑战的高招；既要打好防范和抵御风险的有准备之战，也要打好化险为夷、转危为机的战略主动战。

当然，最大的政治风险还是来自内部。新时代，我国正经历着民族复兴过程中深刻而广泛的社会变化，改革开放进入深水区、攻坚期，各种社会矛盾凸显，新情况新问题不断涌现。我国内部政治风险主要来自全面深化改革过程中所面临的问题、国家治理现代化与传统治理之间的矛盾、发展不平衡与人民需求的多元多样化之间的矛盾，加之党内所面临的“精神懈怠、能力不足、脱离群众、消极腐败”四大危险，这些问题如果得不到根本解决，党就会时刻面临政治风险的威胁。近百年来，正是因为我们党有着强烈的忧患意识、风险意识，所以我们党经受住了革命、建设、改革中所遇到的一系列风险考验，取得了一个又一个伟大的胜利，迎来了从站起来、富起来到强起来的伟大飞跃。

（二）政治领域重大风险的具体表现

对于中国共产党来说，风险之事无大小，风险之害无分别，各级领导干部必须充分认识到防范化解政治领域重大风险是具体的，不是抽象的。各级领导干部在干事创业的历史征程中，只有具体应对各类重大政治风险，才能防患于未然，化解于萌芽，安之于初然。具体而言，政治领域重大风险主要表现在以下几个方面：

第一，国家主权面临的重大风险。国家主权风险是指一国在政治领域所享有的主权不受威胁，具体指国家的独立与平等地位、政治制度的自由选择权、象征国家主权的中央政府权威以及国家的统一等受到来自外部或内部的威胁。我们主权安全面临的风险主要体现在国家主权、领土主权、领海主权、领空主权、经济主权、文化主权及网络主权上受到来自外部势力或内部反对势力的威胁、侵害、分裂、颠覆的风险。

第二，政权和制度安全面临的重大风险。政权和制度安全是政治安全最核心的内容。在我国政权和制度安全面临的重大风险中，主要体现在党的全面领导面临着“四大考验”“四大危机”及“颜色革命”的风险，人民当家作主制度体系面临着西方政治制度侵蚀的风险、自身制度建设的风险以及我国社会转型与政治体制改革交织的风险，中国特色社会主义行政管理体制面临着改革滞后、政府公信力下降、行政组织官僚化所带来的风险，中国共产党领导的多党合作和政治协商制度面临着党员对民主党派的偏见以及民主党派建设不足的风险。

第三，意识形态安全面临的重大风险。意识形态安全面临的重大风险主要体现在：马克思主义作为我们指导思想的根本地位受到威胁、削弱、动摇，社会主义核心价值观和我国主流价值体系面临各种社会思潮的冲击。意识形态风险具有目的性、选择性、扩散性、关联性、诱导性、交叉性、复杂性等特点。从表现上看，主要表现为外部渗透、内部统化、借助网络冲击、影响青年群体等方面；从发生场域看，主要体现在乡村、学校、新闻战线、理论界、社会公众人物等多个方面。

第四，干部队伍安全面临的重大风险。干部队伍是我们事业的可靠保障。但是在干部队伍建设的实践中，干部队伍建设还存在着一些亟待解决的问题，主要体现在：传统政治文化带来干部队伍“封建化”、理想信念缺失带来干部队伍“功利化”、理论水平不足带来干部队伍“庸俗化”、本领能力不足造成干部队伍“低能化”、实践锻炼不足导致干部队伍“本本化”、制度建设滞后致使干部队伍“懈怠化”、新时代干部队伍建设“四唯”化。

第五，政治落实安全面临的重大风险。政治落实是党的路线方针政策与重大部署落地、国家意志得以贯彻的“最后一公里”。但现实生活中政治落实仍普遍存在落实不实的问题，造成了政治落实效率低下甚至空转的尴尬局面。主要表现为政策不科学、政治落实者能力不足、政策对象差异化、政策资源配置不科学、政策环境变化导致的政治落实风险的问题，致使政治落实的风险凸显。

（三）确立正确认识政治领域重大风险的科学态度

知其事更要悟其理。各级领导干部在掌握政治领域重大风险的内涵及其具体表现的前提下，更要树立防范化解政治领域重大风险的科学态度，正确认识和对待工作中可能遇到的政治风险，寻求正确的方法将其危害降至最低。

第一，要强化忧患意识，把政治领域重大风险解决在萌芽状态。强化忧患意识要求各级领导干部在防范政治领域重大风险上要想人之不常想、忧人之不常忧，时刻保持清醒头脑。必须看到国际国内各种不利因素的长期性、复杂性、曲折性，始终保持如履薄冰的谨慎、居安思危的忧患，时刻警惕政治风险发生的可能。一要时忧自身之短。各级领导干部要常怀“本领恐慌”之态，多补“本领不足”的功课，在政治领域重大风险的预判、识别、防范、化解等问题上不断提升自我水平。二要常忧风险之害。政治领域风险的破坏性不言而喻，各级领导干部要清醒认识到政治领域风险之害是深远的，是难以弥补的，必须做到早发觉早防范早处理，防止政治领域风险由小风险演化成大风险，由局部风险演化成整体风险，由区域性风险演化成国际化风险。三要常忧民众之苦。人民群众是历史的创造者，是历史活动的主体，任何一次政治风险的发生最终都要由人民群众来承担其后果。各级领导干部必须坚持人民立场，始终以人民为中心，做好防范化解政治风险的准备。

各级领导干部要敢于直面问题，能够及时发现、及时纠正存在的问题。无论是党组织，还是党员干部，都要经常自省内省，善于对照党章和党纪党规，对照党的理论和路线方针政策，对照先贤先辈和先进典型以“君子检身，常若有过”的态度来发现自身的不足和短板，并深入剖析产生问题的原因，认清问题的危害，找到解决问题的思路和办法。对于那些损害党的执政根基的问题，对于那些党内政治生活和党内监督方面存在的问题，对于那些人民群众反映强烈的突出问题，必须敢于动真碰硬，以实际成效取信于民。

第二，树立底线思维，牢牢把握防范化解政治领域重大风险的主动权。底线思维要求“凡事从坏处准备，努力争取最好的结果，这样才能有备无患、遇事不慌，牢牢把握主动权”。① 习近平总书记指出：“在肯定成绩的同时，我们要保持清醒头脑，深刻认识和高度重视经济运行中的突出问题和矛盾，深刻认识和全面把握国际经济形势，坚持底线思维，切实做好工作。”② 各级领导干部树立底线思维，一方面，要提高守住政治领域边界的能力，在任何政治问题、政治事件、政治风险面前，都要坚持底线，决不突破底线，始终维护党和人民的利益。说到底，就是要在政治建设过程中绝不犯“颠覆性错误”，绝不走“封闭僵化的老路”，也不走“改旗易帜的邪路”。另一方面，在防范化解政治领域重大风险过程中，各级领导干部还必须在各个方面守好底线。

---

① 中共中央宣传部编：《习近平总书记系列重要讲话读本》，学习出版社、人民出版社 2014 年版，第 180—181 页。

② 《中共中央召开党外人士座谈会》，《人民日报》2013 年 7 月 31 日。

要守住客观规律底线，一定要在认识和把握事物发展的客观规律的基础上处理政治领域重大风险，有效发挥主观能动性。要守住道德底线，始终坚持人民利益至上的观点，依靠人民打赢防范化解政治风险主动战。要守住法律法规党规党纪底线，无论是防范化解哪个层面的政治风险，绝不能以党的利益作为交换条件，必须依靠法律法规党规党纪同政治风险作斗争，做到有理有利有节。

第三，发扬斗争精神，增强斗争本领。斗争精神表现在政治领域就是防范化解重大政治风险的精神。斗争本领表现在政治领域就是防范化解重大政治风险上的斗争本领。防范化解政治领域重大风险，绝不是轻轻松松、一步到位、一劳永逸地解决就得了的，各级领导干部必须要有充沛顽强的斗争精神，以“踏平坎坷成大道，斗罢艰险又出发”的顽强意志，作好与政治领域重大风险不懈斗争的准备。具体而言，这要求各级领导干部要发挥斗争主体的能动性，不论在哪个岗位、担任什么职务，都要勇于同政治风险作斗争，做到守土有责、守土尽责，召之即来、来之能战、战之必胜。要坚持同政治领域重大风险作斗争的正确方向，“凡是危害中国共产党领导和我国社会主义制度的各种风险挑战，凡是危害我国主权、安全、发展利益的各种风险挑战，凡是危害我国核心利益和重大原则的各种风险挑战，凡是危害我国人民根本利益的各种风险挑战，凡是危害我国实现‘两个一百年’奋斗目标、实现中华民族伟大复兴的各种风险挑战”① 来了，就必须进行坚决斗争，而且必须取得斗争胜利。要有强烈的问题意识，广视野、多领域地去解决我们面临的问题，要有草摇叶响知鹿过、松风一起知虎来、一叶易色而知天下秋的见微知著能力，对潜在的风险有科学预判，知道风险在哪里，表现形式是什么，发展趋势会怎样，该斗争的就要斗争。要讲究同政治风险斗争的艺术，就是要坚持增强忧患意识

---

① 《发扬斗争精神增强斗争本领　为实现“两个一百年”奋斗目标而顽强奋斗》，《人民日报》2019 年 9 月 4 日。

和保持战略定力相统一、坚持战略判断和战术决断相统一、坚持斗争过程和斗争实效相统一；要抓主要矛盾、抓矛盾的主要方面，坚持有理有利有节，合理选择斗争方式、把握斗争火候，在原则问题上寸步不让，在策略问题上灵活机动；要团结一切可以团结的力量，调动一切积极因素，在斗争中争取团结，在斗争中谋求合作，在斗争中争取共赢。要掌握同政治风险斗争的规律，就是要在遵循客观规律的基础上高度发挥人的主观能动性，在改造主观世界的同时改造客观世界。

第四，形成防范化解政治领域重大风险的科学机制。防范化解政治领域重大风险只有忧患意识、底线思维、斗争精神、斗争本领还远远不够，要想把忧患意识、底线思维、斗争精神、斗争本领的效能切实发挥出来，必须形成一整套完善的和科学的防范化解政治领域重大风险的机制。以此，才能真正做到防范政治领域重大风险于未然，化解政治领域重大风险于无形，努力把政治领域重大风险降至最低。

一要形成防范化解政治领域重大风险评估机制。中国共产党要有效防范化解政治领域重大风险，就必须科学认识政治领域重大风险，就必须建构具体的科学的风险评估机制。长期以来，风险评估机制已在经济发展层面实现了较为成熟的应用，为有效规避经济风险和推动高质量发展带来了积极效果。随着党防范化解政治领域重大风险命题的提出，这一机制亦应深化拓展，实现从经济领域向政治领域的延伸，为维护党的执政安全和深化党的政治建设提供机制保障。在评估范围上，要以党的执政过程及其影响力为评估核心，形成政治风险的动态研判机制，以实现对执政方针、政策制定、执行和落实各环节的全面考量，确保党的执政过程、政策供给同实践诉求与发展环境实现内在契合。在评估主体上，在坚持党内自评的同时，应适当引入第三方机构如相关智库进行专业性评估，在提升评估科学性、全面性的基础上，推进各级党组织形成对政治领域风险的科学认知。

二要形成防范化解政治领域重大风险科学预警机制。政治领域重大风险的隐蔽性、复杂性决定了对政治风险的处理亦须坚持以防为主、防治结合，建构和形成相应的政治风险预警机制亦是题中之义。首先要从国家层面制定政治领域重大风险科学预警规划，将中央、省、市、县、乡按不同层级划定不同级别的预警体制，确立启动不同行政级别预警体系的具体方案。其次，针对不同领域发生的政治风险，要根据政治风险涉及的人数、事件的危害度、发生的行业与区域等确定响应机制。最后，要注重政治领域重大风险科学预警机制中新技术手段的应用，对于大数据技术、互联网、人工智能、无人机等新技术手段，要合理加以利用，为确保预警机制的有效运作提供技术支撑。

三要形成防范化解政治领域重大风险责任落实机制。习近平总书记指出，责任与担当“是党的干部必须具备的基本素质”，“体现着干部的胸怀、勇气、格调”。面对纷繁复杂的国际国内形势，党要以科学化的方针政策，打好风险防范之战，就要进一步形成相应的责任落实机制，为干部明确和落实责任提供保障。在政策制定前，要形成常态的责任明晰机制，重点要形成政治风险防范层面的责任清单，明确责任分工。在政治落实中，要形成具体的责任监督机制，其中重点在于基于党和国家的法规要求，对干部的政策执行过程展开动态和具体的巡查、监督，确保干部权力运行规范化和政策执行不走偏。在政治落实后，要针对政治落实风险形成相应的责任追究机制，要着力明确政策根源和主体根源，并依法依规作出惩治，确保责任机制的权威性。

四要形成防范化解政治领域重大风险协同参与机制。要切实防范化解政治领域重大风险，需要发挥各级各类组织统筹协调作用，调动社会力量共同参与，形成防范化解合力。一方面，各级党政机关要形成部门间的协同处理机制。面对政治领域重大风险，要形成党委领导、政府主导、政协配合、人大保障、公检法司通力合作的联动状态，把各类政治风险影响降至最低。另一方面，要加强政治系统与社会系统之间的配合。要打通群众利益表达机制，建立通畅透明的利益表达平台，切实满足人民群众的多元利益诉求，从而在形成社会普遍共识的基础上，推进社会政治系统实现整体性和谐与稳定。

五要形成防范化解政治领域重大风险互利共赢机制。防范化解政治领域重大风险，在着力清除国内、党内风险源的同时，也要把处理好同其他主权国家、国际组织的关系摆在突出位置上。中国共产党不但要高度重视对外文化交流与合作，还要在增强中国国际话语权、塑造中国国际正面形象、讲好中国故事、传播中国正能量、参与全球治理、构建人类命运共同体上形成互利共赢机制。要善于通过“一带一路”倡议，推进各国实现合作共赢和优势互补，在求同存异中形成总体稳定和均衡发展的大国关系框架，从而在推进中国对外开放迈上新台阶的过程中，为党的稳固执政和国家发展创造良好的外部环境。

三、防范化解政治领域重大风险是加强政治建设的根本要求

防范化解政治领域重大风险，直接关系到政权、制度和意识形态安全，是全面践行总体国家安全观的客观要求，是党的先进性与纯洁性的内在要求，是中国特色社会主义制度的本质要求，是党的群众路线的必然要求，是实现中华民族伟大复兴的迫切要求。我们面对政治领域重大风险，既要打好防范和抵御风险的有准备之战，也要打好化险为夷、转危为机的战略主动战。

（一）防范化解政治领域重大风险是全面践行总体国家安全观的客观要求

“备豫不虞，为国常道。”政治安全是总体国家安全的根本，防范化解政治领域重大风险的目的就是维护政治安全。全面践行总体国家安全观，要求我们在统筹好国内安全和国际安全两个大局的基础上，

构建我国国家安全制度体系，切实维护我国主权、安全、发展利益，以确保国家利益不受侵犯，确保国家安全得到全面维护。“必须坚持国家利益至上，以人民安全为宗旨，以政治安全为根本。”① 从政治安全来看，只有坚持总体国家安全观，做好维护国家政治安全这个主任务，才能更好地维护和延长我国发展的战略机遇期，才能确保中华民族伟大复兴进程顺利推进。

防范化解政治领域重大风险是维护国家总体安全的历史经验总结。在新中国成立之初，党就把维护国家政治安全放在重要位置。面对以美国为首的西方资本主义国家对新生政权的威胁，党通过对内肃清国民党残余势力及反革命分子，对外通过抗美援朝、发展中苏关系、积极参与国际事务，打破了西方对我国的制裁。在社会主义建设探索时期，针对苏联对我国主权的无理要求以及一些西方国家的封锁、挑衅，党始终坚持独立自主与和平共处的原则，有理有利有节有效地防范和化解了各种政治风险的发生。改革开放以来，党始终注重处理好改革发展稳定的关系，面对改革开放背景下的政治风波及各种政治事件，党始终保持政治定力，举棋若定，多措并举，坚决维护了国家政权稳定，确保了政治安全。这都说明，防范化解政治领域重大风险是维护政治安全、政治稳定的重大战略举措。只有如此，才能为全面深化改革，推动经济社会发展奠定政治基础。能否做好防范化解政治领域重大风险这篇大文章，是检验各级领导干部政治建设的“磨刀石”。

（二）防范化解政治领域重大风险是永葆党的先进性与纯洁性的内在要求

中国共产党领导的中国特色社会主义事业是前无古人的创举，没有任何经验可以借鉴，全靠一代又一代中国共产党人在实践中逐步摸索。

① 习近平：《决胜全面建成小康社会　夺取新时代中国特色社会主义伟大胜利》，人民出版社 2017 年版，第 24 页。

中国共产党要想长期执政，就必须永葆其先进性与纯洁性。特别是在防范化解政治领域重大风险问题上，要始终下好先手棋，形成应对“工具箱”，在政治领域重大风险面前做到临危不惧、处变不惊、应对自如。

先进性和纯洁性是马克思主义政党的本质属性。党的先进性就是党要始终走在人民前列，走在历史和时代潮流前列，使党成为人民的主心骨、历史的推动者、时代的弄潮儿。党的先进性，一是指党在思想、理论、纲领等方面所具有的优于其他政党的特质；二是党在人类社会历史发展进程中所起到的引领性作用。党的先进性在不同历史时期有着不同体现，是历史的、具体的、与时俱进的。党的纯洁性是指党员要有坚定的信仰、坚定的党性、严明的组织纪律性，在任何复杂的环境中，都要忠于党的事业，不懈奋斗，永葆党的政治本色，永葆党的生机活力，从而更好地肩负起自己的历史使命。国外政党兴衰浮沉的诸多经验表明，一个政党如果不能经受住执政的考验，不能有效解决自身存在的突出问题，失去执政地位是迟早的事。

中国共产党的历史证明，什么时候重视保持党的先进性与纯洁性，党就更加坚强有力，党的事业就能健康发展；什么时候忽视或削弱党的先进性与纯洁性，党的组织就会软弱涣散，党的事业就会遭到损害。事实也反复证明，党的先进性和执政地位都不是一劳永逸、一成不变的。“过去先进不等于现在先进，现在先进不等于永远先进”，党要始终保持自己的先进性，就要把握时代脉搏，提高执政能力，提升防范化解政治领域重大风险的能力。当代中国正在发生一场史无前例的深刻变革，这场变革涉及范围广、持续时间长，改革的自身需要和社会的发展变化都对执政党防范化解政治领域重大风险的能力提出了更高要求。保持党的先进性和纯洁性，要着力提高执政能力和领导水平，着力增强抵御风险和拒腐防变能力，不断把党的建设新的伟大工程推向前进；要牢记全心全意为人民服务的根本宗旨，把它作为党的全部事业的基本出发点和归宿；要始终站稳人民立场，使我们的言论和行动符合人民群众的根本利益，把人民作为我们工作的最终评判者；要大力加强党的思想建设、组织建设、作风建设、反腐倡廉建设和制度建设，把党的建设的各项任务落到实处。

保持党的先进性与纯洁性，必须增强自我净化、自我完善、自我革新、自我提高能力，永葆共产党人的政治本色。自我净化，就是不忘初心，牢记使命，始终保持共产党人的政治本色与高尚品格；自我完善，就是要与时俱进，结合形势，认清短板和弱项，健全党的组织肌体和运行机制；自我革新，就是要积极探索，开拓进取，革旧除新，强化党的生机和活力；自我提高，就是永不自满、永不停滞、永不懈怠，不断增强党组织的功能作用和党员的素质本领。说到底，增强自我净化、自我完善、自我革新、自我提高能力，本质上是要保持一种自我革命精神，就是要我们党以刀刃向内的精神不断祛除自身存在的各种政治灰尘和政治微生物，剔除各种政治风险侵入的可能。

（三）防范化解政治领域重大风险是社会主义制度优越性的本质要求

中华人民共和国成立后，我们之所以能够不断取得社会主义革命和建设事业的新发展；改革开放后，我们之所以能不断推进中国特色社会主义事业向前发展，之所以能用几十年的时间走完发达国家几百年走过的发展历程，之所以能够战胜革命建设改革过程中的各种政治风险与挑战，其关键就在于我们形成、坚持、发展了中国特色社会主义制度。习近平总书记指出："中国特色社会主义制度是当代中国发展进步的根本制度保障，是具有鲜明中国特色、明显制度优势、强大自我完善能力的先进制度。"①

习近平总书记指出："我们治国理政的本根，就是中国共产党领导

① 《习近平谈治国理政》第2卷，外文出版社2017年版，第36页。

和社会主义制度。"[①] 坚持和完善中国特色社会主义制度必然要求我们消除这一根本制度面临的重大风险，切实维护制度安全。自中国共产党成立以来，我们党就面临着来自国际国内各个方面的风险与挑战。世界政党执政的实践已经证明，在面对国际国内对本国执政党所形成的风险时，许多大党老党不是丢掉政权，就是退出历史舞台。而唯有中国共产党，不但没有被各种风险与挑战所击倒，反而发展得更加强大。在实现民族复兴的伟大征程上，坚持党的全面领导是战胜一切困难和风险的"定海神针"，是中华民族走向伟大复兴的可靠保证。

进入新时代，在复杂多变的国内外环境中，我们不仅要积极宣传社会主义制度的优越性，更要把社会主义制度优越性充分体现出来，以团结全国各族人民共同防范化解可能的政治风险。因而，必须进一步发挥社会主义制度的优越性，要坚定不移走中国特色社会主义政治发展道路，继续推进社会主义民主政治建设，发展社会主义政治文明。一要完善社会主义制度，要积极推动制度要素的整合，不仅要考虑单项制度的制定，更要考虑制度建设的科学性和系统性。二要坚持走中国特色社会主义民主政治发展道路。走中国特色社会主义民主政治发展道路，必须坚持党的领导、人民当家作主、依法治国有机统一，必须积极稳妥推进政治体制改革，必须坚持正确政治方向。三要发展适合我国国情的社会主义政治制度。只有扎根本国土壤、汲取充沛养分的制度，才最可靠，也最管用。中国特色社会主义政治制度之所以行得通、有生命力、有效率，就是因为它是从中国的社会土壤中生长起来的。四要保证人民当家作主。人民当家作主是社会主义民主政治的本质和核心。实行人民民主，保证人民当家作主，必须坚持国家一切权力属于人民的宪法理念。它要求治国理政大政方针在人民内部各方面进行广泛商量。它的实现形式是丰富多样的，不能拘泥于刻板的模

---

① 中共中央文献研究室编：《习近平关于全面建成小康社会论述摘编》，中央文献出版社2016年版，第81页。

式，更不能说只有一种放之四海而皆准的评判标准。五要在行政体制改革上迈出新步伐。转变政府职能，要明确创造良好发展环境、提供优质公共服务、维护社会公平正义的总方向，要坚持积极稳妥、循序渐进、成熟先行。抓住主要矛盾和重点问题，把职能转变放在更加突出的位置，既巩固以往的改革成果，又着力破解重大难题。六要巩固和发展最广泛的爱国统一战线。统一战线是中国共产党的一大法宝。人心向背、力量对比是决定党和人民事业成败的关键，是最大的政治。统战工作的本质要求是大团结大联合，解决的就是人心和力量问题。七要全面贯彻党的民族政策、宗教政策。做好民族工作，最关键的是搞好民族团结，最管用的是争取人心。宗教工作是一个关系党的执政前途和命运的全局性和战略性工作。做好宗教工作，对于加强民族团结和保持社会稳定有着不容忽视的重要意义。八要推进“一国两制”实践。继续推进“一国两制”事业，必须牢牢把握“一国两制”的根本宗旨，共同维护国家主权、安全、发展利益，保持香港、澳门长期繁荣稳定。

（四）防范化解政治领域重大风险是党的群众路线的必然要求

防范化解政治领域重大风险必须依靠人民群众，必须坚持和发扬党的群众路线。党之所以能带领全国人民取得社会革命的一个又一个胜利，根本一点就在于党始终保持同人民群众的血肉联系，始终得到人民群众的衷心拥护。习近平总书记指出：“我们要始终把人民立场作为根本立场，把为人民谋幸福作为根本使命，坚持全心全意为人民服务的根本宗旨，贯彻群众路线，尊重人民主体地位和首创精神，始终保持同人民群众的血肉联系，凝聚起众志成城的磅礴力量，团结带领人民共同创造历史伟业。”[①] 防范化解政治领域重大风险必须紧紧依靠人民群众，发动人民群众参与防范化解政治领域重大风险的积极性、

① 习近平：《在纪念马克思诞辰 200 周年大会上的讲话》，人民出版社 2018 年版，第 17 页。

主动性和创造性，依靠人民取得防范化解政治领域重大风险的胜利。

始终保持党同人民群众血肉联系。“联系群众鱼得水，脱离群众树断根。”习近平总书记强调：“要更多关注、关心、关爱普通群众，进万家门、访万家情、结万家亲，经常同群众进行面对面、手拉手、心贴心的零距离接触，增进对群众的真挚感情。”[①] 广大领导干部要自觉践行党的根本宗旨，把群众观点、群众路线根植于思想深处。要以坚定的理想信念坚守初心，以真挚的人民情怀滋养初心，以牢固的公仆意识践行初心，牢记人民群众是我们前进的力量源泉，牢记人民对美好生活的向往就是我们的奋斗目标。要从行动上着力解决群众最关心最现实的利益问题，不断增强人民群众对党的信任和信心，筑牢党长期执政最可靠的阶级基础和群众基础。要畅通群众反映意见和建议的渠道，掌握新形势下密切联系群众的本领和方法，把群众满意度作为评价各项工作的重要标准，不断增强人民群众获得感、幸福感、安全感。

必须善于组织群众，形成群防群治机制。离开了人民群众的参与和支持，党领导的一切事业都不可能取得成功。毛泽东同志在战争年代就指出：“把群众力量组织起来，这是一种方针。还有什么与此相反的方针没有呢？”[②] 新时代，习近平总书记指出：“我们党来自人民、植根人民、服务人民，党的根基在人民、血脉在人民、力量在人民。失去了人民拥护和支持，党的事业和工作就无从谈起。党要继续经受住执政考验、改革开放考验、市场经济考验、外部环境考验，就必须始终密切联系群众。”[③] 提高风险化解能力，就是要调动一切积极因素，在人民群众中获取化解风险的力量。要把政治领域重大风险防范在萌芽状态，党就必须善于动员和组织群众，善于将群众团结在党的周围，才能及时发现可能存在的政治风险，及时采取措施有效应对。

---

① 《习近平谈治国理政》第 2 卷，外文出版社 2017 年版，第 309 页。

② 《毛泽东选集》第 3 卷，人民出版社 1991 年版，第 930 页。

③ 中共中央文献研究室编：《十八大以来重要文献选编》（上），中央文献出版社 2014 年版，第 309 页。

加强对人民群众防范化解政治领域重大风险的宣传教育。依靠人民群众有效防范化解政治领域重大风险，必须加强对人民群众对政治风险问题的了解，提升人民群众对在身边的政治风险的识别与防范。一方面，要强化重大风险防范化解的群众教育工作，使人民群众及时掌握了解政治领域重大风险的具体内容、表现、特征及其可以发生的领域。另一方面，要善于发现并培养“群众领袖”。培养群众中的积极分子，把他们培养成“群众领袖”，做好党的“帮手”“助力”。群众领袖不但能很好地落实防范化解政治领域重大风险，还能在带动群众积极工作方面发挥其协调作用。

（五）防范化解政治领域重大风险是实现中华民族伟大复兴的迫切要求

实现中华民族伟大复兴中国梦是近代以来中国人的理想与追求，也是实现社会主义现代化的主要目标。到21世纪中叶，也就是到中华人民共和国成立一百周年时，要把我国建成为富强民主文明和谐美丽的社会主义现代化强国。

防范化解政治领域重大风险，是确保中华民族伟大复兴进程不被打断的题中应有之义。中华民族伟大复兴进程不可能一帆风顺，“历史的道路不是涅瓦大街上的人行道”，实现民族复兴征程中可能会遇到各种可以预见和难以预见的风险挑战，各方面风险可能不断积累甚至集中显露，实现民族复兴面临复杂多变的环境。中国历史上有盛世被打断的惨痛教训，唐朝有贞观之治、开元盛世，成为当时世界上最强盛的国家，但“安史之乱”使唐朝迅速由盛转衰。近代清末洋务运动使清朝出现所谓的“同光中兴”，但却被日本发动的甲午战争打断。习近平总书记指出：“当前，我国正处于一个大有可为的历史机遇期，发展形势总的是好的，但前进道路不可能一帆风顺，越是取得成绩的时候，越是要有如履薄冰的谨慎，越是要有居安思危的忧患，绝不能犯战略性、颠覆性错误。”[①] 我们必须充分认识这些风险挑战，确保社会制度、执政党地位、国家主权等一系列根本性问题不出现风险，做到实现奋斗目标不忘防控重大风险，以防控重大风险保证实现奋斗目标。

中华民族伟大复兴正处于“将强未强”“爬坡过坎”阶段，防范化解各种政治领域重大风险任重道远。马克思主义认为，设想世界历史会一帆风顺、按部就班地向前发展，那是不辩证的、不科学的，在理论上是不正确的。中国当前正处于“将强未强”“爬坡过坎”阶段，正处于政治风险的高发期，也进入“船到中流、人到半山”的关键阶段，各种可以预见和难以预见的风险因素明显增多。如果发生重大风险又扛不住，国家安全就可能面临重大威胁，民族复兴进程就可能被迫中断。事业越发展、改革越深入，距离实现中华民族伟大复兴的目标越近，新情况新问题就会越多，面临的风险和挑战就会越多，需要中国共产党人在实践中大胆探索、深化发展，坚决防止出现方向性和颠覆性错误。我们必须直面前进道路上的各种挑战，勇于攻坚克难，去征服新时代的“娄山关”“腊子口”，不断夺取具有许多新的历史特点的伟大斗争新胜利。

实现中华民族伟大复兴必须凝心聚力共同防范化解政治领域重大风险。道虽迩，不行不至；事虽小，不为不成。当前，我们比历史上任何时期都更接近实现中华民族伟大复兴的目标，比历史上任何时期都更有信心、更有能力实现这个目标，前景十分光明，但风险挑战也十分严峻。实现中华民族伟大复兴，需要一代又一代中国共产党人团结和带领中国人民接续奋斗，时刻准备应对各种风险考验，防止中华民族伟大复兴历史进程被打断。只要我们常怀赶考之心、常秉赶考之志，兢兢业业、脚踏实地、实干苦干，就一定能走好我们这代人的长征路，就一定能实现中华民族伟大复兴的中国梦！

---

① 《以时不我待只争朝夕的精神投入工作　开创新时代中国特色社会主义事业新局面》，《人民日报》2018年1月6日。

第二章　防范化解国家主权安全面临的重大风险

防范化解国家主权重大风险，事关国家主权独立、事关能否独立自主行使职权，是维护国家核心利益的头等大事，是有效维护国家主权安全乃至政治安全的最基础的任务。

一、国家主权安全概念

国家主权安全是政治安全的基础，是保持一个国家的主权、领土等不受威胁、侵害的客观状态。理解国家主权安全，必须首先理解国家主权的相关概念，进而理解国家主权安全概念。

（一）国家主权

国家主权是指一个国家独立自主地处理对内外事务的权力，包括管辖权、独立权、自卫权、平等权。国家主权主要包括领土主权、领海主权、领空主权、经济主权、文化主权、网络主权等方面，是国家存在的基础。国家主权原则是国际关系的基本原则，也是国际法约束各类行为者的源泉。国家凭借这种权力可以以最高权威和独立自主的方式处理它的一切内部事务和外部事物，而不受任何其他国家或实体的干涉和影响。

主权随国家的产生而产生，是国家与生俱来、不可消灭的特性。主权在内容上，表现为对内主权、对外主权和防卫权三个方面。对内主权是指国家在一国之内具有的法定权力，它通过立法、行政、司法、军事、经济、文化等手段来实现，体现在颁布法律、废除法律、决定国家组织原则、决定政权组织原则、决定经济体制、统率军队等权力上。对外主权即主权对外独立的属性，是指按照国际法原则，在国际关系中享有独立权，即独立自主地、不受任何外力干涉地处理国内外一切事务。不允许其他国家或其他实体干涉一个主权国家在这些领域中的自主活动。对外主权标志着独立国家之间的平等关系。防卫权是指在国家遭到外来侵略和武力攻击时，进行单独或集体自卫的权利，包括为了防止和抵御外来侵略和武力攻击而进行的国防建设。

（二）国家主权安全

国家主权安全是政治安全的基础，是保持一个国家的主权、领土等不受威胁、侵害的客观状态。国家主权安全是不可触碰的政治安全底线。一个国家的主权安全，主要表现为该国所享有的主权不受威胁，具体指国家的独立与平等地位、政治制度的自由选择权、象征国家主权的中央政府权威以及国家的统一等不受来自外部或内部的威胁。新时代，我国面临的国家主权安全主要体现在领土主权安全、领海主权安全、领空主权安全、经济主权安全、文化主权安全及网络主权安全等方面。

（三）中国共产党人坚定维护国家主权安全的伟大实践

新中国成立后，为维护国家安全和利益，毛泽东同志坚持以马列主义思想为引领、坚持社会主义方向。坚持内政不容干涉、主权不容侵犯的独立自主原则，作为维护国家主权的根本原则。他说：“中国的事情必须由中国人民自己作主张，自己来处理，不容许任何帝国主义国家再有一丝一毫的干涉。”[①] 他还提出了一系列维护国家主权的具体措施，在处理好党与非党、汉族与少数民族之间的关系上，要“尽可能把他们的积极性调动起来为社会主义服务”[②]；对党和党员的错误及时批评、纠正，先后开展了整风运动，组织党内外人士继续对党的缺点错误展开批评，强调干部要破除官气，以谦虚的态度待人，在党内营造风清气正的政治环境；在国际政治上，坚持一个中国立场，反对“两国论”；在外交上，奉行独立自主，抵制外来干涉；在军队建设上，提高装备水平，壮大卫国实力；在后备力量上，加强民兵建设，战时全民皆兵；在国防教育上，强化战备观念，作好打仗准备。

改革开放后，面对国内政治局势复杂多变、国际环境呈现好转趋势但仍然存在许多政治风险的节点，邓小平同志指出：“主权问题不是一个可以讨论的问题”，“关于主权问题，中国在这个问题上没有回旋余地”[③]。邓小平同志认为，发展经济是维护国家主权的主要手段。随着改革开放不断深入与中国国力的逐步提升，中国维护国家主权的手段逐步转移到以经济手段为主上。邓小平同志指出：“中国能不能顶住霸权主义、强权政治的压力，坚持我们的社会主义制度，关键就看能不能争得较快的增长速度，实现我们的发展战略。”[④] 在国家主权、领土完整和国家统一等核心利益上，必须坚持原则，针锋相对，寸步不让，决不退缩。邓小平同志认为：“现在的世界是开放的世界。中国在西方国家产业革命以后变得落后了，一个重要原因就是闭关自守。新中国成立以后，人家封锁我们，在某种程度上我们也还是闭关自守，这给我们带来了一些困难。三十几年的经验教训告诉我们，关起门来搞建设是不行的，发展不起来。”[⑤] 他推动对外开放，吸收外国的资金

---

① 《毛泽东选集》第 4 卷，人民出版社 1991 年版，第 1465 页。
② 《毛泽东文集》第 7 卷，人民出版社 1999 年版，第 36 页。
③ 《邓小平文选》第 3 卷，人民出版社 1993 年版，第 12 页。
④ 《邓小平文选》第 3 卷，人民出版社 1993 年版，第 356 页。
⑤ 《邓小平文选》第 3 卷，人民出版社 1993 年版，第 64 页。

和技术，积极发展同各国、各地区的友好关系。同时强调要在深化对外开放过程中维护国家的主权。邓小平同志提出的“一国两制”，是对主权行使的创造性理解和运用。在解决国际争端上，邓小平同志提出搁置争议，维护国家最高利益。“有些国际上的领土争端，可以先不谈主权，先进行共同开发。”[①] 为了维护国家的最高利益、用和平的方式解决问题，权衡利弊，不排除在国家主权的具体问题上作出暂时的让步，以求共同发展。

党的十八大以来，习近平总书记强调中国必须有自己特色的大国外交，对维护国家主权安全这个重大问题作出了一系列重要论述。2013年，习近平总书记指出：“中国将继续妥善处理同有关国家的分歧和摩擦，在坚定捍卫国家主权、安全、领土完整的基础上，努力维护同周边国家关系和地区和平稳定大局。”“对中国和一些东南亚国家在领土主权和海洋权益方面存在的分歧和争议，双方要始终坚持以和平方式，通过平等对话和友好协商妥善处理，维护双方关系和地区稳定大局。”“我们要坚决维护国家主权、安全、发展利益，任何外国不要指望我们会拿自己的核心利益做交易，不要指望我们会吞下损害我国主权、安全、发展利益的苦果。”[②] 2014年，习近平总书记在中央外事工作会议的讲话中指出：“当前和今后一个时期，我国对外工作要贯彻落实总体国家安全观，增强全国人民对中国特色社会主义的道路自信、理论自信、制度自信，维护国家长治久安。”[③] 在维护领海主权问题上，“要做好应对各种复杂局面的准备，提高海洋维权能力，坚决维护我国海洋权益。要坚持‘主权属我、搁置争议、共同开发’的方针，推进互利友好合作，寻求和扩大共同利益的汇合点”。[④] 应当加快速度

---

① 《邓小平文选》第3卷，人民出版社1993年版，第49页。

② 《习近平谈治国理政》，外文出版社2014年版，第333、294、30页。

③ 《习近平谈治国理政》第2卷，外文出版社2017年版，第443页。

④ 《进一步关心海洋认识海洋经略海洋　推动海洋强国建设不断取得新成就》，《人民日报》2013年8月1日。

把我国建设成为海洋强国，提升我国维护海洋利益的能力；应当坚持积极防御的方针，主动采取各种措施，维护我国的海洋主权。在维护领空主权问题上，要始终保持坚决维护我国主权的态度，决不允许出现威胁我国领空主权的情况发生。在东海上空划设“东海防空识别区”，对钓鱼岛空域进行常态化巡视，都是为了维护我国的领空主权安全。在维护网络主权问题上，习近平总书记强调：“中国愿意同世界各国携手努力，本着相互尊重、相互信任的原则，深化国际合作，尊重网络主权，维护网络安全，共同构建和平、安全、开放、合作的网络空间，建立多边、民主、透明的国际互联网治理体系。”[①] 同时，我国应当审时度势，不断提升自主创新能力，将关键技术掌握在自己手里，掌握主动权；应当做好网络领导管理工作，明确各部门的职能分工，理顺各部门的职责关系，推动网络安全工作的有效开展；应当加强网络人才队伍建设，培养高水平的网络人才队伍，为建设网络强国注入强大的动力。

二、我国国家主权安全面临的主要重大风险

国家主权安全风险是国家政治领域风险最集中的表现，是政治领域各类风险最直观的表达。当前，我国面临的国家主权方面的风险挑战主要体现在领土主权、领海主权、领空主权、经济主权、文化主权及网络主权等方面。[②] 任何国家想要在世界舞台上有所发展，就必须具备化解各类政治风险的能力，特别是要具备防范化解国家主权风险的高超能力，才能使国家在世界舞台中发挥应有的积极作用，扮演越来越重要的角色。

---

① 《共同构建和平、安全、开放、合作的网络空间　建立多边、民主、透明的国际互联网治理体系》，《人民日报》2014 年 11 月 20 日。

② 从国际法的角度讲，国家领土是由领陆、领水、领陆和领水的底土以及领陆和领水以上的空气空间等四个部分组成。为了更直观地分析我国国家主权所面临的风险，我们从领土（陆地）主权、领海主权、领空主权、经济主权、文化主权和网络主权六个方面进行阐述。

（一）领土主权安全面临的重大风险

领土主权是一国在领土范围内排他行使国家职能的权利，它包含所有权和管辖权两个方面。所有权指国家具有完全支配和处理领土的权力，管辖权指国家对其领土范围内的人、物和事件拥有排他的权利。[①] 防范化解领土主权安全风险即指国家在领土范围内排他行使国家职能的权利不受威胁，具体表现为领土所有权与领土管辖权不受威胁。

首先，我国领土主权安全面临的风险来自与周边国家的领土主权争端。我国共有 14 个陆上邻国，从东北向西再到西南，分别是朝鲜、俄罗斯、蒙古、哈萨克斯坦、吉尔吉斯斯坦、塔吉克斯坦、阿富汗、巴基斯坦、印度、尼泊尔、不丹、缅甸、老挝和越南。领土争端成为我国的领土主权安全的潜在威胁，往往在矛盾多发期成为多方利用的对象与冲突的热点。截至目前，中国与印度、不丹尚未进行边界划界，中印之间的领土主权争端最为突出。中印边界地区的领土主权争议涉及大约 12.5 万平方公里，中印双方就中印边界线的领土归属一直在做艰苦的政治、外交交涉，甚至发生过重大的军事冲突，但仍未达成一致。但两国都同意通过和平谈判的方式解决边界问题，并采取措施缓和边界局势，维护边界稳定。

其次，我国领土主权安全面临的风险来自国内的分裂势力，民族分裂主义是主要威胁。民族分裂主义是指破坏国家领土完整，包括把国家领土的一部分分裂出去或分解国家而使用暴力，以及策划、准备、共谋和教唆从事上述活动的行为。民族分裂分子还与境外势力相勾结，以获取境外支持，使我国领土主权安全问题更趋复杂。在某些西方国家的干涉下，“疆独”“藏独”“台独”“港独”分子采取暴力恐怖手段，

---

① 参见马呈元：《国际法》（第 5 版），中国人民大学出版社 2019 年版。

通过制造重大暴力事件，直接威胁危害平民生命安全和国家安全，是当前我国国家主权安全方面的主要风险。

（二）领海主权安全面临的重大风险

中国是海洋大国，领海海域主要由渤海、黄海、东海、南海和中国台湾东侧太平洋海域，还包括我国法律及国际法所规定的相关大陆架海域及 200 海里专属经济区，拥有 1.8 万公里大陆海岸线。

中国的海洋生物资源、海底矿产资源、海水化学资源、海洋动力资源丰厚，具有重要的经济价值。随着国际合作深入发展，各国开发海洋资源的力度与频度日益增强，一些历史遗留的海洋领土问题在新的国际安全环境下逐渐凸显。

在中国的四大海域中，除渤海以外，其他三大海域都存在海洋主权争端。目前，除中越之间的北部湾域已成功进行签约划界之外，我国与八个海上邻国均有海洋争端，争议海域面积达到 150 万平方公里，约占我国海域辖区的 1/2。形势最为严峻和复杂的是南海主权之争。中国南海分布着东沙、中沙、西沙、南沙四个群岛，其中东沙群岛主要岛屿和岛礁，现在由台湾当局实际控制，西沙群岛基本上被我国控制。目前争端的焦点是南沙群岛，中国、越南、菲律宾、文莱、马来西亚等国都对南沙群岛提出了主权诉求。其中，越南是占有我国南沙岛礁数量最多的国家，且还在积极填海造岛，试图增加其在南海的实际存在。一些国家罔顾历史事实，企图通过所谓国际仲裁抢夺中国领土。在东海方面，中国与日本之间存在着东海划界及钓鱼岛主权争议问题，特别是在 2012 年日本“购岛”事件发生之后，双方的战略互惠关系逐步被战略抗衡关系所取代，分歧不断加大。在黄海方面，中韩之间在我国黄海海域的划界问题和苏岩礁的归属问题上也存在争议。

国际势力的介入和干涉使领海主权风险复杂化且国际化。周边某些国家在域外大国的怂恿下，不断挑起海洋权益纷争，将非安全领域的问题上升到“安全”领域，以达到遏制中国崛起的政治目的。如东海划界争端、钓鱼岛和南海主权争端在一定程度上就是“安全化进程”的产物，这些周边邻国出于抢占资源与遏制中国发展的战略考量，不再遵循“共同开发”的原则，将本可以仅限于经济和资源合作领域的事务升级为主权争端，对我国主权安全构成巨大挑战。此外，海上恐怖活动、海盗、走私、非法移民、贩运违禁品、海洋污染和以海洋调查等形式出现的情报收集活动也对我国海洋的能源开发、交通运输、环境保护、社会秩序乃至国家主权产生了潜在威胁。

（三）领空主权安全面临的重大风险

领空是国家进行空中航行和运输以及保卫国家领土主权与国家安全的重要领域。我国的领空指我国领陆和领水的上空，领空主权是指我国领陆和领水上空的空气空间，是我国领土不可分割的组成部分。中国对所属领空实施完全的管辖和控制，有权禁止或允许外国飞行器通过或降落。

领空主权安全受到威胁主要体现在四个方面：一是外国飞机未经许可擅自飞入我国领空。这是对我国领空主权的侵犯，对非法入境的军用飞机，我国有权对其采取措施，甚至有权将它击落。二是违反我国制定的外国航空器在境内飞行的规章制度。如外国航空器未按规定降停在指定设关机场，未按规定使用航空器内发报机，未经许可航空器中载运军火或武器，在领空进行照相侦察。三是违反国内载运权。外国的航空器未经允许，为了取酬或出租在我国境内进行国内的旅客、邮件和货物运输。四是违规在空中禁区飞行。国家为了安全和军事的需要，有权设立空中禁区，一律限制或禁止其他国家的航空器在其空中禁区飞行。

领空主权安全风险主要是由领土安全、领海安全风险带来的。我国领空安全面临的风险将是长期的、严峻的和复杂的。在东海方面，中日两国在东海上空的对峙越发频繁，日本频频进入中国“东海防空识别区”，使中国的领空主权面临巨大的威胁。在南海方面，美国不承认中国对南海的主权诉求，频繁派遣军机逼近我国南海领空，在“犯规的边缘”玩游戏不断挑起事端，恶意制造紧张态势。美国等国家借助本国高端技术设备，通过军机、航空器、雷达卫星、各种监测设备对我国进行监测与威胁。这些都是我国领空主权安全面临的主要风险。

（四）经济主权安全面临的重大风险

经济主权是指国家主权在经济领域的体现，具体表现为国家对内部全部财富、自然资源和经济活动的管理与控制的最高权，对外参与世界经济事务决策的独立权，是国家主权在经济方面的自然延伸，是国家主权的重要组成部分。[①] 经济主权安全风险指国家在经济主权领域面临的来自国外国内的威胁。

首先，跨国公司、国际组织乃至非政府主体凭借其强大的经济实力，对我国经济决策施加越来越大的影响力，对我国经济主权的冲击越来越明显。特别是跨国公司使我国产生诸如企业竞争倒闭、失业剧增、资源开发过度、环境污染贫富两极分化等一系列社会问题，使我国的经济发展和全球可持续发展受到极大挑战。

其次，金融安全风险可能引发的经济主权安全风险。金融风险具有不确定性、相关性、高杠杆性与连带性的特点。不确定性指无论金融风险何时发生、以什么样的方式发生，事前很难把握和防范；相关性指一旦发生金融风险，便会波及整个经济社会；高杠杆性指金融工具一旦使用和控制不好，也随时可能引发金融风险；连带性指一家金融机构因经营不善而出现危机，有可能对整个金融体系的稳健运行构成威胁，进而导致全社会经济秩序的混乱，甚至引发严重的金融危机。

① 参见徐泉：《经济主权原则的发展趋向论析》，《现代法学》2005 年第 6 期。

当前，我国金融风险主要表现在：结构失衡使风险集中、金融与财政风险放大、非正规金融行业管理不善可能存在隐患、管制有效性弱化；外资金融机构侵蚀严重等。同时金融市场出现债券市场违约密集发生，融资功能受到冲击，信用传递阻塞；民营企业与上市公司作为2020年新增违约主体不断增加；股票市场股价持续下跌，股票质押风险不断提高等。这些问题如果处理不当，就可能引发系统性金融风险。

最后，战略资源安全风险对经济主权安全产生深刻影响。只有在国家的战略资源得到根本保障的前提下，国家的经济发展才有稳固的基石。随着经济社会的发展，我国战略资源安全风险日益凸显，我国能源资源人均量和利用率低、能源结构不合理、能源供求矛盾日益突出。比如，我国对石油高度依赖的局面并没有根本改变，长期内也难以改变。又如，以煤炭为主的能源供给结构、能源生产和利用率低下等问题，不仅导致中国能源的巨大浪费，增加了产品的能源成本，加剧了能源安全困境，而且降低了出口商品的国际竞争力，导致了节能减排压力巨大和气候外交困局。再如，国际粮食市场是一个高度垄断的市场，世界商品粮的生产、流通、定价主要控制在西方手里，我国部分农产品行业面临被挤垮、被控制的困境；农业生物种源失控，种业落后；耕地减少，生态退化，污染严重等问题。2019年下半年，我国猪肉价格大幅上涨对每个人的日常生活影响很大，农业领域风险事关人民群众的“餐桌”，成为国人关注的焦点问题。

（五）文化主权安全面临的重大风险

文化主权安全风险主要是指国家的信仰体系、核心价值、传统习俗面临的外部文化腐蚀、渗透、颠覆的威胁。一些国家将自己的价值作为评判其他国家价值合理性的标准，甚至强调全球文化的趋同性，认同一种超越主权国家的全球文化，并用文化价值的普世性取代文化价值的特殊性，用全球性压制地区性和国别性，凸显文化的“超主权性”，最终达到渗透和演化他国文化主权的目的。这对我国文化主权形成严重威胁，对社会主义核心价值体系构成了挑战。美国政治家布热津斯基认为，西方国家生活方式对全球文化具有特别的决定意义，它促使全世界范围内人们热衷于追求物质享受和及时满足道德上不受抑制的个人欲望，导致全球范围内的精神危机。[①] 他们通过广播、卫星电视、互联网等传媒和通信工具，将其“文化商品”大批量地输送到我国，目的就是挤压我国文化的民族性和自主权。必须认识到，当前中国的民族文化面临着国外大众文化的强烈冲击。2011 年，美国占世界文化市场的份额高达 43%，中国只占 4%。美国的大众文化传播具有很强的穿透力和吸引力，风靡全球，潜移默化地影响着我国人民的思维习惯。这些都会对我国文化主权安全形成挑战、带来风险，必须高度重视。

（六）网络主权安全面临的重大风险

互联网深刻改变了人类历史的发展进程，不仅开拓了人类活动的新空间，而且拓展了国家主权行使的新疆域。网络主权是指国家对本国的网络加以管理和控制的最高权力，以及对外独立自主地进行网络活动并对威胁网络安全的行为实施自卫的权力，包括网络独立权、网络平等权、网络自卫权、网络管辖权。网络空间独立权指一国的网络空间可以独立运行，不受制于任何国家或非国家行为体。网络空间平等权指各国能够以平等的方式连接国际互联网，各国在网络空间的地位一律平等，在国际网络空间治理中，各国拥有平等的权力。网络空间自卫权是指一国的网络空间在受到武装攻击时实施自卫行为维护自身权益的权力。网络空间管辖权是指主权国家对本国网络系统拥有最高管理权，是国家主权在网络空间的自然展现。

---

① 参见布热津斯基著，潘嘉玢、刘瑞祥译：《大失控与大混乱》，中国社会科学出版社 1995 年版。

互联网的迅速普及，加之我国在网络关键核心技术方面的“短板”还比较突出，使我国的网络主权面临严峻的威胁。互联网技术下的传媒体系所具有的交互式、直播、跨国性、视听的个体化、异时性等特点，也加剧了网络主权安全风险。网络主权安全风险主要来自信息霸权，即技术强国利用信息技术优势妨碍或压制他国的信息自由而为本国谋取利益。通常采用的方式有：思想文化渗透，灌输西方人文价值观；心理战，夸大本国实力，激化他国国内矛盾，甚至造成骚乱使该国政府倒台；侵入他国核心网络窃取信息，采用病毒技术销毁他国信息。由于我国信息技术领域还处于追赶阶段，在产业水平、设计能力和供应链方面仍处于落后局面。我国在芯片、应用系统和互联网等领域的电子产品和信息产品国产化比例很低，关键系统和核心领域使用国外产品，对国外产品的依赖度过高，成为深埋在我国信息化系统中的“遥控炸弹”。掌握互联网核心技术的美国，一边宣称网络自由，另一边却利用先进的网络技术窃取其他国家的信息，依靠强大的网络话语权，对发展中国家输送着西方价值观念。同时，互联网的快速发展特别是随着云服务的问世，很多互联网企业把一些敏感数据放在互联网云端，信息数量的爆炸性增长，给网络攻击提供了巨大的机会和空间。比如，目前我国金融行业信息化建设在安全等级和技术先进性方面明显受制，西方国家在高端服务器、存储设备、操作系统以及数据库等核心技术上处于垄断地位，中国无法掌握源代码，一时又难以打破这种局面，使金融等重要行业的信息安全面临巨大威胁。

三、着力防范化解国家主权安全重大风险的主要内容

我国国家主权面临各方面的风险与挑战，不仅直接威胁到国家主权安全，而且也直接影响政治安全、国家安全。必须深刻认识、防范

化解国家主权面临的重大风险，在干事创业过程中提高警惕、冷静观察、沉着应对。

（一）全面践行总体国家安全观

“安而不忘危，存而不忘亡，治而不忘乱。”习近平总书记指出：“我们党要巩固执政地位，要团结带领人民坚持和发展中国特色社会主义，保证国家安全是头等大事。”[①] 防范化解国家主权重大风险，必须统筹发展和安全，增强忧患意识，做到居安思危，牢固树立和认真贯彻总体国家安全观，坚定不移地走中国特色国家安全道路。

党的十九届四中全会对完善国家安全体系作出了重大部署。指出：坚持总体国家安全观，统筹发展和安全，坚持人民安全、政治安全、国家利益至上有机统一。以人民安全为宗旨，以政治安全为根本，以经济安全为基础，以军事、科技、文化、社会安全为保障，健全国家安全体系，增强国家安全能力。完善集中统一、高效权威的国家安全领导体制，健全国家安全法律制度体系。加强国家安全人民防线建设，增强全民国家安全意识，建立健全国家安全风险研判、防控协同、防范化解机制。提高防范抵御国家安全风险能力，高度警惕、坚决防范和严厉打击敌对势力渗透、破坏、颠覆、分裂活动。[②] 党的十八大以来，我们全面践行总体国家安全观，初步构建了国家安全体系主体框架，形成了国家安全理论体系，完善了国家安全战略体系，建立了国家安全工作协调机制，解决了许多长期想解决而没有解决的难题，办成了许多过去想办而没有办成的大事，国家安全工作得到全面加强，牢牢掌握了维护国家安全的全局性主动。

当今世界，和平、发展、合作、共赢是不可阻挡的历史潮流，但

① 《习近平谈治国理政》，外文出版社 2014 年版，第 200 页。

② 参见《中国共产党第十九届中央委员会第四次全体会议文件汇编》，人民出版社 2019 年版。

世界并不太平，恐怖主义、网络犯罪、跨国有组织犯罪、新型犯罪等全球性安全问题愈加突出，安全领域威胁层出不穷，人类面临着许多共同挑战，需要各国通力合作来应对。如果解决不好，人类和平与发展的崇高事业就难以顺利推进。我国面临多元复杂的安全威胁，外部阻力和挑战增多，生存安全问题和发展安全问题、传统安全威胁和非传统安全威胁相互交织，维护国家统一、领土完整、发展利益的任务相当艰巨，各种矛盾、风险、挑战不断聚集。既包括国内的经济、政治、意识形态、社会风险以及来自自然界的风险，也包括国际经济、政治、军事风险等。国际市场、海外能源资源和战略通道安全，海外机构、人员和资产安全等海外利益安全问题凸显。今后一个时期，是我国发展面临的各方面风险不断积累且呈集中显露的时期。必须把防范风险摆在突出位置，“图之于未萌，虑之于未有”，力争不出现主权风险或在出现主权风险时要扛得住、过得去，确保主权安全。

维护国家安全，维护国家利益尤其是核心利益，确保国家领土和主权完整，必须切实提高防范化解国家主权重大风险的能力。国防和军队建设是国家安全的坚强后盾。我们捍卫和平、维护安全、慑止战争的手段和选择有多种多样，但军事手段始终是保底手段，打赢能力是维护国家安全的战略能力。经济安全是国家安全的基础。我们要坚持以经济建设为中心，坚持以新发展理念引领经济发展新常态，加快转变经济发展方式、调整经济发展结构、提高发展质量和效益，着力推进供给侧结构性改革，推动经济更有效率、更有质量、更加公平、更可持续地发展。文化安全是国家安全的重要保障。意识形态关乎旗帜、关乎道路、关乎国家政治安全，必须把意识形态工作的领导权、管理权、话语权牢牢掌握在手中。人民安全是国家安全的宗旨。要把维护公共安全放在维护最广大人民根本利益中来认识，努力为人民安居乐业、社会安定有序、国家长治久安编织全方位、立体化的公共安全网。科技创新作为保障国家安全的战略支撑，必须摆在国家安全发展的核心位置。只有把核心技术掌握在自己手中，才能真正掌握竞争和发展的主动权，才能从根本上保障国家经济安全、国防安全和其他安全。要树立正确的网络安全观，加强信息基础设施网络安全防护，加强网络安全信息统筹机制、手段、平台建设，加强网络安全事件应急指挥能力建设，积极发展网络安全产业，做到关口前移，防患于未然。良好生态环境是人和社会持续发展的根本基础。要坚持人与自然和谐共生，必须树立和践行绿水青山就是金山银山的理念，坚持节约资源和保护环境的基本国策，坚定走生产发展、生活富裕、生态良好的文明发展道路，建设美丽中国，为全球生态安全作出新贡献。海外利益安全日益关乎我国整体发展利益和国家安全，维护海外利益安全成为一项重要任务。要逐步提高海外安全保障能力和水平，保护海外我国公民和法人安全，保护我国海外金融、石油、矿产、海运和其他商业利益。要坚持协同联动，打造开放共赢的合作模式，在开放中分享机会和利益、实现互利共赢。要履行并完善好我国《国家情报法》《反间谍法》《反分裂国家法》《国家安全法》《反恐怖主义法》《网络安全法》等，不断提高执法水平，充分发挥法治在国家安全工作中的重要引领和推动作用。

（二）防范化解国家领土安全重大风险

习近平总书记强调："前进的道路不可能一帆风顺，越是前景光明，越是要增强忧患意识，做到居安思危，全面认识和有力应对一些重大风险挑战。"① 近百年来，中国共产党所取得的成就与进步震古烁今，所经历的困难与风险世所罕见。当今世界正在发生深刻复杂的变化，国际战略格局以及东亚地区格局都处于重组之中，经济全球化以

① 《全面贯彻落实总体国家安全观　开创新时代国家安全工作新局面》，《人民日报》2018年4月18日。

及反全球化浪潮此消彼长，各种矛盾错综复杂，但和平、发展、合作仍是世界潮流。在这种形势下，只有统筹运用各种手段，多管齐下，才能更好更有效地防范化解中国的主权风险。把防范化解主权风险摆在突出位置，着力破解各种矛盾和问题，力争不出现重大风险或在出现重大风险时扛得住、过得去。

一要坚持“底线思维”，坚决防范化解主权风险。坚持底线思维，增强忧患意识，是我们党战胜风险挑战，不断从胜利走向胜利的重要思想方法、工作方法、领导方法。针对国家主权安全面临的一系列严峻挑战，在纪念毛泽东同志诞辰120周年座谈会上，习近平总书记指出：“我们要坚决维护国家主权、安全、发展利益，任何外国不要指望我们会拿自己的核心利益做交易，不要指望我们会吞下损害我国主权、安全、发展利益的苦果。”① 单则易折，众则难摧。对一切损害国家主权安全的行为也绝不姑息。中国将坚持“底线思维”，坚守一个中国的底线，并通过其他安全领域，如军事安全、经济安全的维护，以更好地保障政治安全。

二要作好军事斗争准备，维护国家主权安全。军事手段始终是保底手段。习近平总书记指出：“军队是要准备打仗的，一切工作都必须坚持战斗力标准，向能打仗、打胜仗聚焦。”② “中国人民珍爱和平，我们决不搞侵略扩张，但我们有战胜一切侵略的信心。我们绝不允许任何人、任何组织、任何政党、在任何时候、以任何形式、把任何一块中国领土从中国分裂出去，谁都不要指望我们会吞下损害我国主权、安全、发展利益的苦果。”③ 要密切关注国家安全形势变化，扎实作好各方向各领域军事斗争准备，做到一旦有事能快速应对，坚决维护国

① 中共中央文献研究室编：《十八大以来重要文献选编》（上），中央文献出版社2014年版，第700页。

② 习近平：《决胜全面建成小康社会 夺取新时代中国特色社会主义伟大胜利》，人民出版社2017年版，第54页。

③ 《习近平谈治国理政》第2卷，外文出版社2017年版，第417页。

家主权、安全、发展利益。要坚持积极防御的军事战略方针。应依据我国地缘环境、面临的安全威胁和战略任务，优化军事战略布局。在我国周边安全风险呈积累态势、海上安全威胁日益突出、家门口生战生乱的可能性增大的情况下，积极防御的军事战略部署要适应战争准备基点的转变，拓展和深化海上军事斗争准备，中国海军应越来越多地承担捍卫国家主权与海洋权益、维护国家海外利益的重要任务。同时，为避免与他国军机、舰艇在海上的对峙、碰撞，中国要与相关国家加强预警机制建设，避免误判导致不必要的冲突。这些建立在积极防御战略思想上的举措，既表明中国坚定不移维护自己领土主权安全的决心，也反映相互依存加深的国际背景下，塑造有利态势、综合管控危机、遏制战争、维护共同安全的新理念。针对“台独”“疆独”“藏独”“港独”等分裂行径，要采取强有力措施坚决予以反击。坚定有效地执行《反分裂国家法》《反恐怖主义法》等方法，尽快制定《国家统一法》，在法律的框架内逐步和平地推进国家统一大业，维护领土主权的安全及完整。

三要努力建设同我国国际地位相称、同国家安全和发展利益相适应的巩固国防和强大军队。我国正处在由大向强发展的关键阶段，前景十分光明，挑战也十分严峻，中华民族伟大复兴绝不是轻轻松松、敲锣打鼓就能实现的。军事斗争是进行伟大斗争的重要方面，打赢能力是维护国家安全的战略能力。全军要强化忧患意识、危机意识、打仗意识，全部心思向打仗聚焦，各项工作向打仗用劲，尽快把备战打仗能力搞上去。党的十九大报告中明确提出了中国特色强军之路的战略目标：建设强大的现代化陆军、海军、空军、火箭军和战略支援部队。“适应世界新军事革命发展趋势和国家安全需求，提高建设质量和效益，确保到2020年基本实现机械化，信息化建设取得重大进展，战略能力有大的提升。同国家现代化进程相一致，全面推进军事理论现代化、军队组织形态现代化、军事人员现代化、武器装备现代化，力争到2035年基本实现国防和军队现代化，到21世纪中叶把人民军队全面建成世界一流军队。”①

四要坚持和完善党对人民军队的绝对领导制度，确保人民军队忠实履行新时代使命任务。人民军队是中国特色社会主义的坚强柱石，党对人民军队的绝对领导是人民军队的建军之本、强军之魂。必须牢固确立习近平总书记强军思想在国防和军队建设中的指导地位，巩固和拓展深化国防和军队改革成果，构建中国特色社会主义军事政策制度体系，全面推进国防和军队现代化，确保实现党在新时代的强军目标，把人民军队全面建成世界一流军队，永葆人民军队的性质、宗旨、本色。要坚持人民军队最高领导权和指挥权属于党中央，要健全人民军队党的建设制度体系，要把党对人民军队的绝对领导贯彻到军队建设各领域全过程。②

防范化解政治主权风险是维护国家安全和社会安定的内在要求，更是防范化解政治领域风险最为核心的内容，也是防范化解政治领域其他风险的前提条件。而要有效化解政治主权风险，就必须坚持中国共产党的领导地位，贯彻落实好总体国家安全观的要求，不断发展中国特色社会主义经济，壮大中华人民共和国的武装力量，夯实维护国家主权安全和社会稳定的物质基础与军事力量，才能为中国特色社会主义事业的全面推进奠定坚定的基础。

（三）防范化解经济主权安全重大风险

随着全球化发展趋势，世界日益成为一个不可分割的整体。作为最大的发展中国家的中国在国际竞争中需要面对各种对国家主权的挑战。

---

① 习近平：《决胜全面建成小康社会　夺取新时代中国特色社会主义伟大胜利》，人民出版社2017年版，第53页。

② 参见《中国共产党第十九届中央委员会第四次全体会议文件汇编》，人民出版社2019年版。

坚持倡导平等、开放、合作、共享的全球经济治理观，并积极参与全球治理，方能有效维护国家经济主权安全。一方面，正确面对经济全球化，顺应经济全球化的浪潮，积极主动参与其中，化劣势为优势，进一步维护我国的国家主权。我们在维护好政治主权、文化主权等国家主权的同时，也要维护和坚持我国经济主权的独立自主性，反对大国和国际经济组织的干预。另一方面，借力经济全球化增强我国的综合国力，提高我国的国际竞争力。必须毫不动摇坚持国家经济主权，树立理性的经济主权观。应在牢牢掌握本国经济主权的基础上，积极引导和管理国家经济，防范和消除经济全球化给我国带来的潜在风险。同时，积极参与国际经济事务，推动国际金融机构的改革。积极参与并制定国际经济规则，争取在国际性的经济组织中及国际经济事务中拥有更多的话语权与影响力，全面争取国际经济规则的制定权和发言权，更加及时有效地向世界表达我国的意志，使制定的国际规则更有利于我国的发展，维护我国的经济主权利益和金融安全。

正视经济主权合理让渡的必要性，把握好经济主权让渡的“度”。随着全球化程度的不断加深及我国经济综合实力的提升，我国在全球市场的经济活动中发挥着越来越大的作用。但总体来看，我国与西方发达国家在经济上的地位仍不平等，要想达到与西方国家经济平等对话还有一定的距离。必须积极引进国外先进技术，大力发展国际贸易，推动产业结构优化，提升我国产业的国际竞争力。在具体的经济活动中，还应处理好经济主权的让渡问题。中国应该在经济主权让渡和比较利益最大化之间寻找均衡点，对本国可能产生严重冲击、影响国家安全和社会稳定的苛刻要求，应断然回绝，寸步不让；对可能带来的风险，则务必居安思危，做好预估，早做防范；对于风险过大而效益不佳的让步和代价，应慎之又慎；对经济和金融风险，须早做安排，提高防御和消弭风险的能力。只有这样，我们才能在经济全球化的冲击下，始终坚守住国家经济主权。

坚持和完善社会主义基本经济制度，推动经济高质量发展。公有制为主体、多种所有制经济共同发展，按劳分配为主体、多种分配方式并存，社会主义市场经济体制等社会主义基本经济制度，既体现了社会主义制度优越性，又同我国社会主义初级阶段社会生产力发展水平相适应，是党和人民的伟大创造。必须坚持社会主义基本经济制度，充分发挥市场在资源配置中的决定性作用，更好发挥政府作用，全面贯彻新发展理念，坚持以供给侧结构性改革为主线，加快建设现代化经济体系。要毫不动摇巩固和发展公有制经济，毫不动摇鼓励、支持、引导非公有制经济发展。要坚持按劳分配为主体、多种分配方式并存，坚持多劳多得，着重保护劳动所得，增加劳动者特别是一线劳动者劳动报酬，提高劳动报酬在初次分配中的比重。要加快完善社会主义市场经济体制，完善科技创新体制机制，建设更高水平开放型经济新体制。

（四）防范化解文化主权安全重大风险

习近平总书记在庆祝中国共产党成立 95 周年大会上的重要讲话指出："文化自信，是更基础、更广泛、更深厚的自信。在 5000 多年文明发展中孕育的中华优秀传统文化，在党和人民伟大斗争中孕育的革命文化和社会主义先进文化，积淀着中华民族最深层的精神追求，代表着中华民族独特的精神标识。"① 从 20 世纪 50 年代开始，西方国际战略家就已经明确，未来世界大战的可能性已经非常之小，对社会主义国家的颠覆最好的方式是通过文化特别是意识形态的渗透来进行，通过和平演变使社会主义国家发生颜色革命，实现改"旗"换"色"。增强文化自信，提高文化"软实力"，是维护文化主权安全的根本所在。全球化背景下，各种思想文化相互激荡更为剧烈，我国面临的文

① 《习近平谈治国理政》第 2 卷，外文出版社 2017 年版，第 36 页。

化和意识形态的渗透和压力也将进一步加大，资本主义腐朽文化和封建主义残余思想在新的历史条件下也会沉渣泛起。我们要想在世界各种思想文化相互激荡的形势下，在错综复杂的意识形态领域的斗争中，牢固地坚守社会主义思想文化阵地，保证先进文化的前进方向，就必须做到：

大力弘扬传统文化。牢固的核心价值观，都有其固有的根本。抛弃传统、丢掉根本，就等于割断了自己的精神命脉。因此，立足中华优秀传统文化，构建具有强大感召力的核心价值观，是文化软实力的灵魂之所在，它关乎全民对中华文化的认同，高度的认同有利于维护我国的文化主权安全。大力弘扬民族文化就应对传统文化进行全面分析，取其精华，去其糟粕，提高民族文化质量，反映时代气息和民族精神。要让优秀传统文化与时俱进，让优秀传统文化具有当代表达形式，借助大众媒体和传播技术，使之获得繁荣和发展。要丰富文化产品和服务，提升文化自觉，强化民族文化认同和国家认同意识。要发挥新闻传媒的传播力、引导力、影响力和公信力，为我国文化发展营造良好的舆论环境。要培育和弘扬核心价值观，提高核心价值观的凝聚力和感召力。

吸收借鉴人类一切优秀文明成果。学习和吸纳世界一切优秀文化成果，是中华民族文化博大精深的原因之一。世界上的一切优秀文明应该是人类共同的财富，一切有利于人类社会健康发展的先进文明都应该兼容。人类社会的优秀文明是没有国界的，它总会通过各种途径向世界的各个角落进行传播和蔓延。正确认识西方资本主义文明与各种文明之间的关系，是大胆吸收借鉴的前提。资本主义文明并不都是资本主义时期创造的，而是人类文明发展的自然结果；并不都是资产阶级独创的，而是各个阶级共同创造的；并不都是腐朽的反动的，而是良莠并存好坏兼有。因此，我们必须具备对西方国家的精神成果进行鉴别、批判、扬弃的本领，从中国特色社会主义建设的实践出发，吸收借鉴人类创造的文明成果。既要批判崇洋媚外、主张照搬套用、鼓吹全盘西化的观点；也要批判盲目排外、认定西方文明都是腐朽没落的观点。要科学认识和充分尊重全人类的共同财富，深刻把握世界发展大势，紧跟时代发展步伐，充分尊重、包容、借鉴和吸收符合人类社会发展规律的成果。

在学习和借鉴人类文明的同时，我们也要清醒地认识到，最先进的科学技术文化要靠自己去创造的，任何人都不会给你。吸收借鉴绝不是忽视自力更生，放弃自主创新，而是在吸收借鉴中努力创造。当然，我们也要警惕在吸收借鉴过程中随之而来的风险。我们决不能因为有风险就缩手缩脚，不敢学、不敢大胆地学；更不能因为国际国内出现些风波就关闭门户；要敢于和善于向自己的对手、敌人学习。同时，要提高结合西方文明创造自己的文明的本领，特别是在核心关键技术上要有自己的优势。①

积极参与国际文化秩序重建，提升中国文化的国际影响力。维护国家文化主权，还必须注重文化传播，积极参与国际文化秩序重建，提升中国文化在国际文化权力结构中的影响力。首先，要从国家文化主权的高度来认识和发展文化产业，增加文化产品中的文化含量，努力将文化产业真正建设成为传播中国先进文化的现代媒介系统。中国要以“参与者”的姿态主动融入国际文化主流，积极参与各种国际文化规则的制定，让中国文化为世界文明秩序的重建提供养分。其次，开展公共外交以增强文化软实力，从外部维护我国文化主权。不但要积极吸收借鉴国外优秀文化成果与先进文化经营管理理念，努力建设面向国际化的社会主义先进文化。还要增进文化互信和人文交流，推进我国文化产品和服务“走出去”，积极开拓国际文化市场，提升我国文化的国际竞争力和国际地位，维护我国文化主权安全。最后，要加

① 参见于永达、阮青、马彦涛：《新时代党政干部必须增强八大本领》，中共中央党校出版社 2019 年版。

强国际传播能力建设。拓展文化传播网络，丰富传播渠道，尤其注重发挥网络设施的文化传播功能，实施网络强国战略。只有这样，才能在参与、拓展、合作、交流中维护中国的文化主权安全。

坚持和完善繁荣发展社会主义先进文化的制度，巩固全体人民团结奋斗的共同思想基础。发展社会主义先进文化、广泛凝聚人民精神力量，是国家治理体系和治理能力现代化的深厚支撑。必须坚定文化自信，牢牢把握社会主义先进文化前进方向，围绕举旗帜、聚民心、育新人、兴文化、展形象的使命任务，坚持为人民服务、为社会主义服务，坚持百花齐放、百家争鸣，坚持创造性转化、创新性发展，激发全民族文化创造活力，更好构筑中国精神、中国价值、中国力量。具体就是要做到坚持马克思主义在意识形态领域指导地位的根本制度；坚持以社会主义核心价值观引领文化建设制度；健全人民文化权益保障制度；完善坚持正确导向的舆论引导工作机制；建立健全把社会效益放在首位、社会效益和经济效益相统一的文化创作生产体制机制。①

（五）防范化解网络主权安全重大风险

习近平总书记强调："没有网络安全就没有国家安全。"② 在网络空间促进社会发展的同时，国家主权在网络空间行使方面面临着诸如网络监控、网络渗透和网络攻击等严峻挑战，制约国家的政治、经济、文化等领域的发展。必须更好应对网络主权所受到的挑战，维护中国国家主权和国家利益。

一要加强信息核心技术自主创新。信息领域核心技术受制于人，这已经对国家网络安全构成了严峻挑战。当前网络信息领域核心技术

---

① 参见《中国共产党第十九届中央委员会第四次全体会议文件汇编》，人民出版社 2019 年版。

② 《习近平谈治国理政》，外文出版社 2014 年版，第 198 页。

大部分掌握在西方网络强国尤其是美国手中，中国网络核心技术长期以来受制于人。习近平总书记指出："只有把核心技术掌握在自己手中，才能真正掌握竞争和发展的主动权，才能从根本上保障国家经济安全、国防安全和其他安全。"① 推动信息领域核心技术突破，既是保障网络安全的必由之路，也是建设网络强国的必然选择。一方面，实现核心技术突破，坚定不移地加大自主创新力度，追踪和把握新一代信息技术重点方向，在现有自主产品和优秀开源项目基础上，突破电子元器件、集成电路、基础软件等核心关键技术。另一方面，在积极开展国产设备和产品的替代的同时，通过实施加强信息技术创新，提高网络信息领域国产化水平，加强下一代互联网建设等措施，抢占网络技术制高点。如发展 IPv6 下一代互联网是保障中国网络可持续性发展的必然选择。

二要确立网络主权理念，推动网络空间共同治理。习近平总书记强调："我们应该尊重各国自主选择网络发展道路、网络管理模式、互联网公共政策和平等参与国际网络空间治理的权利"，② "但每一个国家在信息领域的主权权益都不应受到侵犯。"③ 在推进全球空间治理进程中，中国应该尊重各国网络主权，加强同国际社会的合作，维护全球网络空间秩序，推动网络主权原则落实，维护全球网络空间秩序。一方面，推动建立"多边、民主、透明"的国际互联网治理体系，以"尊重网络主权，维护网络安全，促进开放合作，构建良好秩序"为原则，以互联网管理权移交为契机，进一步完善网络空间对话协商机制，研究制定全球互联网治理规则，构建政府、企业、技术社群、国际组织、公民个人等多方参与的治理格局，使全球互联网治理体系更加公

---

① 中共中央文献研究室编：《十八大以来重要文献选编》（中），中央文献出版社 2016 年版，第 22 页。

② 《习近平谈治国理政》第 2 卷，外文出版社 2017 年版，第 533 页。

③ 习近平：《弘扬传统友好　共谱合作新篇——在巴西国会的演讲》，人民出版社 2014 年版，第 9 页。

正合理。另一方面，全面推进网络外交，强化与国际社会的网络安全合作。在数据跨境流动、个人信息保护、打击网络犯罪、打击网络恐怖主义、网络安全威胁信息共享等方面，进一步深化与国际社会的交流合作。

三要加强网络主权政策建设。维护网络主权安全，需要构建完备的国内法律体系和国际规范体系。从国内看，《中华人民共和国网络安全法》立足国内安全、放眼全球治理，既重视事前防范，又提供应对方案，对确保网络主权安全、建设网络强国具有深远的战略意义。在此基础上，要进一步完善维护网络安全的法律法制体系、组织管理体系、技术保障体系、基础设施、经费保障体系、人才培养体系，健全我国网络安全保障体系，解决制约我国网络安全发展瓶颈，推动形成长效机制，改变我国网络安全领域被动防御的局面，加快网络安全保障能力建设，着力提升网络空间防护能力。《网络空间国际合作战略》的发布明确提出了和平原则、主权原则、共治原则、普惠原则。习近平总书记指出："我们应尊重各国自主选择网络发展道路、网络管理模式、互联网公共政策和平等参与国际网络空间治理的权利，不搞网络霸权，不干涉他国内政，不从事、纵容或支持危害他国国家安全的网络活动。"①

从国际看，尊重他国独立自主管理网络事务权力需要做到几点：一是尊重各国的网络事务独立性。各国在参与全球网络治理体系中的地位是平等的，国家间实力与信息技术的强弱不应成为决定参与国际网络空间治理合作的标准。二是尊重各国选择发展本国网络道路的自主性。由于世界各国国情存在差异性，各国采取了基于本国国情和国家利益的网络发展政策。而要深化网络空间国际治理合作，重点在于凝聚主权国家网络空间利益的最大公约数，使世界各国共同参与到全

---

① 《习近平谈治国理政》第 2 卷，外文出版社 2017 年版，第 533 页。

球网络空间秩序的构建上来。三是各国需要在主权国家平等的原则下开展国际网络空间合作，建设一个促进各国发展的全球网络空间。中国应该在联合国的主导下，一方面，增强与西方国家在网络治理中的沟通与合作，避免西方国家错误解读中国网络相关政策。另一方面，要加强与网络新兴国家和广大第三世界国家的合作，在反对网络渗透、网络监控和网络攻击议题上取得一致共识，以更好地在联合国和区域性组织中开展合作。

第三章　防范化解政权和制度安全面临的重大风险

党的十九大报告指出：坚持总体国家安全观。必须坚持国家利益至上，以人民安全为宗旨，以政治安全为根本，统筹外部安全和内部安全、国土安全和国民安全、传统安全和非传统安全、自身安全和共同安全，完善国家安全制度体系，加强国家安全能力建设，坚决维护国家主权、安全、发展利益。维护政治安全，最根本的就是坚持和完善党的集中统一领导制度，坚持中国特色社会主义制度。

一、政权和制度安全是政治安全最核心的内容

中国共产党领导中国人民成功开辟了一条中国特色社会主义政治发展道路，建立了一整套适合中国国情的政治制度，是党和国家事业发展、社会和谐稳定、人民幸福安康、国家长治久安的坚强制度保障。

（一）深刻把握政权安全和制度安全的基本内涵

习近平总书记在十九届中央国家安全委员会第一次会议上强调："坚持人民安全、政治安全、国家利益至上的有机统一，人民安全是国家安全的宗旨，政治安全是国家安全的根本，国家利益至上是国家安

全的准则，实现人民安居乐业、党的长期执政、国家长治久安。”① 政治安全是指国家主权、政权和制度以及意识形态等方面免受威胁、侵犯、颠覆、破坏的客观状态。在当代中国，维护国家政治安全最根本的是政权安全和制度安全。习近平总书记指出：“中国特色社会主义制度，坚持把根本政治制度、基本政治制度同基本经济制度以及各方面体制机制等具体制度有机结合起来，坚持把国家层面民主制度同基层民主制度有机结合起来，坚持把党的领导、人民当家作主、依法治国有机结合起来，符合我国国情，集中体现了中国特色社会主义的特点和优势，是中国发展进步的根本制度保障。”②

我国的政治制度由根本政治制度、基本政治制度、具体政治制度三个层面所组成。人民代表大会制度是中国的根本政治制度，中国共产党领导的多党合作和政治协商制度、民族区域自治制度、基层群众自治制度等是我国的基本政治制度，具体政治制度则有选举制度、决策制度、监督制度、政务公开制度、协商民主制度等。

中国共产党的领导地位和社会主义政治制度的确立是中国社会发展的历史选择和人民的选择。中国的历史发展和现实国情决定了必须坚持中国共产党的领导，坚持社会主义制度，这是维护国家政治安全的根本内容，也是根本要求。防范化解政治安全领域重大风险，必须充分认识和深刻理解我国政权和制度安全的基本内涵。

第一，防范化解政权安全和制度安全重大风险，必须坚持和完善党的领导制度体系。党的十九大报告明确指出，党政军民学，东西南北中，党是领导一切的。党的十九届四中全会指出，中国共产党领导是中国特色社会主义最本质的特征，是中国特色社会主义制度的最大优势，党是最高政治领导力量。我国宪法规定：“中华人民共和国是工

---

① 《全面贯彻落实总体国家安全观　开创新时代国家安全工作新局面》，《人民日报》2018年4月18日。

② 中共中央文献研究室编：《十八大以来重要文献选编》（上），中央文献出版社2014年版，第75页。

人阶级领导的、以工农联盟为基础的人民民主专政的社会主义国家。”实践证明，人民民主专政是适合中国国情和革命传统、适合中国改革开放和深化改革的根本形式，具有鲜明的中国特色。人民民主专政是由工人阶级领导的，其根本就是坚持党的全面领导。防范化解政权安全和制度安全重大风险，必须坚决维护党中央权威，健全总揽全局、协调各方的党的领导制度体系，把党的领导落实到国家治理各领域各方面各环节。

第二，防范化解政权安全和制度安全重大风险，必须坚持和完善人民当家作主的制度体系。人民代表大会制度是我国的根本政治制度。中华人民共和国的一切权力属于人民，人民行使权力的机关是全国人民代表大会和地方各级人民代表大会。防范化解政权安全和制度安全重大风险，必须切实保障各级人民代表大会由民主选举产生，对人民负责，受人民监督，保证各级国家机关都由人大产生、对人大负责、受人大监督。支持和保证人大及其常委会依法行使职权，健全人大对“一府一委两院”监督制度。密切人大代表同人民群众的联系，健全代表联络机制，更好发挥人大代表作用。健全人大组织制度、选举制度和议事规则，完善论证、评估、评议、听证制度。防范化解政权安全和制度安全重大风险，必须毫不动摇地坚持、巩固和完善人民代表大会制度。

第三，防范化解政权安全和制度安全重大风险，必须坚持和完善中国特色社会主义行政体制。要以推进国家机构职能优化协同高效为着力点，优化行政决策、行政执行、行政组织、行政监督体制。要完善政府经济调节、市场监管、社会管理、公共服务、生态环境保护等职能，优化政府职责体系。要推进机构、职能、权限、程序、责任法定化，优化政府组织结构，使政府机构设置更加科学、职能更加优化、权责更加协同。要深入推进简政放权、放管结合、优化服务，深化行政审批制度改革，改善营商环境，激发各类市场主体活力。

第四，防范化解政权安全和制度安全重大风险，必须坚持和完善中国共产党领导的多党合作和政治协商制度。中国共产党领导的多党合作和政治协商制度是中国社会主义民主政治制度的重要组成部分，也是我国政治格局稳定的重要制度保证。防范化解政权安全和制度安全重大风险，要牢牢坚持政治协商制度下，中国共产党的领导是首要前提和根本保证，多党合作是核心内容；要切实做到中国共产党是执政党，各民主党派是参政党，中国共产党和各民主党派按照“长期共存、互相监督、肝胆相照、荣辱与共”的基本方针，支持民主党派按照中国特色社会主义参政党要求履行职能，支持民主党派更好履行参政议政、民主监督、参加中国共产党领导的政治协商职能。

第五，防范化解政权安全和制度安全重大风险，必须坚持和完善民族区域自治制度。实行民族区域自治制度，是中国共产党根据我国的历史发展、政治基础、现实条件、文化特点、民族关系和“大杂居小聚居”的民族特点等具体情况作出的制度安排，符合各族人民的共同利益和发展要求。民族区域自治是中国共产党解决民族问题的基本政策，在各少数民族聚居的地方设立自治机关，行使自治权，实行区域自治。防范化解政权安全和制度安全重大风险，必须坚决维护祖国统一，反对民族分裂，坚持民族平等、民族团结、各民族共同繁荣的原则，切实保障少数民族当家作主，管理本民族、本地方事务的权利，真正实现中华民族的大团结大繁荣大复兴。

第六，防范化解政权安全和制度安全重大风险，必须坚持和完善基层群众自治制度。基层群众自治制度是依照宪法和法律，由居民（村民）选举的成员组成居民（村民）委员会，实行自我管理、自我教育、自我服务、自我监督的制度。必须完善基层群众自治制度，发展基层民主，筑牢社会主义民主政治建设的基础。“这样一套制度安排，能够有效保证人民享有更加广泛、更加充实的权利和自由，保证人民广泛参加国家治理和社会治理；能够有效调节国家政治关系，发展充满活力的政党关系、民族关系、宗教关系、阶层关系、海内外同胞关系，增强民族凝聚力，形成安定团结的政治局面；能够集中力量办大事，有效促进社会生产力解放和发展，促进现代化建设各项事业，促进人民生活质量和水平不断提高；能够有效维护国家独立自主，有力维护国家主权、安全、发展利益，维护中国人民和中华民族的福祉。”①

（二）防范化解政权和制度安全重大风险的历史过程

中国特色社会主义政权和制度安全的实现、丰富和发展，是马克思主义与中国国情相结合的产物，是在不断吸取世界优秀政治文明成果过程中形成的。

第一，防范化解政权和制度安全脱胎于近代以来的政治实践。习近平总书记指出：“一个国家选择什么样的治理体系，是由这个国家的历史传承、文化传统、经济社会发展水平决定的，是由这个国家的人民决定的。”② 1840年鸦片战争，使中国开始了半殖民地半封建化的进程，中华民族与中国人民的命运落入了苦难的深渊，觉醒的中国人民开始了民族独立和人民解放、国家富强和人民富裕的长期探索。以林则徐、龚自珍、魏源为代表的开明地主阶级提出“师夷长技以制夷”的主张，从器物层面学习西方先进军事技术以抵抗西方侵略者；以洪秀全为代表的太平天国农民阶级提出了发展资本主义的纲领，纲领虽在《资政新篇》中体现却未付诸实施；以“自强”“求富”为目标的代表封建地主阶级的洋务派奉行“中体西用”的宗旨，从技术层面学习西方以维护腐朽的中国封建主义，却以北洋水师全军覆灭而宣告失败；以康有为、梁启超为代表的维新志士对中国的制度、文化进行反思，

① 中共中央文献研究室编：《十八大以来重要文献选编》（中），中央文献出版社2016年版，第61—62页。

② 《习近平谈治国理政》，外文出版社2014年版，第105页。

对封建文化的纲常名教发起批判，学习西方的政治思想和政治制度，却以“戊戌六君子”血洒菜市口而流产，在“量中华之物力，结与国之欢心”的喧闹中湮没；以孙中山为代表的资产阶级领导的辛亥革命推翻了封建王朝在中国两千多年的统治，却并没有真正改变中国半殖民地半封建社会的性质，中国陷入了北洋军阀的黑暗统治之中；东北易帜虽标志着中国完成了形式上的统一，实质上仍是四分五裂，由西方列强支持的军阀统治着中国。与此同时，国家主义、无政府主义、新村主义、互助主义；教育救国、科学救国、实业救国等救国方案也都先后尝试，但都被证明，这些道路不但不能救中国，反而使中国人民的苦难加深了。

第二，防范化解政权和制度安全重大风险成熟于中国革命建设改革的历史实践。十月革命一声炮响，给中国送来了马克思主义。恩格斯曾说：“无产阶级要在决定关头强大到足以取得胜利，就必须（马克思和我从 1847 年以来就坚持这种立场）组成一个不同于其他所有政党并与它们对立的特殊政党，一个自觉的阶级政党。”[①] 在马克思主义的指导下，中国共产党应运而生，登上历史舞台，中华民族的伟大复兴开始展现出前所未有的光明前景。中国共产党注重理论与实践的结合，注重党的建设、群众路线、统一战线工作的开展，团结了最广大人民群众，赢得了各民主党派和社会各界的支持，最终建立了新中国。三大改造的完成，标志着社会主义制度在中国的确立，也标志着中国特色社会主义政治制度优越性得到认可。特别是改革开放 40 多年来，中国共产党更加重视中国特色社会主义政治制度的丰富、完善和发展，注重将中国的具体实际与制度的改革相结合，不断增强制度自信。党的十九大指出：“中国特色社会主义进入新时代，意味着近代以来久经磨难的中华民族迎来了从站起来、富起来到强起来的伟大飞跃，迎来

---

① 《马克思恩格斯选集》第 4 卷，人民出版社 2012 年版，第 592 页。

了实现中华民族伟大复兴的光明前景。”① 可以说，中国特色社会主义政治制度具有科学性、人民性、创新性，既坚持了中国走社会主义的道路，又不断把中国特色社会主义推向更高层次发展。

第三，防范化解政权和制度安全重大风险根植于中国优秀传统文化。中华优秀传统文化是华夏文明的瑰宝。中国优秀传统文化中有着关于政治制度与国家治理的丰厚思想，有“天下为公”“大一统”“和合”思想，有德主刑辅、以德化人的德治主张，有民贵君轻、政在养民的民本思想，有等贵贱均贫富、损有余补不足的平等观念，有法不阿贵、绳不挠曲的正义追求，有孝悌忠信、礼义廉耻的道德操守，有任人唯贤、选贤与能的用人标准，有周虽旧邦、其命维新的改革精神，有亲仁善邻、协和万邦的外交之道，有以和为贵、好战必亡的和平理念，等等。在国家治理的具体制度上，自古以来逐步形成了一整套包括郡县制度、土地制度、税赋制度、科举制度、监察制度、军事制度等各方面制度在内的国家制度和国家治理体系，为国家治理提供了制度智慧。习近平总书记指出：“中国特色社会主义政治制度之所以行得通、有生命力、有效率，就是因为它是从中国的社会土壤中生长起来的。中国特色社会主义政治制度过去和现在一直生长在中国的社会土壤之中，未来要继续茁壮成长，也必须深深扎根于中国的社会土壤。”② 这说明，中国优秀传统文化仍然持续为维系我国政治安全提供着政治营养与政治借鉴。

第四，防范化解政权和制度安全面临的重大风险借鉴于他国文明优秀成果。他山之石，可以攻玉。防范化解政权和制度安全面临的重大风险需要秉持兼容并蓄的态度，坚持“以我为主、为我所用，去其糟粕、取其精华”的原则，在虚心学习借鉴世界政治文明有益成果的

① 习近平：《决胜全面建成小康社会主义　夺取新时代中国特色社会主义伟大胜利》，人民出版社 2017 年版，第 10 页。

② 中共中央文献研究室编：《十八大以来重要文献选编》（中），中央文献出版社 2016 年版，第 60 页。

同时坚决反对照抄照搬他国的政治制度。

历史已经证明，照抄照搬他国制度的道路走不通。近代以来，面对日益深重的政治危机和民族危机，无数仁人志士为改变中国前途命运，开始探寻新的国家制度和国家治理体系，尝试了君主立宪制、议会制、多党制、总统制等各种制度模式，但都“水土不服”，此路不通。中国共产党带领中国人民走上了社会主义道路，找到了一条适合中国国情的正确的政治制度。在社会主义探索时期，我国并没有照搬照抄苏联模式，而是选择借鉴吸收了苏联在社会主义建设中的有益经验，推动了社会主义建设事业的发展。而苏联面对本国存在的政治经济制度中的问题，不是采取有效的改革方案，而是抛弃了社会主义制度，政治上实行“民主社会主义”，经济上实行“休克疗法”，最终导致解体，成为西方“和平演变”的胜利果实。当然，借鉴世界优秀政治文明成果是为了完善我国政治制度，而非自我“拆台”。在学习的过程中，我们要避免“拿来主义”，应结合我国实际情况，有选择性地学习借鉴，吸收消化，并使之中国化本土化。只有坚持中国特色社会主义道路，才能保证中国政治制度对国情的适应性、对西方制度的优越性，实现对发达国家的快速追赶和超越。

（三）防范化解政权和制度安全重大风险凸显中国特色社会主义政治制度的优越性

防范化解政权和制度安全面临的重大风险，还必须正确认识到中国特色社会主义政治制度的优越性。唯此，才能更加清醒地认识我国政权和制度安全所面临的重大风险，才能在风险面前沉着冷静，积极应对，有效施策。

其一，凸显中国共产党领导这个本质特征。“中国共产党领导是中国特色社会主义最本质的特征，是中国特色社会主义制度的最大优势。”习近平总书记指出，中国共产党的成立“深刻改变了近代以后中华民族发展的方向和进程，深刻改变了中国人民和中华民族的前途和命运，深刻改变了世界发展的趋势和格局”。[①]

任何一个国家的发展从来都不是一条康庄大道，而是充满挫折与挑战。中国共产党在中国发展的关键时刻总能起到举旗定向的作用，把准中国这艘巨轮的方向盘，乘风破浪，稳健前进。新中国成立70多年来，中国共产党团结带领中国人民克服一个又一个的困难，完成社会主义革命，确立社会主义基本制度，进行改革开放新的伟大探索，开启实现中华民族伟大复兴的新征程。这一系列成就的获得与新目标的推进根本在于中国共产党始终发挥着总揽全局、协调各方的领导核心作用，不断提高党科学执政、民主执政、依法执政水平，保证党领导人民有效治理国家，切实防止出现群龙无首、一盘散沙的现象。“实践证明，中国特色社会主义制度和国家治理体系是以马克思主义为指导、植根中国大地、具有深厚中华文化根基、深得人民拥护的制度和治理体系，是具有强大生命力和巨大优越性的制度和治理体系。”[②]

其二，凸显人民当家作主这个民主政治本质。习近平总书记指出：“人民对美好生活的向往，就是我们的奋斗目标。”[③] 中国共产党人的初心和使命，就是为中国人民谋幸福，为中华民族谋复兴。人民群众是社会物质、精神财富的创造者和社会变革的决定力量。维护人民的利益、维护人民当家作主的地位是马克思主义执政党的根本宗旨和社会主义国家的根本要求，是社会主义国家政治体制的应有之义。党的十九届四中全会强调：“我国是工人阶级领导的、以工农联盟为基础的人民民主专政的社会主义国家，国家的一切权力属于人民。必须坚持人民主体地位，坚定不移地走中国特色社会主义政治发展道路，健全

---

① 习近平：《在庆祝改革开放40周年大会上的讲话》，人民出版社2018年版，第22、2页。

② 《中国共产党第十九届中央委员会第四次全体会议文件汇编》，人民出版社2019年版，第4页。

③ 中共中央文献研究室编：《十八大以来重要文献选编》（上），中央文献出版社2014年版，第70页。

民主制度，丰富民主形式，拓宽民主渠道，依法实行民主选举、民主协商、民主决策、民主管理、民主监督，使各方面制度和国家治理更好体现人民意志、保障人民权益、激发人民创造，确保人民依法通过各种途径和形式管理国家事务，管理经济文化事业，管理社会事务。”① 人民代表大会制度作为根本政治制度，把马克思主义国家学说和中国政治实践相结合，为人民掌握国家权力提供了根本途径和方式。中国共产党领导的多党合作和政治协商制度，能够广纳群言、广集民智，最终形成参政议政的政治合力，进一步保证了决策的科学性。基层群众自治制度，实现了国家层面的民主制度与基层民主制度的有机结合，更好地保障了人民的民主权利。民主集中制的国家组织形式和活动方式的基本原则，既通过实行“民主”尊重民意，有效避免了个人独断专行，也通过实行“集中”统一意志，有效避免了各自为政、一盘散沙。人民的民主权利得到制度保障，积极性、主动性、创造性得到最大限度的激发，人民主体地位得到充分保障。未来，我们党也必然会“始终把人民对美好生活的向往”作为奋斗目标，充分激发蕴藏在人民群众中的创造伟力，充分保障全体人民的各项权益，不断增强人民群众的获得感幸福感安全感。中国特色社会主义政治制度的优越性最终表现在维护社会公平正义上。习近平总书记强调：“不论处在什么发展水平上，制度都是社会公平正义的重要保证。”② 党的十九大报告强调指出：“扩大人民有序政治参与，保证人民依法实行民主选举、民主协商、民主决策、民主管理、民主监督；维护国家法制统一、尊严、权威，加强人权法治保障，保证人民依法享有广泛权利和自由。”③

---

① 《中国共产党第十九届中央委员会第四次全体会议文件汇编》，人民出版社 2019 年版，第 27—28 页。

② 中共中央文献研究室编：《十八大以来重要文献选编》（上），中央文献出版社 2014 年版，第 553 页。

③ 习近平：《决胜全面建成小康社会　夺取新时代中国特色社会主义伟大胜利》，人民出版社 2017 年版，第 37 页。

其三，凸显多党合作、协商民主这个显著特色。随着社会转型的加速推进，社会生活方式、利益关系日趋多元化，社会思潮多元多变，社会发展呈现出立体、交互、交融的状态，潜藏着各种风险和挑战。新时代需要更好地整合社会力量，加强社会各种力量的合作协调，更好地平衡社会利益、调节社会关系、规范社会行为，进一步凝聚改革共识，形成改革强大合力，增强社会团结水平。“有事好商量，众人的事情由众人商量，是人民民主的真谛。协商民主是实现党的领导的重要方式，是我国社会主义民主政治的特有形式和独特优势。要推动协商民主广泛、多层、制度化发展，统筹推进政党协商、人大协商、政府协商、政协协商、人民团体协商、基层协商以及社会组织协商。加强协商民主制度建设，形成完整的制度程序和参与实践，保证人民在日常政治生活中有广泛持续深入参与的权利。”[①]

其四，凸显调动各方面积极因素、集中力量办大事这个独特优势。集中力量办大事能最直接最形象体现中国特色社会主义政治制度的显著优势。中共十九届四中全会指出，要“坚持全国一盘棋，调动各方面积极性，集中力量办大事的显著优势”。[②] 党的民主集中制原则既激发了全国政治主体的活力，也使思想、政策保持高度一致，有效保证了社会主义集中力量办大事的实现。统一战线经过中国共产党领导的多党合作和政治协商的制度化，把民主党派、无党派人士、民族界、宗教界、新的社会阶层、海外侨胞等各方面的力量联合起来，心往一处想，劲往一处使，智往一处谋，壮大了共同奋斗的力量。新民主主义革命的历史表明，任何使命的实现和目标的实现必须凝聚起跨阶层、地域和民族的人民力量。在中华民族伟大复兴征程中，面对经济社会发展各方面的风险挑战，推动综合国力和经济社会发展水平迈上新台

---

① 习近平：《决胜全面建成小康社会　夺取新时代中国特色社会主义伟大胜利》，人民出版社 2017 年版，第 37—38 页。

② 《中国共产党第十九届中央委员会第四次全体会议文件汇编》，人民出版社 2019 年版，第 5 页。

阶，我们依然需要充分发挥集中力量办大事的优势。新中国成立 70 多年的实践证明，在党的领导下，国家统一有效组织各项事业、开展各项工作，才能成功应对一系列重大风险挑战、克服无数艰难险阻，我国取得了一系列举世瞩目的成就，办成了诸多其他国家办不了的事，其秘诀之一就是我国政治制度所具有的集中力量办大事的优势。

二、必须坚持和完善党的全面领导制度

当前，我们党面临的执政环境是复杂的，影响党的先进性、弱化党的纯洁性的因素也是复杂的，党内存在的思想不纯、组织不纯、作风不纯等突出问题尚未得到根本解决。“四大考验”的长期性和复杂性与“四大危险”的尖锐性和严峻性依然长期存在，可能发生的“颜色革命”的可能性依然存在。

（一）党的全面领导面临“四大考验”“四大风险”和“颜色革命”的重大风险

维护我国政权安全，根本在于坚持和完善党的全面领导。党的领导是中国最大的政治。中国共产党是在斗争中成长壮大的党，是敢于并善于领导人民开展斗争又在斗争中不断取得胜利的党。但是，中国共产党的领导地位的确立不是与生俱来的，也不是一劳永逸的。

党的十八大以来，我们党以自我革命精神推进全面从严治党，清除了党内存在的严重隐患，成效是显著的，但这并不意味着我们就可以高枕无忧了。党面临的长期执政考验、改革开放考验、市场经济考验、外部环境考验与精神懈怠危险、能力不足危险、脱离群众危险、消极腐败危险以及“颜色革命”的风险依然威胁着党的执政安全。

在执政考验上，我们必须警醒和反思 20 世纪 90 年代以来，世界上一些大党和老党纷纷丧失政权的原因。如何抵御权力的诱惑，避免

官僚主义、特权思想产生，跳出“其兴也勃焉，其亡也忽焉”的历史周期律，是我们党面临的长期而严峻的考验。在改革开放考验上，改革开放已进入到了攻坚期、深水区，荆棘载途，如何披荆斩棘、乘风破浪，考验党的勇气和智慧。在市场经济考验上，市场经济和社会主义制度的结合，极大解放和发展了生产力。但也应看到市场经济原则与党性原则的冲突所造成的领导干部中的腐败、社会角色与个人角色的撕裂，给领导干部的斗争能力提出了新的要求。在外部环境考验上，当今世界正处于百年未有之大变局，面临着深刻变革，不确定性和风险性加剧，如何应对和化解这些挑战，牢牢把握战略机遇期，也是党面临的长期考验。

精神懈怠的危险，主要表现为“在其位不谋其政”，面对工作难题和艰巨使命“不愿为”“不想为”“不肯为”“不敢为”。能力不足的危险，表现在一些领导干部仍然存在着“本领恐慌”的问题，新办法不会用，老办法不管用，硬办法不敢用，软办法不顶用；面对“本领恐慌”，有的人既不愿学习也不善于学习，自身不够“硬”，就打不了“铁”，更啃不下“硬骨头”。脱离群众的危险，表现在一些领导干部眼睛只向上看，不向下看，远离群众，脱离群众，对群众疾苦视若无睹，对群众利益麻木不仁，严重影响了党群干群关系的和谐。消极腐败的危险，表现在一些领导干部由于缺乏坚定的理想信念，丧失了“政治定力”，经受不住声色犬马、纸醉金迷的考验，逐渐丧失了党性，走向了腐败，对党的形象造成了极其恶劣的影响。

“颜色革命”是指自20世纪末以来，在中亚、东欧和北非地区发生的、以意识形态和非暴力方式进行的政权更迭运动。它是西方推行“和平演变”的延续，是赤裸裸的颠覆渗透行为和“和平演变”翻版。1957年4月，美国国务卿杜勒斯在纽约发表演说明确提出“和平演变”社会主义的六项政策。同年6月，他又在旧金山发表演说中明确提出要将对中国“和平演变”的希望寄托在新中国第三代或第四代人身上。此外，艾森豪威尔政府正式提出了“和平取胜”战略，以促进苏联和共产党“内部的变化”。“颜色革命”的实质是通过意识形态等非暴力手段的渗透，对他国进行政治改造，本质在于颠覆他国政权。

习近平总书记指出：“我一直在想，如果哪天在我们眼前发生‘颜色革命’那样的复杂局面，我们的干部是不是都能毅然决然站出来捍卫党的领导、捍卫社会主义制度?”① “颜色革命”的爆发是有一定的基础与条件的。从经济动因上看，短期内一国一地区的经济出现低迷或诸多无法一时解决的问题；在政治诱因上，执政党腐败严惩，与民众离心离德；在意识形态上，主流价值旁落，多元价值大行其道；在社会问题上，民众最关心的民生总是长期得不到解决，对政府的能力极度失望；在表现手法上，“颜色革命”的对象主要是学生与社会中的底层人员，其主导者往往会借助突发事件制造各种借口，对其进行有组织与系统化的指导，使其按既定的方案执行。我们要提高警惕，做好防范和抵御西方“颜色革命”的长期准备。

（二）坚持党的全面领导必须提高党科学执政、民主执政、依法执政水平

党的领导是中国特色社会主义制度的最大优势。在中国特色社会主义的探索、开拓和发展过程中，中国共产党始终是领导者、开创者和建构者。历史和现实一再表明，没有中国共产党，就没有中国特色社会主义制度；只有坚持中国共产党的领导，中国特色社会主义制度的制度优势才能切实转化为国家治理效能。

第一，坚持和完善党的领导制度体系。“中国共产党领导是中国特色社会主义最本质的特征，是中国特色社会主义制度的最大优势，党

① 中共中央文献研究室编：《十八大以来重要文献选编》（上），中央文献出版社 2014 年版，第 339 页。

是最高政治领导力量。必须坚持党政军民学、东西南北中，党是领导一切的，坚决维护党中央权威，健全总揽全局、协调各方的党的领导制度体系，把党的领导落实到国家治理各领域各方面各环节。”①

一要建立不忘初心、牢记使命的制度。确保全党遵守党章，恪守党的性质和宗旨，坚持用共产主义远大理想和中国特色社会主义共同理想凝聚全党、团结人民，用习近平新时代中国特色社会主义思想武装全党、教育人民、指导工作，夯实党执政的思想基础。全面贯彻党的基本理论、基本路线、基本方略，持续推进党的理论创新、实践创新、制度创新，使一切工作顺应时代潮流、符合发展规律、体现人民愿望，确保党始终走在时代前列、得到人民衷心拥护。

二要完善坚定维护党中央权威和集中统一领导的各项制度。健全党中央对重大工作的领导体制，强化党中央决策议事协调机构职能作用，完善推动党中央重大决策落实机制，严格执行向党中央请示报告制度，确保令行禁止。健全维护党的集中统一的组织制度，形成党的中央组织、地方组织、基层组织上下贯通、执行有力的严密体系，实现党的组织和党的工作全覆盖。

三要健全党的全面领导制度。完善党领导人大、政府、政协、监察机关、审判机关、检察机关、武装力量、人民团体、企事业单位、基层群众自治组织、社会组织等制度，健全各级党委（党组）工作制度，确保党在各种组织中发挥领导作用。

四要健全为人民执政、靠人民执政各项制度。贯彻党的群众路线，完善党员、干部联系群众制度，创新互联网时代群众工作机制，始终做到为了群众、相信群众、依靠群众、引领群众，深入群众、深入基层。健全联系广泛、服务群众的群团工作体系，推动人民团体增强政治性、先进性、群众性，把各自联系的群众紧紧团结在党

① 《中国共产党第十九届中央委员会第四次全体会议文件汇编》，人民出版社 2019 年版，第 23 页。

的周围。

五要健全提高党的执政能力和领导水平制度。健全决策机制，加强重大决策的调查研究、科学论证、风险评估，强化决策执行、评估、监督。改进党的领导方式和执政方式，增强各级党组织政治功能和组织力。完善担当作为的激励机制，促进各级领导干部增强学习本领、政治领导本领、改革创新本领、科学发展本领、依法执政本领、群众工作本领、狠抓落实本领、驾驭风险本领，发扬斗争精神，增强斗争本领。

六要完善全面从严治党制度。贯彻新时代党的建设总要求，深化党的建设制度改革，坚持依规治党，建立健全以党的政治建设为统领，全面推进党的各方面建设的体制机制。坚持新时代党的组织路线，健全党管干部、选贤任能制度。规范党内政治生活，严明政治纪律和政治规矩，发展积极健康的党内政治文化，全面净化党内政治生态。完善和落实全面从严治党责任制度。坚决同一切影响党的先进性、弱化党的纯洁性的问题作斗争，大力纠治形式主义、官僚主义，不断增强党的创造力、凝聚力、战斗力，确保党始终成为中国特色社会主义事业的坚强领导核心。

第二，增强“四个意识”、坚定“四个自信”、坚决做到“两个维护”。完善党的领导，必须做到党领导一切，坚持“统揽全局，协调各方”的有效领导方式。具体来说，就是要在党的各项事业的总体方向上始终做到增强“四个意识”、坚定“四个自信”、坚决做到“两个维护”。

增强“四个意识”，就是要求广大党员和各级领导干部要不断增强政治意识、大局意识、核心意识、看齐意识。“四个意识”是习近平总书记在 2016 年 1 月 29 日中共中央政治局会议最早提出来的。在庆祝中国共产党成立 95 周年大会上的讲话中习近平总书记再次强调，全党同志要增强政治意识、大局意识、核心意识、看齐意识，切实做到对党忠诚、为党分忧、为党担责、为党尽责。党的十八届六中全会通过的《关于新形势下党内政治生活的若干准则》强调，全党必须牢固树立政治意识、大局意识、核心意识、看齐意识，自觉在思想上政治上行动上同党中央保持高度一致。

政治意识就是要从政治上看待、分析和处理问题。政治意识表现为坚定政治信仰，坚持正确的政治方向，坚持政治原则，站稳政治立场，保持政治清醒和政治定力，增强政治敏锐性和政治鉴别力；严肃党内政治生活，严守政治纪律和政治规矩，研究制定政策要把握政治方向，谋划推进工作要贯彻政治要求，解决矛盾问题要注意政治影响，发展党员、选人用人要突出政治标准，对各类组织要加强政治领导、政治引领，对各类人才要加强政治吸纳。

大局意识就是要自觉从大局看问题，把工作放到大局中去思考、定位、摆布，做到正确认识大局、自觉服从大局、坚决维护大局。增强大局意识，就是要正确处理中央与地方、局部与全局、当前与长远的关系，自觉从党和国家大局出发想问题、办事情、抓落实，坚决贯彻落实中央决策部署，确保中央政令畅通。

核心意识就是要在思想上认同核心、在政治上围绕核心、在组织上服从核心、在行动上维护核心。增强核心意识，就是要始终坚持、切实加强党的领导特别是党中央的集中统一领导，更加紧密地团结在以习近平同志为核心的党中央周围，更加坚定地维护党中央权威，更加自觉地在思想上政治上行动上同党中央保持高度一致，更加扎实地把党中央部署的各项任务落到实处，确保党始终成为中国特色社会主义事业的坚强领导核心。

看齐意识就是要向党中央看齐，向党的理论和路线方针政策看齐，向党中央决策部署看齐，做到党中央提倡的坚决响应、党中央决定的坚决执行、党中央禁止的坚决不做。这是政治要求，也是政治纪律，各级党组织和广大党员、干部要树立高度自觉的看齐意识，经常和党中央要求“对表”，看看有没有“慢半拍”的问题，有没有“时差”的问题，有没有“看不齐”的问题，主动进行调整、纠正、校准。

坚定“四个自信”就是要“全党要更加自觉地增强道路自信、理论自信、制度自信、文化自信，既不走封闭僵化的老路，也不走改旗易帜的邪路，保持政治定力，坚持实干兴邦，始终坚持和发展中国特色社会主义”[①]。

坚定道路自信，就是坚定中国特色社会主义道路自信。“中国特色社会主义道路，既坚持以经济建设为中心，又全面推进经济建设、政治建设、文化建设、社会建设、生态文明建设以及其他各方面建设；既坚持四项基本原则，又坚持改革开放；既不断解放和发展社会生产力，又逐步实现全体人民共同富裕、促进人的全面发展。”[②]

坚定理论自信，就是要坚信马克思主义指导思想，坚信中国特色社会主义理论体系，并不断丰富和发展中国特色社会主义理论体系。中国特色社会主义理论体系，是改革开放 40 多年成功实践的理论结晶，凝结着中国共产党近百年实践探索的心血，凝结着近代以来 170 多年中华民族奋发图强的不懈努力和奋斗成果，也凝结着 500 年来人类对社会主义孜孜追求的思考。

坚定制度自信，就是对中国特色社会主义制度优越性的自信。中国特色社会主义制度是具有鲜明中国特色、明显制度优势、强大自我完善能力、具有“集中力量办大事”决策效率的先进制度。要进一步完善中国特色社会主义制度，全面推进依法治国，推进国家治理体系和治理能力现代化。

坚持文化自信，就是要激发各族人民对中华优秀传统文化的历史自豪感，坚定对党领导人民建设社会主义现代化强国，实现中华民族伟大复兴事业的坚定信念，在全社会形成对社会主义核心价值观的普

---

① 习近平：《决胜全面建成小康社会　夺取新时代中国特色社会主义伟大胜利》，人民出版社 2017 年版，第 17 页。

② 中共中央文献研究室编：《十八大以来重要文献选编》（上），中央文献出版社 2014 年版，第 75 页。

遍共识和坚定信念。

坚决做到“两个维护”是要全党“坚决维护习近平总书记党中央的核心、全党的核心地位，坚决维护党中央权威和集中统一领导”。“两个维护”是党的十八大以来我们党的重大政治成果和宝贵经验，是我们党最重要的政治纪律和政治规矩。做到“两个维护”是贯彻民主集中制原则的内在要求，是落实党的组织原则的集中体现，是应对国际挑战的必要手段。做到“两个维护”，从根本上讲就是要做到对党忠诚。忠诚必须体现到对党的信仰的忠诚上，体现到对党组织的忠诚上，体现到对党的理论和路线方针政策的忠诚上。新形势下，只有坚决做到“两个维护”才能保证全党团结统一、步调一致，才能准确判断识别“削弱、歪曲、否定党的领导和我国社会主义制度的言行”，始终与以习近平同志为核心的党中央保持高度一致，为夺取新时代中国特色社会主义的伟大胜利奠定政治基础。

第三，坚决打赢反腐败斗争攻坚战、持久战。反腐败是一项长期的政治斗争。自党的十八大以来，在加强全面从严治党的过程中，取得了决定性的胜利，达到了预期的目标，赢得了党心民心，为开创新时代中国特色社会主义新局面奠定了良好的基础。领导干部也要清醒认识到，我们虽取得了反腐败斗争压倒性胜利，但反腐败斗争还没有取得彻底胜利，反腐败斗争形势依然严峻复杂，必须继续坚持以零容忍的态度对待腐败现象，以永远在路上的坚韧和执着，坚决打好反腐败斗争攻坚战、持久战。

从治党方式与手段来看，反腐败斗争形成了压倒性优势，之前党内存在的不正之风得到抑制，但是这种压倒性优势必须以制度方式固定下来，内化于心外化于形，融入领导干部与人民群众日常的行为规范中去。如果反腐败斗争取得的阶段性胜利不能以现有的常态保持下去，就会形成反弹，带来比之前更为严重的腐败行为与腐败现象，对政党与国家的治理带来的是破坏性及毁灭性的影响。必须不断开创全面从严治党新局面，强化党的建设的法律法规、党规党纪建设，形成全面从严治党的制度性保障，为反腐败斗争提供可遵可循的制度依据。

从文化因素的视角看，要想打造一个现代性政党，就必须战胜我国传统文化中的糟粕部分，形成全新的制度文化体系。一方面，必须保持反腐败的高压态势使之常态化制度化，营造“不敢腐、不能腐、不想腐”的制度环境与社会氛围。另一方面，要加强对党员的教育，提高党性修养，始终保持中国共产党人的先进性与模范带头作用。要加强对民众的教育与改造。全面提升国民素质，普及高等教育，并通过宣传、培训、进修等方式强化对基层民众的改造，提升其文化修养。一言以蔽之，反腐败斗争真正的敌人是我国传统文化的糟粕部分，腐败的文化基因还需要进一步清理。

从历史因素的视角看，中华五千年的历史传承，封建思想仍然充斥于很多人的头脑之中，特别是在一些领导干部中流行的风水迷信、求神问卦现象严重损害了党的形象。任何历史成就都要作出艰巨的努力，不要指望一蹴而就。一方面我们总结过去，眼观未来，为决胜全面建成小康社会，进而全面建设社会主义现代化强国的目标要充满信心。另一方面要时刻做好反腐败斗争的准备，要准备付出努力甚至付出牺牲，才能够保证我们的成功和胜利。

从执政党建设的角度看，只有始终和人民群众站在一起才能够赢得广大人民群众的支持。党的十八大以来，党历经革命性锻造，获得了新的强大的生机活力，展现出再塑后的新形象。但“在全面从严治党这个问题上，我们不能有差不多了，该松口气、歇歇脚的想法，不能有打好一仗就一劳永逸的想法，不能有初见成效就见好就收的想法”。[①] 那些认为反腐败该“换一种节奏”的人，可以彻底打消这种侥幸和幻想了。我们党必将以更加顽强的意志品质，正风肃纪、反腐惩

① 《万众一心开拓进取把新时代中国特色社会主义推向前进》，《人民日报》2017 年 10 月 20 日。

恶，开启一场自我革命、自我再塑的伟大工程。

反腐败斗争是一个长期的艰巨的历史过程，要使领导干部从灵魂深处自觉地与党中央保持高度一致仍是一个长期的过程。全党同志在全面从严治党上必须以“宜将剩勇追穷寇”的决心和毅力，步步为营、稳扎稳打，持之以恒、久久为功，善作善成、善谋善胜，不断增强党的自我净化、自我完善、自我革新、自我提高能力，永葆党的先进性和纯洁性。要坚持靶向治疗、精确惩治，对存在腐败问题的，发现一起坚决查处一起。要通过一体化部署、一体化推进、一体化检验成效来强化“不敢腐”的震慑，扎牢“不能腐”的笼子，增强“不想腐”的自觉。

第四，全面从严治党，提升党的自我革命能力。中国共产党之所以伟大，不在于不犯错误，而在于从不讳疾忌医，敢于直面问题。习近平总书记指出：“勇于自我革命，从严管党治党，是我们党最鲜明的品格。”① 中国共产党之所以能够成为中华民族和中国人民的坚强领导核心，团结和带领中国人民朝着中华民族伟大复兴的中国梦迈进，其深层次的原因就在于党能正视自身。要坚持自我净化、自我完善、自我革新、自我提高，不断纯洁党的队伍，保证党的肌体健康。

要正本清源、固本培元，经常地进行党内集中教育。2018 年 6 月 14 日，习近平总书记在山东考察时指出：“我们党要永远立于不败之地，就要不断推进自我革命，教育引导党员、干部特别是领导干部从思想上正本清源、固本培元，筑牢思想道德防线，增强拒腐防变和抵御风险能力，时刻保持共产党人的政治本色。”要着力推进“不忘初心、牢记使命”主题教育，使党的各级领导干部接受教育，时刻警钟长鸣，使命在肩、责任在心，走好新的长征路。特别要注重加强党的中央和国家机关以及党的高级领导干部的教育。“中央政治局要在开展

① 习近平：《决胜全面建成小康社会　夺取新时代中国特色社会主义伟大胜利》，人民出版社 2017 年版，第 26 页。

批评和自我批评方面为全党作表率，做勇于自我革命的战士。要坚持实事求是，勇于批评和自我批评，勇于听取不同意见，及时改正错误。”“中央和国家机关有关部门是改革的责任主体，是推进改革的重要力量。各部门要坚决贯彻落实党中央决策部署，坚持以解放思想、解放和发展社会生产力、解放和增强社会活力为基本取向，强化责任担当，以自我革命的精神推进改革，坚决端正思想认识，坚持从改革大局出发，坚定抓好改革落实。”① 党的高级干部及各级主要领导干部在进行自我教育自我约束的同时，更要加强家风建设，强化对子女与亲属的教育。广大领导干部要带头加强机关党的政治建设，健全内控机制，经常打扫庭院，清除害群之马，建设忠诚干净担当，经得起磨砺、顶得住压力、打得了硬仗的干部队伍体系。

要刀刃向内，敢于动真碰硬。习近平总书记指出：“我们要以勇于自我革命的气魄、坚忍不拔的毅力推进改革，敢于向积存多年的顽瘴痼疾开刀，敢于触及深层次利益关系和矛盾，坚决冲破思想观念束缚，坚决破除利益固化藩篱，坚决清除妨碍社会生产力发展的体制机制障碍。”② “要教育党员干部以刀刃向内的自我革命精神，广泛听取意见，认真检视反思，把问题找实、把根源挖深，明确努力方向和改进措施。”“要把‘改’字贯穿始终，立查立改、即知即改，能够当下改的，明确时限和要求，按期整改到位；一时解决不了的，要盯住不放，通过不断深化认识、增强自觉，明确阶段目标，持续整改。”③ “批评和自我批评的武器，不仅对下级要敢用，对同级特别是对上级也要敢用。不能职务越高就越说不得、碰不得。批评和自我批评的武器要多用、常用、用够、用好，使之成为一种习惯、一种自觉、一种责任。”④

---

① 《习近平谈治国理政》第 2 卷，外文出版社 2017 年版，第 190、105—106 页。

② 《习近平谈治国理政》第 2 卷，外文出版社 2017 年版，第 39 页。

③ 习近平：《在“不忘初心、牢记使命”主题教育工作会议上的讲话》，人民出版社 2019 年版，第 11 页。

④ 《习近平谈治国理政》第 2 卷，外文出版社 2017 年版，第 190 页。

要善于学习，勇于创新。善于学习，就是要向实践学习，提升认识世界和改造世界的本领；向书本学习，提升理论与实际相结合的本领；向人民学习，提升凝聚集体智慧的本领；向先进文明学习，提升吸收借鉴的本领；向历史学习，提升总结历史经验的本领。善于学习才能勇于创新。唯创新者强，唯革新者进。我们党之所以能够历经考验磨难无往而不胜，关键就在于不断进行实践创新、理论创新、制度创新和各方面创新。新时代，党要想在新的发展阶段取得更大胜利，获取更大成果，团结更广泛的群体，就必须不断开拓党的发展的新路径。必须在解放思想中统一思想以增强自我超越的本领，在正确判断世情国情党情中以增强求真务实的本领，在科学认识社会主义建设规律中以增强整体推进的本领。

三、必须坚持和完善人民当家作主制度体系

人民当家作主制度体系是我国政治制度的根本，它是由人民代表大会制度的根本政治制度，基层群众自治制度、民族区域自治制度等基本政治制度及其一系列制度安排所组成的人民当家作主的制度体系。

（一）人民当家作主制度体系面临的重大风险

人民当家作主的制度体系，集中体现为人民代表大会制度这一根本政治制度。当前，人民当家作主的制度体系还面临着其他政治制度侵蚀的风险、自身制度建设的风险以及社会转型与深化改革交织的风险等。

第一，其他政治制度侵蚀带来的风险。新中国成立以来，特别是改革开放以来，西方国家凭借经济、技术等方面的优势地位，通过更加隐蔽的手段与方式对我国人民当家作主制度体系进行全方面、立体化、周期性、长期化的“分化”“弱化”“虚化”，企图达到否定中国共

产党的领导，否定中国特色社会主义政治制度的目的。长期以来，一些西方国家热衷于宣传“中国威胁论”，通过鼓吹“宪政主义”、推销“普世价值”、宣扬“历史虚无主义”，试图对中国的社会、经济、文化、政治、宗教、意识形态等领域施展渗透，以削弱民众对社会主义政治制度优越性的认同度；通过宣扬西方“多党制”，攻击诋毁我国的政党制度；通过大肆宣扬人权干涉我国的民族问题；通过粗暴干涉香港、台湾事务，挑战特别行政区域制度；通过策动“颜色革命”，试图改变深化改革的方向。

第二，人民当家作主制度体系建设中的风险。新中国成立 70 多年来，我国一直在丰富和完善人民当家作主制度体系。但我国政治制度建设仍滞后于经济社会发展的需求，仍没有适应新时代人民群众日益增长的各方需要。具体而言，这些问题主要体现在：

（1）制度的非完全性。中国特色社会主义政治制度是适合中国国情的制度安排，但是在政治制度的具体制度中仍存在不完善的问题，主要体现在与根本制度、基本制度相配套的具体制度仍没有形成系统的体系，在具体的操作环节还有待提升的空间，在具体的衔接层面仍面临机制对接的“空档化”问题。

（2）制度执行者的自利性。再完美的制度也需要由具体的人来执行。但具体执行者由于人的自私性问题往往会造成制度执行的“缺失”，使制度在执行的过程中会产生“隐性”的“先己后人”问题，或是“自由裁量权”的滥用误用错用问题。特别是在没有对制度执行者形成统一的完备的权力限制和道德限制的情况下，制度执行者往往成为制度的“大赢家”。

（3）选举民主的非民主性。中国特色社会主义政治制度的最为核心的内容就是保证人民当家作主，最有效的体现就是通过选举制度使人民群众的意愿被代表，人民群众的意愿得以通过代表表达出来。但是，在具体的基层选举制度的操作过程中，往往被一些家族势力、黑恶势力所把持，并不能真正体现出民众意愿。

(4) 协商民主的非平衡性。我国协商民主制度的发展成为社会主义民主政治建设的重要内容，取得了可喜的成就，丰富了民主建设的成果。但是也要看到，协商民主的通道是相对不平衡的，其他党派、团体、群体、各界群众、无党派之间表达协商的意愿与意愿得到表达的机会是不对等的，这也是当前所要解决的难点之一。

第三，我国社会转型与政治体制改革交织的风险。改革开放 40 多年来，我国的社会阶层结构已不再是简单的工人阶级、农民阶级和知识分子阶层，中间阶层、企业家阶层和私营企业主阶层等新的社会阶层逐步兴起和壮大。他们有强烈的利益诉求和政治意愿，政治参与的积极性更高，阶层意识更强，这使得他们成为我国政治制度中新的利益群体。能否在巩固原有阶级基础和社会基础的同时，赢得新兴阶层的支持，取决于能否处理好社会转型造成的利益群体和诉求的变化问题，这成为新时期我国人民当家作主制度体系发展和完善要解决的一个重要课题。

中国社会转型所带来的人们的逐利性，价值观念的转变以及由此而发生的人们生活方式、行为方式、交往方式的变化，都对中国特色社会主义政治体制形成了挑战。在这种大环境下，政治体制改革与社会转型下人们的需求之间的冲突仍在不断加剧，且有愈演愈烈之势。这些必将会对我们业已形成的政治制度形成挑战，更会对政治体制改革进行诘难，由此，政治体制改革的难度也就可想而知。因而，我们在看到其积极性的同时，更应该看到其对政治制度所带来的风险，稍有不慎，就会有满盘皆输的可能。

(二) 坚持和完善人民当家作主制度体系，发展社会主义民主政治

新时代，党的十九届四中全会提出要坚持和完善人民当家作主制

度体系，发展社会主义民主政治。“我国是工人阶级领导的、以工农联盟为基础的人民民主专政的社会主义国家，国家的一切权力属于人民。必须坚持人民主体地位，坚定不移走中国特色社会主义政治发展道路，健全民主制度，丰富民主形式，拓宽民主渠道，依法实行民主选举、民主协商、民主决策、民主管理、民主监督，使各方面制度和国家治理更好体现人民意志、保障人民权益、激发人民创造，确保人民依法通过各种途径和形式管理国家事务，管理经济文化事业，管理社会事务。”①

一要坚持和完善人民代表大会制度这一根本政治制度。人民行使国家权力的机关是全国人民代表大会和地方各级人民代表大会。支持和保证人民通过人民代表大会行使国家权力，保证各级人大都由民主选举产生、对人民负责、受人民监督，保证各级国家机关都由人大产生、对人大负责、受人大监督。支持和保证人大及其常委会依法行使职权，健全人大对“一府一委两院”监督制度。密切人大代表同人民群众的联系，健全代表联络机制，更好发挥人大代表作用。健全人大组织制度、选举制度和议事规则，完善论证、评估、评议、听证制度。适当增加基层人大代表数量。加强地方人大及其常委会建设。

二要巩固和发展最广泛的爱国统一战线。坚持大统战工作格局，坚持一致性和多样性统一，完善照顾同盟者利益政策，做好民族工作和宗教工作，健全党外代表人士队伍建设制度，凝聚港澳同胞、台湾同胞、海外侨胞力量，谋求最大公约数，画出最大同心圆，促进政党关系、民族关系、宗教关系、阶层关系、海内外同胞关系和谐。

三要坚持和完善民族区域自治制度。坚定不移走中国特色解决民族问题的正确道路，坚持各民族一律平等，坚持各民族共同团结奋斗、共同繁荣发展，保证民族自治地方依法行使自治权，保障少数民族合

---

① 《中国共产党第十九届中央委员会第四次全体会议文件汇编》，人民出版社 2019 年版，第 27—28 页。

法权益，巩固和发展平等团结互助和谐的社会主义民族关系。坚持不懈开展马克思主义祖国观、民族观、文化观、历史观宣传教育，打牢中华民族共同体思想基础。全面深入持久开展民族团结进步创建，加强各民族交往交流交融。支持和帮助民族地区加快发展，不断提高各族群众生活水平。

四要健全充满活力的基层群众自治制度。健全基层党组织领导的基层群众自治机制，在城乡社区治理、基层公共事务和公益事业中广泛实行群众自我管理、自我服务、自我教育、自我监督，拓宽人民群众反映意见和建议的渠道，着力推进基层直接民主制度化、规范化、程序化。全心全意依靠工人阶级，健全以职工代表大会为基本形式的企事业单位民主管理制度，探索企业职工参与管理的有效方式，保障职工群众的知情权、参与权、表达权、监督权，维护职工合法权益。

四、必须坚持和完善中国特色社会主义行政管理体制

我国国家行政管理体制是维系国家机关及社会正常运行的一系列制度安排的总称。在国家行政管理体制运行过程中，由于我国行政体制是在改革开放的背景下，特别是社会面临着深度转型，政府在公民中存在公信力下降的风险，迫切要求国家管理的法治体系、行政体系、监察体制等方面进一步完善制度安排，提升国家治理能力。

（一）中国特色社会主义行政管理体制面临的风险

中国特色社会主义行政管理体制在推进国家治理现代化的进程中发挥着积极作用，但是由于我国行政体制改革的滞后性、政府公信力下降、行政组织官僚化所带来的风险，造成了政府与人民群众间的矛盾。

第一，改革滞后性所带来的风险。新时代，国家治理环境发生着

巨大变化。其一，改革开放40多年来，我国经济社会在飞速发展，人民的生活质量普遍提高，人民群众的整体素质不断提升，权利意识与政治参与的诉求与热情逐渐凸显。其二，在互联网时代，特别是大数据的发展为人民群众的政治参与提供了平台。中国互联网络信息中心发布的第45次《中国互联网络发展状况统计报告》显示，截至2020年3月，我国网民规模达9.04亿。庞大的网民群体能够随时随地通过自媒体在互联网上发出自己的声音，使自己的政治诉求与政治权益得到表达，网络成了国家治理的新阵地。而我国关于网络治理的相关政策还处于完善阶段，对于网络治理过程中的一些问题仍是在解决过程中找寻对策。其三，国家治理体系一旦形成，就会形成一定的稳定性，并倾向于保守，而不易于变革。我国行政组织是庞大的组织群，稍有变革就是全局性的，而这种全局性的变革需要兼顾各层面的利益群体，稍有不慎或政治定力不够，就有可能因触动某一利益群体而引发大规模的连锁反应，使行政体制变革陷入僵局。

故而，国家治理体系的滞后性及行政体制变革可能带来的动荡性将会带来事关全局性的风险，而治理体系又必须不断提升满足人民群众关于治理需求的能力，这两者之间产生的悖论必然会导致改革的滞后性。因而，各级领导干部要深刻认识到，我国国家治理体系要与国家治理需要相同步，就必须适时推进渐进性的变革，在保证稳定的前提下不断提升国家治理体系与治理能力的现代化，进而与满足民众的需求相同步。

第二，政府公信力下降所带来的风险。“民无信不立，政无信不威。”政府公信力是政府依赖社会成员对普遍性的行为规范和网络的认可而赋予的信任，并由此形成的社会秩序。民众对政府的信任呈现层级差的“差序格局”现象，呈现从中央政府到地方政府信任度逐渐减弱的波纹辐射状，即政府层级越高，公众信任度越高；政府层级越低，公众信任度越低。以至有“中央是亲人、省里是好人、县里是坏人、乡里是恶人”的说法。政府失信，直接影响整个社会的风气和市场的健康运行，带来极其恶劣的影响，也必然会导致政府陷入“塔西佗陷阱”。

影响政府公信力的要素主要体现在：一是政策的稳定性。“烧自己的火、热自己的锅”“新官不理旧账”“人来政改、人走政息”“朝令夕改”影响政策的稳定性，易使民众产生政府“说话不算话”的印象。二是承诺的兑现性。政府对民众的承诺必须做到：要及时满足民众期待。若政府开出空头支票，则会出现“玩弄民意”的恶果，会逐步消减政府的公信力，甚至让民众滋生逆反思维。三是信息的真实性。政府公布信息必须掌握及时性、真实性、可靠性、权威性的特点，及时让广大人民群众了解真实信息，才能赢得人民群众的理解与支持。而隐瞒、扭曲、误读、虚假信息只会加重民众对政府的不信任，降低政府公信力，加大民众对政府的怀疑。四是官员的廉洁性。官员利用公权力腐败，损害了政府在民众中的形象，对政府公信力造成严重损害。五是权力的规范性，有权就任性，权力的失控易造成民众自身安全的缺失，对公权力的权威彻底失望，从而形成与政府的对抗，政府公信力全无，甚至发生更为严惩的官民对立。六是政治生态的透明性。无论何种原因，政治生态一旦遭到破坏，就会使政府失去信任的基础，政府行为与民众行为会以另外一种规则运行，而使政府出台的各类法律政策条令失去效力。七是法律的健全性。我国政府立法还没有完善的民意反馈制度，民众参与立法成了立法过程的象征性“标配”，公众意见难以真正得到采纳。同时，执法人员水平有待提升，执法过程中不但存在政治素质低下问题，在专业素养上仍值得商榷，金钱案、权力案、人情案还有不少。这些问题如果不抓紧解决，就会严重影响全面依法治国进程，严重影响社会公平正义。

第三，行政组织官僚化所带来的风险。官僚化与官僚制不同，官僚化的本质就是官僚主义。官僚主义的实质是脱离群众，违背了党全心全意为人民服务的根本宗旨。官僚主义是一种长期存在的、复杂的历史现象。官僚主义害死人，其表现和危害是：高高在上，滥用权力；脱离实际，脱离群众；好摆门面，好说空话；思想僵化，墨守成规；机构臃肿，人浮于事；办事拖拉，不讲效率；不负责任，不守信用；公文旅行，互相推诿；官气十足，动辄训人；打击报复，压制民主；欺上瞒下，专横跋扈；徇私行贿，贪赃枉法；等等。当前，我国政治组织的官僚主义现象还呈现出加剧的情况，造成了利益上的“官官相护”，干事上的“事不关己，高高挂起”的现状，使得政治组织演化成一个个的封建衙门，使得领导干部成了官老爷，使得公务人员成了封建时期的“车门店脚牙”，使得人民群众成为官僚砧板上的“鱼肉”。

习近平总书记强调要下大力气剔除组织中存在的官僚主义。他指出：“新形势下，我们党面临着许多严峻挑战，党内存在着许多亟待解决的问题。尤其是一些党员干部中发生的贪污腐败、脱离群众、形式主义、官僚主义等问题，必须下大气力解决。”① 在党的十八大开启大力反腐败之后，2018 年 4 月 28 日，习近平总书记在视察湖北时强调：“当前形式主义、官僚主义依然突出，又有新的表现形式。要把力戒形式主义、官僚主义作为加强作风建设的重要任务，大力弘扬真抓实干作风，推进工作要实打实、硬碰硬，解决问题要雷厉风行、见底见效，面对难题要敢抓敢管、敢于担责。”总体来看，官僚主义在基层产生的危害是直接的致命的，会割裂党与人民群众的血肉联系，使党孤立于人民群众之中。“当前，基层干部队伍主流是好的，但在一些地方、部门、单位，基层干部不正之风和腐败问题还易发多发、量大面广。有的搞雁过拔毛，挖空心思虚报冒领、克扣甚至侵占惠农专项资金、扶贫资金；有的在救济、补助上搞优亲厚友、吃拿卡要；有的高高在上，漠视群众疾苦，形式主义、官僚主义严重。”② 一是履行职责“虚化”。

---

① 中共中央文献研究室编：《习近平关于全面从严治党论述摘编》，中央文献出版社 2016 年版，第 147 页。

② 中共中央文献研究室编：《习近平关于全面从严治党论述摘编》，中央文献出版社 2016 年版，第 193 页。

基层组织在落实上级决策部署上存在不坚决或不到位的现象，核心作用发挥不足。二是基层组织作用“弱化”，会议开不起来或走过场，凝聚力战斗力无从谈起。做工作对“上”负责多，对“下”负责少，对基层干部的工作生活关心不够、给群众办实事不多，群众对党组织的认可度和满意度有待提高。三是基层组织政治功能“淡化”，部分基层党组织存在“不干不够意思，多少干点意思意思”的错误思想，存在“不占用党员太多时间和精力，不给中心工作添乱”的错误思想，对于抓党建促进中心工作认识上含糊不清，措施上缺乏创新，效果上成绩平平。四是基层队伍建设“软化”，党组织班子和行政班子团结不够，协调不足，“你敲你的锣，我吹我的号，整体不成调”，党员队伍“青黄不接”，党员意识淡薄，责任感、使命感不强，把自已等同于一般群众。

官僚化问题不但拉开了人民群众与政府之间的鱼水关系与血肉联系，更使人民群众的切身利益得不到有效的保障，难以在合法合理的范畴内解决，而只能诉诸官僚主义下推行的“走后门”“潜规则”的方式求得自身利益，这对社会生态的破坏是极为恶劣的。

（二）坚持和推进国家行政体制改革，提升国家行政管理能力

我国国家行政体制也必然要适应国家治理现代化的总体要求，在完善和推进政府治理现代化上不断创新发展，推动我国法治型政府、服务型政府建设。构建职责明确、依法行政的政府治理体系。必须坚持一切行政机关为人民服务、对人民负责、受人民监督，创新行政方式，提高行政效能。

第一，完善国家行政体制。以推进国家机构职能优化协同高效为着力点，优化行政决策、行政执行、行政组织、行政监督体制。健全部门协调配合机制，防止政出多门、政策效应相互抵消。深化行政执法体制改革，最大限度减少不必要的行政执法事项。进一步整合行政执法队伍，继续探索实行跨领域跨部门综合执法，推动执法重心下移，

提高行政执法能力水平。落实行政执法责任制和责任追究制度。创新行政管理和服务方式，加快推进全国一体化政务服务平台建设，健全强有力的行政执行系统，提高政府执行力和公信力。

第二，优化政府职责体系。完善政府经济调节、市场监管、社会管理、公共服务、生态环境保护等职能，实行政府权责清单制度，厘清政府和市场、政府和社会关系。深入推进简政放权、放管结合、优化服务，深化行政审批制度改革，改善营商环境，激发各类市场主体活力。健全以国家发展规划为战略导向，以财政政策和货币政策为主要手段，就业、产业、投资、消费、区域等政策协同发力的宏观调控制度体系。完善国家重大发展战略和中长期经济社会发展规划制度，完善标准科学、规范透明、约束有力的预算制度。建设现代中央银行制度，完善基础货币投放机制，健全基准利率和市场化利率体系。严格市场监管、质量监管、安全监管，加强违法惩戒。完善公共服务体系，推进基本公共服务均等化、可及性。建立健全运用互联网、大数据、人工智能等技术手段进行行政管理的制度规则。推进数字政府建设，加强数据有序共享，依法保护个人信息。

第三，优化政府组织结构。推进机构、职能、权限、程序、责任法定化，使政府机构设置更加科学、职能更加优化、权责更加协同。严格机构编制管理，统筹利用行政管理资源，节约行政成本。优化行政区划设置，提高中心城市和城市群综合承载和资源优化配置能力，实行扁平化管理，形成高效率组织体系。紧紧围绕政府的经济调节职能，进行机构整合，调整优化政府机构职能，合理配置宏观管理部门职能；紧紧围绕市场监管职能整合，进行职能机构调整，强化党中央有关机构的职能，加强政府有关监管部门的职能，大力深化行政综合执法体制改革；紧紧围绕社会管理职能整合，优化党中央、国务院机构设置；紧紧围绕加强公共服务职能，调整优化相关机构；紧紧围绕加强生态环境保护职能，组建自然资源、生态环境等有关机构。

第四，健全充分发挥中央和地方两个积极性的体制机制。理顺中央和地方权责关系，加强中央宏观事务管理，维护国家法制统一、政令统一、市场统一。适当加强中央在知识产权保护、养老保险、跨区域生态环境保护等方面事权，减少并规范中央和地方共同事权。赋予地方更多自主权，支持地方创造性开展工作。按照权责一致原则，规范垂直管理体制和地方分级管理体制。优化政府间事权和财权划分，建立权责清晰、财力协调、区域均衡的中央和地方财政关系，形成稳定的各级政府事权、支出责任和财力相适应的制度。构建从中央到地方权责清晰、运行顺畅、充满活力的工作体系。

第五，健全完善科学民主决策机制。“坚持科学决策、民主决策、依法决策，健全决策机制和程序，发挥思想库作用，建立健全决策问责和纠错制度。”[①] 把“公众参与、专家咨询、风险评估、合法性审查和集体讨论决定”[②] 确定为重大决策的法定程序，还要建立重大决策终身责任追究制度及责任倒查机制。“形成决策科学、执行坚决、监督有力的权力运行机制，确保党和人民赋予的权力始终用来为人民谋幸福。”[③]

五、必须坚持和完善中国共产党领导的多党合作和政治协商制度

“中国共产党领导的多党合作和政治协商制度作为我国一项基本政治制度，是中国共产党、中国人民和各民主党派、无党派人士的伟

---

① 中共中央文献研究室编：《十八大以来重要文献选编》（上），中央文献出版社 2014 年版，第 22—23 页。

② 中共中央文献研究室编：《十七大以来重要文献选编》（中），中央文献出版社 2011 年版，第 919 页。

③ 《中国共产党第十九届中央委员会第四次全体会议文件汇编》，人民出版社 2019 年版，第 63 页。

大政治创造，是从中国土壤中生长出来的新型政党制度。”“完善政党协商制度决不是搞花架子，要做到言之有据、言之有理、言之有度、言之有物，真诚协商、务实协商，要道实情、建良言，参政参到要点上，议政议到关键处，要努力在会协商、善议政上取得实效。”①

中国共产党领导的多党合作与政治协商制度是中国特色社会主义制度的重要组成部分，是国家治理体系的重要组成部分，在国家治理过程中发挥着政治协商、民主监督、参政议政的作用，但仍存在一些问题。必须解决好这些问题，切实防范化解这一新型政党制度面临的风险。

从执政党的角度讲，一是对参政党重视度不够的问题，突出表现为中央高度重视，省市级分程度重视，县乡级基本不重视的现象，使得参政党的参政意见基本反映不了基层的声音，也使参政党的“精英政党”氛围更加浓厚。二是对参政党参政议政的制度保障不够完善。对于参政党的重视度在党中央层面是极为凸显的，但是相关制度的完善缓慢，使得参政党在参政议政过程中出现表扬的话争着说，不疼不痒的话让着说，得罪人的话都不说的现象。三是对参政党的领导中党的主导作用不强。我国参政党在发挥作用的过程中，呈现出各占一块，各管一摊的现象，每一个参政党都根据自己的发展在行政部门、在全国各省及行业中划分了自己的区域。在参政党人士任职的领导岗位上出了问题难以追究，而是给予轻罚照顾，使其在一定程度上影响了党的政治生态。

从参政党自身的角度看，一是参政党自身的建设仍然需要加强。在中国民主政治建设不断推进的历史进程中，参政党也必然要跟上中国共产党民主政治建设的需要，在推动中国民主政治建设中发挥积极有效的作用。但是多数参政党在维持自身运转的过程中，在其基层组

① 《坚持多党合作发展社会主义民主政治　为决胜全面建成小康社会而团结奋斗》，《人民日报》2018年3月5日。

织建设上出现“松、散、分”的情况，在思想建设上与中国共产党的理论建设还没有同步，在学习贯彻落实习近平新时代中国特色社会主义理论上还有一定差距。二是参政党的职能发挥出现“短板”。参政党的政治协商、民主监督、参政议政三大功能中，参政党普遍把精力放在政治协商、参政议政上，民主监督职能并没有真正发挥出来，并存在流于形式的情况。三是民主党派中的一些党员“功利化”严重，认为通过加入某一民主党派可以较快地获得较高的行政职务，通过占据优势的政治资源来获得更好的发展，以致出现政治意识不强、责任担当不够的现象。

习近平总书记指出：“政党在国家政治生活中发挥着重要作用，也是推动人类文明进步的重要力量。”[①] 当今世界正处于世界百年未有之大变局，要继续推进中国共产党领导下的多党合作与政治协商的新型政党制度不断完善，更好发挥民主党派政治协商、参政议政、民主监督的作用。

坚持和完善中国共产党领导的多党合作和政治协商制度。贯彻长期共存、互相监督、肝胆相照、荣辱与共的方针，加强中国特色社会主义政党制度建设，健全相互监督特别是中国共产党自觉接受监督、对重大决策部署贯彻落实情况实施专项监督等机制，完善民主党派中央直接向中共中央提出建议制度，完善支持民主党派和无党派人士履行职能方法，展现我国新型政党制度优势。发挥人民政协作为政治组织和民主形式的效能，提高政治协商、民主监督、参政议政水平，更好凝聚共识。完善人民政协专门协商机构制度，丰富协商形式，健全协商规则，优化界别设置，健全发扬民主和增进团结相互贯通、建言资政和凝聚共识双向发力的程序机制。

“坚持社会主义协商民主的独特优势，统筹推进政党协商、人大协

---

① 习近平：《携手建设更加美好的世界——在中国共产党与世界政党高层对话会上的主旨讲话》，人民出版社 2017 年版，第 2 页。

商、政府协商、政协协商、人民团体协商、基层协商以及社会组织协商，构建程序合理、环节完整的协商民主体系，完善协商于决策之前和决策实施之中的落实机制，丰富有事好商量、众人的事情由众人商量的制度化实践。”① 要与民主党派一起把中国的事情办好。

要用好政党协商这个民主形式。中国共产党始终与各民主党派长期共存、互相监督、肝胆相照、荣辱与共，最大限度调动一切积极因素，团结一切可以团结的人，广泛凝聚实现中华民族伟大复兴的正能量，“共同把中国的事情办好”。新时代多党合作的舞台极为广阔。我们的目标越伟大，我们的愿景越光明，我们的使命越艰巨，我们的责任越重大，就越需要汇聚起全民族智慧和力量，就越需要广泛凝聚共识、不断增进团结。各民主党派和无党派人士要做中国共产党的好参谋、好帮手、好同事，要用好政党协商这个民主形式和制度渠道，有事多商量、有事好商量、有事会商量，通过协商凝聚共识、凝聚智慧、凝聚力量。

① 《中国共产党第十九届中央委员会第四次全体会议文件汇编》，人民出版社 2019 年版，第 29—30 页。

第四章　防范化解意识形态安全面临的重大风险

习近平总书记在省部级主要领导干部坚持底线思维着力防范化解重大风险专题研讨班开班式上强调：要持续巩固壮大主流舆论强势，加大舆论引导力度，加快建立网络综合治理体系，推进依法治网。

一、防范化解意识形态风险事关党的生死存亡

习近平总书记指出："意识形态工作是党的一项极端重要的工作。"[①] 建设具有强大凝聚力和引领力的社会主义意识形态，是全党特别是宣传思想战线必须担负起的战略任务，对做好新形势下宣传思想工作具有重要指导意义。

（一）牢牢把握意识形态的内涵与特征

意识形态是国家上层建筑的重要组成部分，是一种自觉地反映一定社会集团和阶级经济政治利益的系统化、理论化的思想观念体系。它包括政治法律经济社会思想、道德、文学艺术、宗教、哲学和其他

---

① 《习近平谈治国理政》，外文出版社 2014 年版，第 153 页。

社会科学等意识形式。[①]

意识形态具有现实性、总体性、阶级性、相对独立性、依赖性与可变性。现实性是指意识形态无论是占统治地位还是居于非统治地位，都是为了维护其所代表的政治制度的。总体性是指意识形态是由各种具体的政治思想、法律思想、经济思想、社会思想、教育、艺术、伦理、道德、宗教、哲学等构成的有机思想体系。阶级性是指不同的社会集团和阶级由于利益的差异而有不同的意识形态。依赖性是指意识形态由社会存在所决定。相对独立性是指意识形态虽由社会存在所决定，但也有自身特有的发展规律。可变性是指意识形态随着社会存在的变化而变化，并以其特殊的方式从不同侧面反映现实社会生活。

意识形态的功能体现在多个方面。从政治功能上看，意识形态是为统治阶级维护统治地位而服务的，以实现社会的安定团结；意识形态能动员和激发社会成员为实现共同目标而努力，为实现统治阶级目标发挥说服力和吸引力。从经济功能上看，意识形态能够减少和避免“搭便车”现象，有利于规范社会团体间的关系，节约社会成本，推动经济社会的发展。从社会功能上看，意识形态有利于社会成员形成共同的价值观念，有利于社会统一行动与社会秩序稳定。从文化功能上看，主流意识形态左右着人们的行为规范及交往方式，使其在社会发展过程中形成固定的文化观念。当然，一旦意识形态朝着反方向发展，就会起到相应的阻碍甚至是破坏作用，对社会思想的侵蚀、腐化及颠覆是难以估量的。

习近平总书记在党的十九大报告中明确提出：“必须推进马克思主义中国化时代化大众化，建设具有强大凝聚力和引领力的社会主义意识形态，使全体人民在理想信念、价值理念、道德观念上紧紧团结在一起。”[②]

---

① 参见《马克思主义基本原理概论》，高等教育出版社 2018 年版。

② 习近平：《决胜全面建成小康社会　夺取新时代中国特色社会主义伟大胜利》，人民出版社 2017 年版，第 41 页。

一个国家要想切实维护政治安全，不但要保证国家机器的正常运转，还要有与民众物质和文化需求相对应的社会思想。只有做好意识形态工作，才能使社会公民凝聚起来，心往一处想，力往一处使，凝聚成一股绳，产生强大的历史合力，助力中华民族伟大复兴中国梦的实现。

意识形态有利于确立正确的政治思想。中国特色社会主义建设过程中所确立的正确的政治思想，有利于增强党在意识形态领域的主导权和话语权，有利于推动社会主义文化强国建设，增强文化自信。一是正确的意识形态来自中华优秀传统文化的文化基因。通过提炼、展示优秀传统文化的独特标识有助于推进中华优秀传统文化的创造性转化、创新性发展。二是意识形态是对革命文化的宣扬，有助于推动革命文化焕发新的时代活力。三是社会主义先进文化代表着中国特色社会主义文化发展方向，意识形态工作对社会主义核心价值观、对民族精神与时代精神的彰显，有助于激发中国特色社会主义文化的发展，坚定中国特色社会主义文化自信。

意识形态有利于引领正确的舆论导向。在全面深化改革的历史时期，各种社会问题层出不穷，社会思潮纷彩多呈，要想有效引领社会思潮，把握正确的舆论导向，必须发挥好主流意识形态作用，才能有效避免社会陷入无序或动乱状态，才能规范和塑造人们良好的社会习惯，激励人们接受并践行社会规范和准则。一要大力弘扬积极向上的社会主流意识形态，充分发挥正面宣传鼓舞人、激励人的作用，强化民族自信心与自豪感。二要善于开展舆论斗争，在坚持有理有利有节原则的基础上，坚持真理，批驳谬误，划分是非界限，团结争取多数，增强民族向心力与凝聚力。

意识形态有利于培养社会主义新人。社会主义意识形态工作坚持以马克思主义武装头脑、以中国特色社会主义理论体系教育人民，有助于推动社会主义核心价值观融入社会发展的方方面面，有助于青少年在人生发展的“拔节孕穗期”树立科学的价值观念。社会主义意识形态通过广泛开展形式多样、健康向上、格调高雅的文化活动，以文化人、以文育人，不断提高民众思想觉悟、道德水准和文明素养，培育担当民族复兴大任的时代力量。

意识形态是维护国家总体安全的思想屏障。国家安全涵括政治、经济、军事、文化、意识形态、外交、生物等多个领域，是一个综合全面的安全体系。世界在变化，中国在前进，人民群众的伟大实践在推进，迫切要求中国共产党以马克思主义的理论勇气，总结实践的新经验，在理论上不断拓展新视野，做出新概括。新时代，不同社会阶层和人民群体之间普遍存在多元的价值观念和利益关系，只有整合凝聚不同的思想观念和利益矛盾才能形成社会共识维护国家安全，进而推动社会有序发展。

意识形态是决定一个政党、一个国家、一个民族的文化、思想往哪里去、向何处前进的重大问题。习近平总书记指出："能否做好意识形态工作，事关党的前途命运，事关国家长治久安，事关民族凝聚力和向心力。"① 中国共产党的历史和实践都充分证明，如果意识形态工作搞好了，会产生强大的正能量，如果搞不好，会产生巨大的负能量。

苏联共产党在列宁之后的各个历史时期的意识形态工作都存在一些不足与问题。斯大林时期苏联共产党的意识形态工作最突出的问题是统得过死，雷区禁区太多，人们只能在马克思、恩格斯、列宁和中央主要领导的具体论断的框框内打转转，不鼓励开展实践基础上的理论创新，思想僵化，迷信盛行。赫鲁晓夫对斯大林进行全面否定，搞乱了苏联共产党和国际共产主义运动内部同志们的思想，涣散了队伍，打击了士气。戈尔巴乔夫时期，由于戈尔巴乔夫和中央主管意识形态工作的雅科夫列夫对在苏联共产党领导的政治体制下实现革新发展失去了信心，穿着"红马甲"长出了"西化的心"，对前期苏联共产党意

① 中共中央文献研究室编：《习近平关于全面建成小康社会论述摘编》，中央文献出版社2016年版，第103页。

识形态工作中存在的问题矫枉过正，放任反对派抹黑和妖魔化苏联共产党、党和国家前领导人、苏联红军和民族英雄，全面否定苏联所取得的积极成就，实现了意识形态从“左”向“右”的突变。几年之后，从普通群众、到普通苏联共产党党员，再到党的领导干部，对苏联共产党和苏联的疏离、怀疑、厌弃情绪与日俱增，苏联共产党丢掉政权，苏联解体就在所难免。

“文化大革命”结束以后，邓小平科学分析了新中国成立以来中国共产党发生失误的原因，确立了对待失误的正确态度，在准确把握世界大势与国内形势的前提下，推动全党实现了思想的大解放，平稳推动我国社会主义发展思路和发展模式的转变，既告别了封闭僵化的老路，又避免了走改旗易帜的邪路，成功开辟了中国特色社会主义道路，带领党、国家走出迷茫，走向振兴。

意识形态关系到一个国家举什么样的旗帜、确立什么样的制度、坚持什么样的理论、走什么样的道路等问题。马克思、恩格斯指出：“如果从观念上来考察，那么一定的意识形式的解体足以使整个时代覆灭。”[①] 防范化解意识形态安全面临的重大风险是防范化解政治领域重大风险的思想保障。意识形态风险是长期的潜在的隐蔽的，意识形态领域所存在的风险一旦爆发所带来的后果将是毁灭性的，将会使执政党的政权改旗换色。

（二）马克思主义政党历来重视防范化解意识形态重大风险

马克思在他的博士论文中最早使用“意识形态”一词，他说：“我们的生活需要的不是玄想和空洞的假设，而是我们能够过没有迷乱的生活。”[②] 马克思、恩格斯在《德意志意识形态》《〈政治经济学批判〉序言》《政治经济学批判（1857—1858 年手稿）》中把意识形态作为和

① 《马克思恩格斯文集》第 8 卷，人民出版社 2009 年版，第 170 页。
② 《马克思恩格斯全集》第 1 卷，人民出版社 1995 年版，第 57 页。

社会存在相对应的、历史唯物主义的一个范畴来分析。他们认为，意识形态是社会意识的一部分，是社会经济形态和政治制度在思想意识中的系统、直接的反映。“物质生活的生产方式制约着整个社会生活、政治生活和精神生活的过程。不是人们的意识决定人们的存在，相反，是人们的社会存在决定人们的意识。”① “如果从观念上来考察，那么一定的意识形式的解体足以使整个时代覆灭。”② “随着经济基础的变更，全部庞大的上层建筑也或慢或快地发生变革。在考察这些变革时，必须时刻把下面两者区别开来：一种是生产的经济条件方面所发生的物质的、可以用自然科学的精确性指明的变革，一种是人们借以意识到这个冲突并力求把它克服的那些法律的、政治的、宗教的、艺术的或哲学的，简言之，意识形态的形式。”③ 可以看出，马克思、恩格斯已经把意识形态看作“思想上层建筑”的一部分，作为社会整体结构的组成部分，意识形态包括政治法律观点、文学艺术、道德、科学、宗教、哲学等。

列宁在继承马克思、恩格斯关于意识形态理论的基础上，逐步提出了适合无产阶级的新的理论体系。一方面，列宁认为意识形态是为统治阶级服务的，要么是资产阶级的意识形态，要么是社会主义的意识形态，没有中间状态。意识形态所形成的核心价值观念能够引导人民接受统治阶级思想观念，把广大人民团结起来。另一方面，列宁丰富了马克思主义意识形态学说。一是做好意识形态工作必须坚持无产阶级党性原则。他认为，马克思主义政党是统治阶级思想创造的主要力量，没有政党的主导作用，无产阶级意识形态工作就不可能成功。二是提出意识形态灌输方式。列宁认为群众之间不可能自然产生共产主义科学理论，而是需要统治阶级向群众灌输社会主义思想文化。只

① 《马克思恩格斯选集》第2卷，人民出版社2012年版，第2页。

② 《马克思恩格斯文集》第8卷，人民出版社2009年版，第170页。

③ 《马克思恩格斯选集》第2卷，人民出版社2012年版，第3页。

有不断完善自身理论的不足，科学地进行意识形态工作，才能避免西方资产阶级思想的侵入，壮大社会主义思想力量。

重视意识形态工作也是中国共产党赢得广大人民群众支持的重要法宝。毛泽东同志在领导中国革命建设的实践中，自身不仅学习马克思主义，不断研究如何将其与革命相结合，而且也向大众宣传马克思主义思想。一方面，他将思想政治工作放在十分重要的位置，强调："掌握思想领导是掌握一切领导的第一位。"① 只有政治工作搞好了，经济才能提上来，思想文化建设能够不断促进经济和社会向着良好方向发展。相反，思想文化建设也会导致严重的后果，使国家整体走向歪路，严重侵害无产阶级利益。另一方面，毛泽东同志非常重视运用媒体做好宣传工作。他认为运用媒体进行宣传可以让人民群众了解、认可、接受党的政策和最新主张，认同党的正确领导，从而加强群众跟党之间的沟通和交流。

邓小平同志认为经济建设和四项基本原则互为一体，四项基本原则为维护意识形态安全提供了方法指导。思想道德教育和精神文明建设必须同物质水平同步发展。"十年最大的失误是教育，这里我主要是讲思想政治教育，不单纯是对学校、青年学生，是泛指对人民的教育……这种教育都很少，这是我们很大的失误。"② 邓小平同志还非常关注意识形态的宣传工作，要逐步建设起以中国特色社会主义为核心理念的意识形态。1981 年《关于建国以来党的若干历史问题的决议》的颁布，标志着社会主义主流意识形态建设步入正轨。

江泽民同志认为宣传阵地所占份额的多寡影响我国主流意识形态在自身社会乃至世界范围的影响力和吸引力。"思想宣传阵地，社会主义思想不去占领，资本主义思想就必然会去占领。"③ 进行意识形态建

① 《毛泽东文集》第 2 卷，人民出版社 1993 年版，第 435 页。
② 《邓小平文选》第 3 卷，人民出版社 1993 年版，第 306 页。
③ 《江泽民文选》第 1 卷，人民出版社 2006 年版，第 160 页。

设，我们必须树立远大的理想目标、清晰的思路和任务，要以人为本，与群众一起共享意识形态建设的文化成果。在意识形态建设过程中，要使马克思意识形态建设发挥更大作用就必须从实践发展的需求出发，不断进行理论革新。

胡锦涛同志强调意识形态关系到建设中国特色社会主义的伟大进程。这一时期，中国共产党高举中国特色社会主义伟大旗帜，倡导以“八荣八耻”为主要内容的社会主义荣辱观，努力构建社会主义和谐社会，逐步形成了以科学发展观为主题的社会主义意识形态。党的十六届六中全会通过的《中共中央关于构建社会主义和谐社会若干重大问题的决定》提出，要“坚持以社会主义核心价值体系引领社会思潮，尊重差异，包容多样，最大限度地形成社会思想共识”，“形成全民族奋发向上的精神力量和团结和睦的精神纽带”。[①] 党的十七大提出，要“切实把社会主义核心价值体系融入国民教育和精神文明建设全过程，转化为人民的自觉追求”。“积极探索用社会主义核心价值体系引领社会思潮的有效途径，主动做好意识形态工作，既尊重差异、包容多样，又有力抵制各种错误和腐朽思想的影响。”[②] 社会主义意识形态由此在全社会得到高度认同，在意识形态领域牢固确立了马克思主义的指导地位。

（三）防范化解意识形态安全重大风险是新时代的重大课题

意识形态安全关系到整个社会的稳定和发展，既是维护社会整体安全的内在要求，也是新时代持续提升国家治理能力的逻辑前提。党的十八大以来，以习近平同志为核心的党中央高度重视意识形态工作，旗帜鲜明巩固马克思主义在意识形态领域的指导地位，意识形态领域

---

① 中共中央文献研究室编：《十六大以来重要文献选编》（下），中央文献出版社 2008 年版，第 661 页。

② 《胡锦涛文选》第 2 卷，人民出版社 2016 年版，第 639—640 页。

的方向性、根本性、全局性问题得到明确，全党全社会思想上的团结统一更加巩固。

习近平总书记在2013年全国宣传思想工作会议上明确指出："宣传思想工作就是要巩固马克思主义在意识形态领域的指导地位，巩固全党全国人民团结奋斗的共同思想基础。""各级党委要负起政治责任和领导责任，加强对宣传思想领域重大问题的分析研判和重大战略性任务的统筹指导，不断提高领导宣传思想工作能力和水平。"[①] 在2014年文艺工作座谈会上，习近平总书记指出：实现中华民族伟大复兴需要中华文化繁荣兴盛，中国精神是社会主义文艺的灵魂，要创作无愧于时代的优秀作品，坚持以人民为中心的创作导向，加强和改进党对文艺工作的领导。在2016年党的新闻舆论工作座谈会上，习近平总书记指出："做好党的新闻舆论工作，事关旗帜和道路，事关贯彻落实党的理论和路线方针政策，事关顺利推进党和国家各项事业，事关全党全国各族人民凝聚力和向心力，事关党和国家前途命运。必须从党的工作全局出发把握党的新闻舆论工作，做到思想上高度重视、工作上精准有力。"[②] 2016年4月19日，习近平总书记在网络安全和信息化工作座谈会上强调，要"建设网络良好生态，发挥网络引导舆论、反映民意的作用"[③]。"网络空间是亿万民众共同的精神家园。……互联网不是法外之地。利用网络鼓吹推翻国家政权，煽动宗教极端主义，宣扬民族分裂思想，教唆暴力恐怖活动，等等，这样的行为要坚决制止和打击，决不能任其大行其道。利用网络进行欺诈活动，散布色情材料，进行人身攻击，兜售非法物品，等等，这样的言行也要坚决管控，决不能任其大行其道。没有哪个国家会允许这样的行为泛滥开来。我们要本着对社会负责、对人民负责的态度，依法加强网络空间治理，

① 《习近平谈治国理政》，外文出版社2014年版，第153、156页。
② 《习近平谈治国理政》第2卷，外文出版社2017年版，第331—332页。
③ 《习近平谈治国理政》第2卷，外文出版社2017年版，第335页。

加强网络内容建设，做强网上正面宣传，培育积极健康、向上向善的网络文化，用社会主义核心价值观和人类优秀文明成果滋养人心、滋养社会，做到正能量充沛、主旋律高昂，为广大网民特别是青少年营造一个风清气正的网络空间。”① 在 2018 年召开的全国宣传思想工作会议上，习近平总书记着力指出：“建设具有强大凝聚力和引领力的社会主义意识形态，是全党特别是宣传思想战线必须担负起的一个战略任务。要做好做强马克思主义宣传教育工作。特别是要在学懂弄通做实新时代中国特色社会主义思想上下功夫。”② 2019 年 1 月 25 日，习近平总书记在中共中央政治局第十二次集体学习时强调：“推动媒体融合发展、建设全媒体成为我们面临的一项紧迫课题。要运用信息革命成果，推动媒体融合向纵深发展，做大做强主流舆论，巩固全党全国人民团结奋斗的共同思想基础，为实现‘两个一百年’奋斗目标、实现中华民族伟大复兴的中国梦提供强大精神力量和舆论支持。”③ 从习近平总书记关于意识形态讲话来看，意识形态工作至少涉及“九个事关”，即：事关能否巩固马克思主义在意识形态领域的指导地位；事关广大党员、领导干部和群众能否牢固树立中国特色社会主义共同理想和共产主义远大理想，能否崇尚和践行社会主义核心价值观；事关对中国共产党执政地位的认同；事关培养什么样的中国人的问题；事关党的路线方针政策的普及度、接受度、认同度，进而决定党的路线方针政策的落实效果；事关我们是否具有强大的理论创新能力；事关我国的国际形象和国际舆论环境的优劣；事关我国社会主义现代化建设成效的大小；事关我国的意识形态安全、政治安全、制度安全、政权安全，进而事关我国社会主义现代化进程的顺或逆。

① 《习近平谈治国理政》第 2 卷，外文出版社 2017 年版，第 336—337 页。

② 张洋：《举旗帜聚民心育新人兴文化展形象更好完成新形势下宣传思想工作使命任务》，《人民日报》2018 年 8 月 23 日。

③ 《推动媒体融合向纵深发展　巩固全党全国人民共同思想基础》，《人民日报》2019 年 1 月 26 日。

新时代意识形态安全建设还要进一步强化阵地意识。宣传思想阵地，我们不去占领，人家就会去占领。争夺阵地是争夺人心的重要保障，是推进意识形态工作科学化发展的客观要求。要强化阵地意识应筑牢党政机关、军队等传统阵地，积极抢占网络、科研院所等新型阵地，拓展社会主义意识形态生存、活跃的空间、场域，巩固网络阵地、乡村阵地、社区阵地和高校、职业教育、中小学校及各级各类教育培训场所。习近平总书记指出："宣传思想部门承担着十分重要的职责，必须守土有责、守土负责、守土尽责。"[①] 各级党委要负起政治责任和领导责任。党的十九大报告指出："落实意识形态工作责任制，加强阵地建设和管理，注意区分政治原则问题、思想认识问题、学术观点问题，旗帜鲜明反对和抵制各种错误观点。"新时代社会主义意识形态建设要进一步深化建设性与批判性的统一，既要以正面宣传为主，亦须有理有利有节地开展斗争，在原则性问题上不含含糊糊、遮遮掩掩，敢于发声亮剑。

新时代防范化解意识形态风险还必须处理好"老"与"新"，"变"与"不变"的关系。"老问题"指的是意识形态安全问题根源于社会主义和资本主义两种意识形态的较量，具有长期性，并在不同时期有不同的表现形式。"新问题"指的是在全媒体时代，随着舆论场和媒介领域的变化，意识形态斗争出现了一些新的特征，维护意识形态安全也面临着许多新的情况。"变"指的是以习近平同志为核心的党中央针对新形势新变化，从维护意识形态安全的高度谋划媒体融合问题，为应对全媒体时代意识形态挑战提供了有效途径。"不变"一是指以美国为首的西方国家在意识形态话语权中的优势地位没有变，二是指媒体在意识形态斗争中的关键作用没有变。在"无人不网，无处不网"的今天，只有顺应大势引领全媒体时代，才能够把握战略主动。

① 《习近平谈治国理政》，外文出版社 2014 年版，第 156 页。

二、意识形态安全面临的重大风险

防范化解意识形态安全面临的重大风险，必须清醒认识和把握意识形态安全面临的重大风险的内涵、特点、表现、路径与场域等问题，以实现对意识形态安全面临的重大风险因题施策、对策下药。

（一）意志形态风险的基本内涵

意识形态风险与意识形态安全相对，是指一个国家占统治地位的思想观念体系面临威胁、危险甚至危害。其最终目的是否定马克思主义、否定中国特色社会主义、否定中国共产党的领导。因此，我们在坚持改革开放不动摇的同时，一刻也不能放松和削弱意识形态工作，必须加强主流意识形态建设，必须把意识形态工作的领导权、管理权、话语权牢牢掌握在手中。

意识形态风险主要表现在各种社会思潮在社会各领域的发展上。社会思潮是以一定的社会心理为意识基础，以相关社会意识形态为理论核心，在一定历史阶段具有一定影响的社会意识的活动形态。一方面，社会思潮是社会意识的活动形态。恩格斯指出："当我们通过思维来考察自然界或人类历史或我们自己的精神活动的时候，首先呈现在我们眼前的，是一幅由种种联系和相互作用无穷无尽地交织起来的画面，其中没有任何东西是不动的和不变的，而是一切都在运动、变化、生成和消逝。"① 社会意识并不是静止的社会心理和社会意识形式的机械相加，而是表现为这些要素为时代环境所激活而形成的现实活动形态。另一方面，社会思潮是人类社会心理的认知过程，是人们在日常社会中对各种自然、社会和人文现象的直接或间接的观察、感受基础

① 《马克思恩格斯选集》第3卷，人民出版社2012年版，第790页。

上所形成的态度、意见、情绪、观点等，具有直观性、流变性、群体性、地域性，甚至民族性。

在我国，社会思潮有“历史虚无主义”“新自由主义”“普世价值”论等多种形式，他们不断寻求与党的政策理论的契合点，在相对稳定中实现新变化。

“普世价值”论强调以西方民主、自由、平等、宪政等抽象政治理念将我国的发展道路引向资本主义轨道，旨在否定中国特色社会主义道路。“普世价值”论将矛头直指主流意识形态阵地，诽谤抹黑社会主义核心价值观，隐秘地消减社会主义核心价值观的文化认同。“普世价值”论的实质是表达资本主义的政治目的、标榜资产阶级的权力意志、维护垄断资本的利益需求，完全背离人民群众的价值诉求和发展权益。

“历史虚无主义”在否定、矮化中华文化的同时，极力美化西方文明，鼓吹“蓝色文明”，主张“美国模式”，倡议“全盘西化”，以此消解人们对中华优秀传统文化的认同。“历史虚无主义”还打着“学术研究”“还原历史真相”“重新认识历史”等旗号曲解历史，否定、贬低民主革命，丑化、矮化英雄形象，诋毁、否定我国社会主义建设、改革取得的伟大成就，以此否定中国共产党领导下的革命文化和社会主义先进文化。

“新自由主义”尊奉个人主义，将其解读为西方自由主义哲学的本体论要义，并将“原子化”的个体视为社会、经济、政治和文化存续的基础，且由此指向市场原教旨主义，鼓噪经济运行的绝对自由，否认政府通过政策措施发挥经济宏观调控作用的必要性，妄称中国社会经济发展的成果要归功于西方理论的效用，误导中国全面深化改革的发展道路。“新自由主义”本质是要否定中国特色社会主义基本经济制度，从而消解人们对于中国特色社会主义的制度认同。

（二）意识形态风险的特点

意识形态风险作为一种思想倾向、思想潮流，通过快速传播，影响人们的价值观念和社会心理。意识形态风险具有明确目的性、对象选择性、快速扩散性、现实关联性、行为诱导性、交叉重叠性、方式复杂性等特点。

明确目的性。意识形态风险的目的是要通过渗透侵蚀腐化中国社会的各类群体、社会制度、发展道路及模式，最终实现否定马克思主义指导地位、否定中国共产党的领导、否定社会主义制度、颠覆社会主义政权的目的，实现某些国家称霸世界的企图。

对象选择性。各种社会思潮的对象模糊又明确。一是社会大众的模糊性。社会思潮总是力图最广泛地影响社会公众，使社会公众对其所宣传的思想认同。二是对象的明确性。在与社会公众的接触过程中，社会思潮能具体影响到一部分与其思想契合的成员，并通过一定的途径将其培养成社会精英，如大学教授、公知、著名学者等发挥其在某一领域的作用，影响政府决策乃至社会走向。比如，“新自由主义”在学界的表现是通过影响学生，对其进行培养留学镀金返国成为经济领域的领军人物，进而影响党和政府的决策。

快速扩散性。随着移动互联网技术的迅猛发展，移动互联网成为各种社会思潮交流、交融、交锋的主要媒介与载体。我国网民现有9.04亿，互联网成为各种思潮激荡和传播的新场域使其传播具有即时性，意识形态风险一旦爆发就会快速传播。随着移动互联网技术的迅猛发展，使意识形态风险的快速扩散性增加了信息的“在场感”，即便相隔万里也能实现“面对面”的交流，人们可以随时随地发表观点看法，也可以将别人的信息转发。

现实关联性。意识形态风险多是通过对社会现实的结合与渗透，依附于对现实事件的歪曲解读和社会情绪的催生操控达到传播某种思想倾向的目的。意识形态风险常常依托社会大众广泛关注的现实事件，对其进行包藏祸心的歪曲加工、挖掘和放大现实事件中的负面信息进行不断炒作、发酵，力图使正面信息转化为负面信息，一般事件转化为热点事件，局部事件转化为全局事件，从而在传播内容与受众之间建立更广泛的联系，增强传播内容的关注度和接受度。

行为诱导性。意识形态风险在引导受众思想的基础上对受众行为呈现出较强的诱导能力，特别是对广大青年呈现出越来越强的诱导能力。青年是最开放最活跃的思想群体，是各种社会思潮积极的参与者、追随者、传播者和实践者。一些境外组织和群体不但争相注资和控制青年热衷使用的微博、论坛等网络平台，放宽内容监管尺度，为拜金享乐、淫秽色情、教唆犯罪等有害信息提供传播平台，麻醉和刺激青年的神经，消磨和瓦解青年的意志；还积极培植在青年中具有较大影响的网络公共人物，扮演青年思想的“解惑人”、青年发展的“领路人”、青年利益的“代言人”，利用自身“光环”使青年从喜欢他们到认同再到跟随他们行动。

交叉重叠性。意识形态风险往往呈现出交叉重叠，使意识形态风险的危害性增加。当代中国所面临的以“普世价值”、“历史虚无主义”、“新自由主义”等为代表的思潮中，不同的思潮之间存在着一定的关联与影响，他们通过对中国政治、经济、文化、社会、生态等各个方面产生影响，进而使其产生的风险可能会产生乘数效应，一旦爆发就是全局性的。因而，对社会思潮的管控必须从国家安全、意识形态安全的高度着手，由国家最高层统一筹谋，制定可行的战略方案。

方式复杂性。意识形态风险产生的方式是多样的复杂的，但也是有迹可循的。一是传统方式与现代方式交织。既包括传统的，如通过直接阅读相关理论文献、有关学术讲座、听课、人际沟通与互动了解、接受相关社会思潮等途径和方式，还包括现代的，如通过大量的商业广告、登录境外网站、网络传播、境外的文化产品（如影视、游戏）等途径和方式。二是“自上而下”与“自下而上”的方式。意识形态风险主要通过自上而下的官方舆论与自下而上的民间舆论两种方式产生影响，其中既有“沉默的螺旋”，也有夸张的“网络群体性事件”，都会因社会公众“从众心理”“权威认同心理”而迅速传播扩散。三是显性方式与隐性方式交织。显性方式是指通过书籍、报刊、广播、影视、网络等技术手段和路径所发散的社会思潮影响。隐性方式是指渗透在各种显性方式之中，不易被人们直接观察和描述的一些影响机制和方式。

（三）意识形态风险的主要表现

总体来看，我国意识形态安全所面临的重大风险主要变现为外部渗透、内部统化、网络冲去、影响青年群体四个方面。

第一，外部渗透。从国际上看，外部势力对我国政治思想的挑战和威胁往往是从意识形态领域开始的。

一是通过输出西方民主威胁中国政治思想。“国际敌对势力把中国视为眼中钉，千方百计想搞垮中国共产党的领导和社会主义制度，一刻也没有停止对我国实施西化、分化的政治战略。”[①] 通过推广“普世价值”，消解我国主流意识形态；通过“颜色革命”大搞“民主人权输出”；通过现代传媒和文化产品输出宣扬西方民主人权价值观念；通过培植政治代理人，向中国各个领域进行隐性渗透；通过学术交流技术合作输入散布“反马”错误观点，借机弱化马克思主义指导地位。通过“自由”“民主”“人权”等概念设置话语陷阱，评判中国道路、中国制度，试图误导中国改革开放的方向；通过“新自由主义”在经济领域鼓吹私有化、市场化和自由化，主张“私有产权神话”“市场万能论”“全球自由化”，威胁主流价值观，挑战公有制经济基础，反对政府作用和政府监管，给党的领导和社会主义国家制度带来了冲击。

二是通过西方文化霸权威胁社会主义价值观。以美国为首的西方国家主要通过广播、出版、影视文学、教育等多种途径对我国实施文

---

① 《江泽民文选》第3卷，人民出版社2006年版，第8页。

化霸权，强行向中国灌输资产阶级意识形态，对中国的生活方式、消费方式、文化思潮尤其是社会主义价值观构成了严重威胁。企图使中国部分民众文化上产生崇洋媚外的心理，影响和改变中国民众的价值取向。

三是通过宗教渗透威胁中国社会主义信仰认同。主要通过卫星电视节目播放普通话、粤语等多种语言的宗教节目影响国人；借助互联网、手机短信等传播媒介散布宗教思想；利用旅游、文化、教育等交流活动或通过非法举办神学班、地下神哲学院等传教、布道，拉拢中国出国探亲、朝觐、经商等人员入教；通过修建教堂、印制经书等活动提供经费，为困难人员解决生活困难等，拉拢中国教会人员，培植代理人；等等。把触角伸向中国社会的各个领域，对当代中国意识形态安全造成了极大威胁，对党与人民群众的血肉联系、鱼水之情造成了极大的破坏。

第二，内部统化。从国内看，改革开放 40 多年来，人们的生活方式、生产方式、交往方式都发生了巨大变化，主流意识形态受到多种社会思潮的挑战，成为隐藏在社会主义制度下的潜在风险。

一是多元社会思潮弱化和消解认同基础。“思想文化阵地，马克思主义、无产阶级的思想不去占领，各种非马克思主义、非无产阶级的思想甚至反马克思主义的思想就会去占领。”[①] 改革开放 40 多年来，我国社会结构急剧分化，利益诉求多元，国内多种社会思潮谋求发声并意图影响社会发展及民众。一方面，非马克思主义社会思潮冲击主流意识形态统治权，它们否定、冲击马克思主义的一元化地位，主张指导思想的多元化。各种社会思潮在全面深化改革过程中争夺社会主义意识形态认同主体，意图抢占理论高地并弱化主流思想的群众影响力，达到维护自身利益和弱化主流意识形态科学性的目的。另一方面，

① 《江泽民文选》第 3 卷，人民出版社 2006 年版，第 97 页。

人们思想活动的独立性多变性差异性明显增强，消解着主流意识形态权威，增加了社会“离心力”。

二是世俗化观念冲击社会主义核心价值体系。改革开放 40 多年，“以经济建设为中心”的发展理念使我国实现富起来的同时，“物质利益时代”也使整个社会更加快速地世俗化物质化，不断改变人们的“精神面貌”和“思想肖像”。一方面，市场原则与党性原则的对立冲突，使得人们的价值体系特别是广大领导干部的行为标准二元化甚至多元化，拜金主义、享乐主义、极端个人主义对社会主义、集体主义、爱国主义等主流价值形成挑战。另一方面，一些人在价值观层面上持怀疑主义、虚无主义立场，拒绝理想，解构崇高，共产主义远大理想和中国特色社会主义共同理想受到一定程度的“消解”，降低了民众对主流意识形态的认同度。

三是国际国内因素合流趋势明显。新时代，我国社会矛盾转化为人民日益增长的美好生活需要和不平衡不充分的发展之间的矛盾，各种矛盾更加复杂多元难以破解，牵一发而动全身。更为严重的是，国内意识形态的变化在受到西方意识形态威胁的同时呈现出合流趋势。一小撮反华势力处心积虑不惜重金收买培养代言人，鼓吹“西方宪政民主优越论”，散布“普世价值论”，传播“自由至上论”，不遗余力炒作网络事端，误导网络舆论，抹黑英雄人物，篡改国家历史，破坏伟人形象，煽动社会问题，制造内部矛盾，歪曲事件真相。更有甚者为谋取自身私利不惜恶意挑唆、制造事端、煽动群众、激化矛盾，网络成为现实社会的“出气筒”，负面情绪的“发泄场”，为反对马克思主义思想和社会主义制度的言论提供了传播平台，一定程度上削弱了社会主义意识形态的掌控力和民族凝聚力，冲击着国人对于马克思主义、共产主义以及中华民族伟大复兴的坚定信念。

第三，借助网络冲击。随着互联网技术迅速发展及广泛应用，网络意识形态安全风险凸显。我国网民现有 9.04 亿，网络已经成为信息获取和互动的重要载体，互联网已成为世界各国竞相抢占的意识形态主战场，较之传统意识形态领域，安全风险发生的概率更大、能级更高、掌控更难，成为我国意识形态领域的“最大变量”。

网络意识形态领域的主要风险点表现在：一是境内外敌对势力利用互联网高效性、广泛性、互动性、渗透性等特点，相互勾结并扩大反华力量的态势不断加剧。互联网传播超越了地理阻隔、时间限制，无远弗届，无时不在。这就为境内外敌对势力相互勾结、扩大力量创造了便利条件。二是一些西方国家利用其掌握的网络技术优势和话语优势，利用网络平台在世界范围多角度、全方位地推销自己的意识形态、价值观念、社会文化和经济发展等内容，并且呈现出组织化和政治化的特征。

从意识形态风险的方式上看，主要通过网络媒体。伴随互联网技术的发展及大数据技术的广泛应用，西方国家意识形态传播已不再局限于传统的如资金支持、书籍报刊影像等传播方式，而是借助于大数据特别是网络的传播手段，增加了传播的即时性。他们不再满足于通过网络进行负面宣传“抹黑”政府和领导人、帮助反对派动员串联和提供网络课程培训等经典做法，而是重点加强对互联网政治功能的“深度挖掘”，变出了若干新招数、新花样。通过网络黑客直接侵入目标国内网，进行信息窃取和病毒植入，瘫痪信息网络系统。通过网络游戏、网络视频、网络课堂等各种鲜活载体争取青年受众，隐蔽渗透西方价值观，“播下自由思想的种子，有朝一日结成‘和平演变’的花蕾”，逐步塑造思想文化意识，实行深度影响的网络意识形态战略。通过互联网大数据搜集和分析，精准掌握目标国社会心理和舆论动向，为左右心理、引导舆论提供技术支持，帮助反对派及时调整策略、改进战术。现阶段，以网络平台、电视电台、微信、微博、公众号等为平台的媒体平台成为西方意识形态风险的主要呈现点，同时，借助其扶植的网络代言人及知名大V的影响力与其里应外合增加了我国意识形态风险的程度。其主要手段：一是裁剪事实，将精心筛选的事实由媒体平台发布，构建了一个经过筛选的信息环境。二是自编自导自演，根据自身意愿将自编自导自演的“客观、理性、中立”的“事实”报道传播出去。三是与代理人合谋，强化操控他人头脑的权力，持续不断地夺取和增强政治影响力。

网络成为各种错误思潮交汇融合发酵的平台，在意识形态领域构成极大风险。互联网具有海量信息，其构成极为复杂多元。在互联网议题中，既有生活饮食方面的，也有政治经济文化方面的，同时，这些信息又相互渗透，相互影响。一个介绍西方饮食文化的议题，有可能包含着传播西方文化的目的。甚至一些以推销商品为目的的网站，也夹杂着传播利己主义、享乐主义的人生观和价值观，以及西方极尽奢侈过度消费生活方式方面的内容。由于互联网打破了传统传播的科层制，减少了传播层级，降低了传播门槛，因此，对这些议题的管控难度不断增加。互联网具有放大信息使其成为焦点的功能，这就使得网络舆情具有突发性和不可预测性。任何一个简单的事情，经由网络炒作，都可能远离真相，被无限放大，成为煽动民意、攻击党和政府的议题。一些网络推手，利用个别事件，兜售西方的“普世价值”，抹黑政府，攻击党的领导和社会主义制度。这方面的例子多不胜数。互联网创造了一批网络明星，这些人对其追随者有着巨大的影响力。有的网络明星利用其影响力，在境内外敌对势力支持下，在网络上公开散布错误思想，兴风作浪，煽动民意，其最终目的指向否定党的领导，否定社会主义制度。有的网络明星限于自身的思想素质、认识能力和觉悟水平，在一些议题上真相不明、是非不辨、黑白不分，发表了许多错误的观点，造成了极坏的影响。还必须看到，由于人们对互联网的依赖程度不断加深，不管网民愿意不愿意，只要在网上，就无可避免地会接触到各种渗透其中的错误思潮，这些都在一定程度上削弱和消解了主流意识形态宣传教育的影响力，使得社会主义核心价值观以及优秀传统文化遭到侵蚀，严重危害到我国社会主义意识形态安全。

第四，影响青年群体。习近平总书记指出：各级党委和政府要坚决贯彻总体国家安全观，落实党中央关于维护政治安全的各项要求，确保我国政治安全。要持续巩固壮大主流舆论强势，加大舆论引导力度，加快建立网络综合治理体系，推进依法治网。要高度重视对青年一代的思想政治工作，完善思想政治工作体系，不断创新思想政治工作内容和形式，教育引导广大青年形成正确的世界观、人生观、价值观，增强中国特色社会主义道路、理论、制度、文化自信，确保青年一代成为社会主义建设者和接班人。

意识形态风险在中国有着特定的目标群体，这些群体可以说有五大类，在乡村通过宗教传播对农民进行“趋从式”削减党在基层政权的影响力，在学界理论界对知识分子进行“理论导向式”侵蚀党的理论掌握力，在国家权力高层对决策者进行“威逼利诱式”影响最高决策，在政界对广大领导干部进行“权力干预与功利式”影响执政队伍，最为严重的是对广大社会青年进行“价值洗脑”式影响后备力量。在这五类意识形态风险潜在群体中，最为主要的是广大社会青年，而又以青年学生这个群体为甚。

青年学生是新媒体最大的使用人群，又尚处于思想观念不成熟的时期，辨别能力不强，容易被西方媒体充斥的自由主义和“普世价值”等社会思潮所吸引，被媒体的不实报道和虚假信息所蒙蔽。一些青年人中不同程度存在背离主流意识形态、弱化理想信念的问题，对我们在意识形态领域赢得青年构成严峻挑战。特别是在高校，一部分青年学生受西方思潮的影响，存在一定程度的信仰复杂与缺失现象。一些教师和学生以“学术中立”为名，放松了思想政治工作，为错误思潮的侵入打开了缺口；一些青年学生不能正确处理学习专业知识和坚定政治信仰的关系，把学术研究和政治正确对立起来，崇尚西方的所谓

"学术自由"，逐渐丧失了坚定正确的政治立场。一些青年学生对西方学术理论不加分析"原汁原味"吸纳，思想观念逐渐被西方那一套东西所占领。同时，受社会上错误思潮的影响，一些青年学生在理想信念日益淡化的同时，物质主义和利己主义的思想却在不断强化。一些青年学生对金钱、权力、享受心向往之，不愿谈人生信仰，不愿谈民族大义，不愿为伟大理想献身，凡事从利己的角度出发，把个人利益放在首位，一切以个人利益为根本出发点，满足于直觉主义、感觉主义，逃避社会责任，回避理性思考，缺乏奉献精神，在人生观、世界观和价值观方面出现了偏差。

（四）意识形态风险的主要场域

意识形态风险并不可怕，而是有迹可循、有章可依、有法可控的。这就需要各级领导干部必须把握好意识形态风险产生的场域及对象群体。习近平总书记指出：一个政权的瓦解往往是从思想领域开始的，政治动荡、政权更迭可能在一夜之间发生，但思想演化是个长期过程，思想防线被攻破了其他防线就很难守住。防范化解意识形态风险主要体现在乡村、学校、新闻战线、理论界、社会公众人物五个大的场域。在乡村，主要通过宗教传播，进行大量的宗教聚会影响农民的生活方式、价值方式，进而影响党在基层的执政根基。在理论界，通过各种思潮的传播，在理论界扶植其代理人，影响社会大众。在学校，一方面，通过加强对高校教师出国交流培训影响高校教师的价值取向进而影响青年学生；另一方面，通过各种渠道影响高校青年的世界观、人生观、价值观，逐渐培养较大规模与主流意识形态相悖的群众力量。在中小学校，通过低俗的小说、游戏、漫画、视频、电影等文学及影视作品传播，影响中小学生的道德观及伦理观。在新闻战线，通过报道与主流意识形态相背离的事实，或歪曲报道，或不恰当不择时机式报道，或浑水摸鱼插科打诨式报道，或有目的性报道，通过影响大众心理引发社会恐慌制造混乱。在理论界，通过把亲西方学者培养成“民主卫士”，将西方政治制度的思想、理念、模式通过学界、理论界、知识界逐步侵蚀、影响中国社会，对我国政治制度形成挑战，并日渐形成一股不可忽视的力量，其所形成的影响在各个领域凸显出来，对我国政治制度的发展、完善和推进造成了极大的阻力。在社会公众人物关注上，不但曲意扩大社会公众人物的影响，还将公众人物的价值取向强向于大众，进而影响普通大众的生活方式、消费方式、价值方式及交往方式。如对于明星、网红等信息的报道有故意放大之势，且呈现不可控的状态。

三、防范化解意识形态重大风险的着力点与主战场

切实防范化解意识形态安全面临的重大风险，牢牢掌握意识形态工作领导权，必须充分认识意识形态工作极端重要性，深刻把握意识形态工作规律，掌握防范化解意识形态工作的具体工作，打赢防范化解意识形态风险总体战。

（一）做好战略规则，打好防范化解意识形态风险防御战

防范化解意识形态风险，必须从战略高度谋篇布局，把意识形态工作的领导权、主动权、话语权牢牢地掌握在自己手中。中国共产党的奋斗目标，实际上就是要解决“挨打、挨饿、挨骂”三个问题，前两个问题经过长期努力已经基本解决，但“挨骂”的问题还没有解决，存在有理说不出的现象。“挨骂”的问题没有完全解决，是因为在有些重要问题上还没有掌握话语权。要掌握话语权，就得善于讲理，要善于讲理，就得有扎实的理论功底，搞清楚重要领域的基础理论问题。

第一，发挥党在防范化解意识形态风险中的总揽全局作用。“统治

阶级的思想在每一时代都是占统治地位的思想。”[①] 中国共产党要推动中国特色社会主义事业的顺利实现，就必须加强对意识形态的领导权，牢牢把握马克思主义意识形态的领导地位，保证社会主义建设事业所获得的成果由人民享有而不是最终成为西方某些国家的囊中之物。其一，必须加强党对政治方向的引领。“政治方向是党生存发展第一位的问题，事关党的前途命运和事业兴衰成败。”[②] 苏鉴不远，中国共产党必须坚持马克思主义的指导地位，坚决巩固马克思主义主流意识形态，增强全党全国人民对中国特色社会主义道路、理论、制度、文化的自信心。要切实增强政治敏锐性和政治鉴别力，以政治标准来检视和判别是否存在意识形态风险，特别是要看能否树牢“四个意识”、坚定“四个自信”、做到“两个维护”。其二，合理规范社会思潮的活动边界与影响效度。互联网时代下的社会主义思潮与舆论形势使意识形态斗争更加复杂。中国共产党必须提高辨别能力，明确马克思主义评判标准，有效规范各种社会思潮活动边界，主动与各种不良社会思潮作坚决斗争。其三，提升中国共产党在意识形态领域的治理能力。这需要各级领导干部树立底线思维，强化阵地意识，把政治建设和思想建设确定为自我提升和自我革新的重点，坚持细化责任和精准落实原则，构建系统完备的安全监督机制，为维护意识形态安全提供制度支持。新闻媒体、网络传播平台、社科研究机构、思想文化类学术团体、高等学校、中小学、职业学校和出版物、文艺作品、报告会、研讨会、讲座、论坛、演艺会、图书馆、文化馆、纪念馆、博物馆、美术馆、陈列馆等都是具有意识形态属性的阵地，要加强对这些阵地的全面领导，增强意识形态领域主导权和话语权，维护意识形态安全和文化安全。

---

① 《马克思恩格斯选集》第1卷，人民出版社2012年版，第178页。

② 《把党的政治建设作为党的根本性建设　为党不断从胜利走向胜利提供重要保证》，《人民日报》2018年7月1日。

第二，加强意识形态宣传和思想教育工作。意识形态的实质是争取人民群众对主流意识形态的认同和支持，而要获得人民群众的认同与支持，必须进行行之有效的宣传教育。毛泽东同志曾指出："镇压反革命无论在城市在乡村均须大张旗鼓，广泛宣传，使人民家喻户晓。"[①] 邓小平同志强调："历史经验证明，用大搞群众运动的办法，而不是用透彻说理、从容讨论的办法，去解决群众性的思想教育问题，而不是用扎扎实实、稳步前进的办法，去解决现行制度的改革和新制度的建立问题，从来都是不成功的。"[②] 党的十八大以来，党中央更加重视党防范化解意识形态风险的领导，致力于提高党的新闻舆论工作水平。习近平总书记指出："坚持正确舆论导向，高度重视传播手段建设和创新，提高新闻舆论传播力、引导力、影响力、公信力。"[③] 2015年7月，中央认定马克思主义理论研究和建设工程、中国特色社会主义理论体系研究中心、马克思主义学院、报刊网络理论宣传阵地是党的思想理论工作的"四大平台"。

第三，完善防范化解意识形态风险防控机制。防范化解意识形态风险是一项长期任务，必须建立一套完备的、运转灵活高效的工作机制，将意识形态风险造成的危害和影响降到最低水平。建立健全意识形态风险预警监测机制。通过大数据分析、物联网技术等现代高新科技的运用，有效识别"风险点""风险节点""风险拐点"等，提高风险识别水平，增强风险识别能力。建立健全意识形态风险评估机制。充分发挥专业机构、专业人才等评估力量的作用，科学评估风险的等级，为化解应对做科学准备。建立健全意识形态风险治理决策指挥机制。必须做到程序严密、科学准确，重点加强并突出"战略决策—战役指挥—战术执行"的风险决策层级与处置原则。建立健全风险治理

① 《毛泽东文集》第6卷，人民出版社1999年版，第120页。

② 《邓小平文选》第2卷，人民出版社1994年版，第336页。

③ 习近平：《决胜全面建成小康社会　夺取新时代中国特色社会主义伟大胜利》，人民出版社2017年版，第42页。

动员机制。动员全党、全国人民、全社会力量参与风险治理，舆论宣传引导要契合民意、激发共鸣。建立健全意识形态风险多元主体协调联动机制。把专家咨询、公众参与、风险评估、合法性审查和集体讨论决定作为必经程序，解决风险管理中的“碎片性”问题。健全意识形态风险激励问责机制。通过考核奖惩来增强党政领导干部健全风险防控机制的动力。建立健全意识形态风险信息公开机制。必须遵循党务公开、政务公开的一般要求，做到信息传递的及时无误、全覆盖。建立健全意识形态风险基础保障机制。必须保证把一切管用的、能调动的资源都调动起来，形成支撑风险治理的资源性支持。通过一系列风险机制的确立，客观上就能对意识形态风险发生发展的全过程进行监控，对意识形态风险的发生诱因与事前防范、意识形态风险的事中演进与有效控制、意识形态风险的事后治理与化解等进行全方位的管理。[①]

（二）坚持马克思主义指导地位，打好防范化解意识形态风险主动战

党的十九届四中全会通过的《决定》指出：要“坚持马克思主义在意识形态领域指导地位的根本制度”，“落实意识形态工作责任制”。[②] 这就要求各级领导干部一刻也不能放松和削弱意识形态工作。只有坚持马克思主义对意识形态工作的指导地位，才能在面对各种意识形态风险时做到“任尔东南西北风，我自岿然不动”。

第一，巩固马克思主义在意识形态领域的指导地位，大力推进马克思主义中国化、时代化、大众化。“思想文化阵地，马克思主义、无产阶级的思想不去占领，各种非马克思主义、非无产阶级的思想甚至

① 参见于永达、阮青、马彦涛：《新时代党政干部必须增强八大本领》，中央党校出版社2019年版。

② 《中国共产党第十九届中央委员会第四次全体会议文件汇编》，人民出版社2019年版，第43页。

反马克思主义的思想就会去占领。”[①] 要坚持马克思主义在我国意识形态领域的指导地位，说到底，就是要高举中国特色社会主义伟大旗帜，坚定不移地走中国特色社会主义道路，坚持用马克思主义特别是马克思主义中国化的最新成果——习近平新时代中国特色社会主义思想指导中国特色社会主义伟大事业。不断推动习近平新时代中国特色社会主义思想深入人心，使之成为广大党员干部和群众政治上的主心骨、思想上的定盘星、行动上的指南针，是宣传思想文化战线的职责所在、使命所在。各级领导干部要绷紧政治之弦，牢固树立“四个意识”，坚决做到“两个维护”，自觉在政治立场、政治方向、政治原则、政治道路上同以习近平同志为核心的党中央保持高度一致。不断推进马克思主义的中国化、时代化、大众化，使马克思主义走进“街头巷尾”，使马克思主义“飞入寻常百姓家”，使马克思主义成为广大人民群众的日常行为指南。

第二，完善马克思主义指导思想的制度建设。要坚持马克思主义在意识形态领域指导地位的根本制度。全面贯彻落实习近平新时代中国特色社会主义思想，健全用党的创新理论武装全党、教育人民工作体系，完善党委（党组）理论学习中心组等各层级学习制度，建设和用好网络学习平台。深入实施马克思主义理论研究和建设工程，把坚持以马克思主义为指导全面落实到思想理论建设、哲学社会科学研究、教育教学各方面。加强和改进学校思想政治教育，建立全员、全程、全方位育人体制机制。落实意识形态工作责任制，注意区分政治原则问题、思想认识问题、学术观点问题，旗帜鲜明反对和抵制各种错误观点。

同时，对各种社会思潮要敢于回应善于斗争。坚持以马克思主义为指导，要保持清醒的头脑，要防止各种社会思潮影响，不受各种形

① 《江泽民文选》第 3 卷，人民出版社 2006 年版，第 97 页。

形色色的错误思潮的影响和侵蚀。要打通人们的思想，帮助解决社会矛盾，防止社会思潮利用问题制造麻烦。要善于和各种社会思潮作斗争，在理论上要抓住其缺陷、弱点，揭示其欺骗性。要发挥主流意识形态的引领作用，着力提升主流意识形态的包容力、凝聚力、号召力、亲和力，把思想统一到为实现中国梦的共同目标上来。当然，坚持马克思主义在我国意识形态领域中的指导地位，并不是要求全社会只能用一种声音说话。我们要在坚持马克思主义一元主导的前提下发展多样化，在发展多样化的基础上坚持马克思主义的一元主导地位。

（三）以人民为中心，打好防范化解意识形态风险主体战

做好意识形态工作，必须站稳人民立场，依据中国国情和社会发展规律，构筑起更加清晰具体、鲜活生动、充实完善的社会主义意识形态话语体系，使我国的意识形态话语体系更具中国特色。做好意识形态工作，必须树立以人民为中心的工作导向，把服务群众同教育引导群众结合起来，把满足群众需求同提高群众素养结合起来，并且要认真研究不同群众的思想文化需求，以便有的放矢地开展工作。

坚持以人民为中心，是防范化解意识形态重大风险的出发点与落脚点，也是防范化解意识形态重大风险的根本所在。新时代，要打好防范化解意识形态风险主体战，必须发挥人民群众的历史主体作用，依靠人民打赢意识形态领域的各类战争。

一要依靠人民群众，从人民群众中寻找、发现、提升防范化解意识形态风险的经验。要经常地深入人民群众，了解人民群众的思想动态，掌握人民群众的现实需求。特别是要了解网民的现实状态，提升网民道德素养与道德水准。要注重对人民群众的不同群体进行分析研究，掌握不同区域、不同职业、不同层级群众的思想动态，及时掌握人民群众的需求动向，采取有效举措，防止人民群众中爆发大的意识

形态风险。

二要发挥社会主义意识形态的主导性，用积极的社会主义意识形态影响人们的行为方式、思维方式、价值方式、交往方式，不断提升人民群众对中国特色社会主义的认同，对中国共产党的认同，对马克思主义的认同。马克思指出："如果从观念上来观察，那么一定的意识形式的解体足以使整个时代覆灭。"[①] 各级领导干部也要认识到，社会主义意识形态对人民群众的影响并不是一蹴而就的，而是一个循序渐进的过程，是一个不断内化的过程，只有从战略层面做好统筹，从战术层面做好推进，才能取得每一场战役的胜利。

三要用社会主义核心价值观强筋壮骨。坚持以社会主义核心价值观引领文化建设制度。推动理想信念教育常态化、制度化，弘扬民族精神和时代精神，加强党史、新中国史、改革开放史教育，加强爱国主义、集体主义、社会主义教育，实施公民道德建设工程，推进新时代文明实践中心建设。坚持依法治国和以德治国相结合，完善弘扬社会主义核心价值观的法律政策体系，把社会主义核心价值观要求融入法治建设和社会治理，体现到国民教育、精神文明创建、文化产品创作生产全过程。推进中华优秀传统文化传承发展工程。完善青少年思想信念教育齐抓共管机制。健全志愿服务体系。完善诚信建设长效机制，健全覆盖全社会的征信体系，加强失信惩戒。各级领导干部要认识到，坚持人民立场，就是要开展形式多元的社会主义核心价值观宣传教育活动，鼓励各级各类社会组织积极参与到主流意识形态宣传教育活动中来，以此来影响人民群众的思想观念，规范人民群众的行为方式，引导人民群众树立正确的世界观、人生观、价值观，使人民群众在理想信念、价值理念、道德观念上时刻站在马克思主义一边，自觉与各类意识形态风险作坚决斗争。

---

① 《马克思恩格斯文集》第8卷，人民出版社2009年版，第170页。

(四)坚持以经济建设为中心，打好防范化解意识形态风险基础战

以经济建设为中心为防范化解意识形态重大风险提供了坚实的物质基础。马克思指出：“‘思想’一旦离开‘利益’，就一定会使自己出丑。”[①] 加强意识形态建设，离不开经济基础。习近平总书记强调：“经济建设是党的中心工作，意识形态工作是党的一项极端重要的工作。”“只要国内外大势没有发生根本变化，坚持以经济建设为中心就不能也不应该改变。这是坚持党的基本路线100年不动摇的根本要求，也是解决当代中国一切问题的根本要求。”

以经济建设为中心是兴国之要，立邦之本，是党和国家兴旺发达和长治久安的根本要求。能否坚持以经济建设为中心，是关系到我国社会主义现代化的成败、关系到社会主义的前途和命运的大问题。如果经济建设这个中心发生动摇，整个基本路线就会被动摇。意识形态工作一定要把围绕中心、服务大局作为基本遵循，胸怀大局、把握大势、着眼大事，找准工作切入点和着力点，做到因势而谋、应势而动、顺势而为。我们在集中精力进行经济建设的同时，一刻也不能放松和削弱意识形态工作。既要切实做好中心工作、为意识形态工作提供坚实的物质基础，又要切实做好意识形态工作、为中心工作提供有力保障；既不能因为中心工作而忽视意识形态工作，也不能使意识形态工作游离于中心工作。

说到底，只有以经济建设为中心，才能为防范化解意识形态风险确立坚实的物质基础。只有有效防范化解意识形态风险确保意识形态安全，才能保障经济建设的成果由人民享有。故而，以经济建设为中心的当务之急就是要做到：坚持和完善统筹城乡的民生保障制度，满

① 《马克思恩格斯文集》第1卷，人民出版社2009年版，第286页。

足人民日益增长的美好生活需要。增进人民福祉、促进人的全面发展，是我们党立党为公、执政为民的本质要求。必须健全幼有所育、学有所教、劳有所得、病有所医、老有所养、住有所居、弱有所扶等方面国家基本公共服务制度体系，注重加强普惠性、基础性、兜底性民生建设，保障群众基本生活。满足人民多层次多样化需求，使改革发展成果更多更公平惠及全体人民。要健全有利于更充分更高质量就业的促进机制，构建服务全民终身学习的教育体系，完善覆盖全民的社会保障体系，强化提高人民健康水平的制度保障。坚决打赢脱贫攻坚战，建立解决相对贫困的长效机制。

（五）巩固意识形态阵地，打好防范化解意识形态风险阵地战

总体来看，中国特色社会主义意识形态的主阵地上面临着西方多种思潮的围攻与侵蚀，从高校到乡村，从哲学体系到文化战线，从新闻媒体到网络舆论，都必须严阵以待，要抢占思想舆论阵地，要敢于发声、善于发声，要靠马克思主义的真理给出最彻底的、最具说服力的正确解释，证明马克思主义解释世界与改造世界的强大生命力。

第一，要强化高校思想政治工作，守好意识形态前沿阵地。我们的高校是党领导下的高校，是中国特色社会主义高校，肩负着培养什么样的人、如何培养人以及为谁培养人这一根本问题。做好高校思想政治工作，高校才能牢牢抓住全面提高人才培养能力这个核心点，完成好培养德智体美全面发展的社会主义事业建设者和接班人的重大任务。

做好高校思想政治工作，必须坚持正确政治方向。只有坚持以马克思主义为指导，坚持不懈传播马克思主义科学理论，培育和弘扬社会主义核心价值观，促进高校和谐稳定，培育优良校风和学风，才能为高校导正办学方向、筑牢思想基础、提供价值引领。必须围绕学生、关照学生、服务学生，不断提高学生思想水平、政治觉悟、道德品质、

文化素养，让学生成为德才兼备、全面发展的人才。必须坚持不懈培育和弘扬社会主义核心价值观，引导广大师生做社会主义核心价值观的坚定信仰者、积极传播者、模范践行者。

做好高校思想政治工作，要因事而化、因时而进、因势而新。要遵循思想政治工作规律，遵循教书育人规律，遵循学生成长规律，不断提高工作能力和水平。要用好课堂教学，思想政治理论课要坚持在改进中加强，提升思想政治教育亲和力和针对性，满足学生成长发展需求和期待。要加快构建中国特色哲学社会科学学科体系和教材体系，推出更多高水平教材，创新学术话语体系，建立科学权威、公开透明的哲学社会科学成果评价体系，努力构建全方位、全领域、全要素的哲学社会科学体系。要更加注重以文化人以文育人，广泛开展文明校园创建，开展形式多样、健康向上、格调高雅的校园文化活动，广泛开展各类社会实践。要运用新媒体新技术推动思想政治工作传统优势同信息技术高度融合，增强时代感和吸引力。

做好高校思想政治工作，还要发挥高校党组织的战斗堡垒作用。高校党委要保证高校正确办学方向，掌握高校思想政治工作主导权，保证高校始终成为培养社会主义事业建设者和接班人的坚强阵地。高校教师要坚持教育者先受教育，努力成为先进思想文化的传播者、党执政的坚定支持者，更好担起学生健康成长指导者和引路人的责任。高校领导干部和共青团干部、思想政治理论课教师和哲学社会科学课教师、辅导员、班主任和心理咨询教师等高校思想政治工作队伍要不遗余力做好青年思想教育工作，不断创新思想政治工作内容和形式，教育引导广大青年形成正确的世界观、人生观、价值观，增强“四个自信”，确保青年一代成为社会主义建设者和接班人。

第二，建设中国特色社会主义文艺，筑牢意识形态文化阵地。文艺是时代前进的号角，最能代表一个时代的风貌，最能引领一个时代的风气。要改造国人的精神世界，首推文艺。文艺作品要书写和记录人民的伟大实践、时代的进步要求，彰显信仰之美、崇高之美，弘扬中国精神、凝聚中国力量，鼓舞全国各族人民朝气蓬勃迈向未来。

一要创作无愧于时代的优秀作品。建设中国特色社会主义文艺，最根本的是要创作生产出无愧于我们这个伟大民族、伟大时代的优秀作品。必须努力创作生产更多传播当代中国价值观念、体现中华文化精神、反映中国人审美追求，思想性、艺术性、观赏性有机统一的优秀作品，形成“龙文百斛鼎，笔力可独扛”之势。创作优秀文艺作品，必须把文艺队伍建设摆在更加突出的重要位置，努力造就一批有影响的各领域文艺领军人物，建设一支宏大的文艺人才队伍。创作优秀作品，还要抓好网络文艺创作生产，用全新的眼光看待他们，用全新的政策和方法团结、吸引他们，引导他们成为繁荣社会主义文艺的有生力量。

二要坚持以人民为中心的创作导向。人民既是历史的创造者，也是历史的见证者，既是历史的“剧中人”，也是历史的“剧作者”。文艺要反映好人民心声，就要坚持为人民服务、为社会主义服务这个根本方向，就是要把满足人民精神文化需求作为文艺和文艺工作的出发点和落脚点，把人民作为文艺表现的主体，把人民作为文艺审美的鉴赏家和评判者，把为人民服务作为文艺工作者的天职。要坚守文艺的审美理想，保持文艺的独立价值，合理设置反映市场接受程度的发行量、收视率、点击率、票房收入等量化指标，既不能忽视和否定这些指标，又不能把这些指标绝对化，被市场牵着鼻子走。

三要使社会主义文艺凸显中国精神。优秀的文艺作品，最好是既能在思想上、艺术上取得成功，又能在市场上受到欢迎。就应该像蓝天上的阳光、春季里的清风一样，能够启迪思想、温润心灵、陶冶人生，能够扫除颓废萎靡之风。广大文艺工作者要高扬社会主义核心价值观的旗帜，充分认识肩上的责任，把社会主义核心价值观生动活泼、活灵活现地体现在文艺创作之中，用作品形象告诉人们什么是应该肯定和赞扬的，什么是必须反对和否定的，做到春风化雨、润物无声。文艺要把爱国主义作为文艺创作的主旋律，引导人民树立和坚持正确的历史观、民族观、国家观、文化观，增强做中国人的骨气和底气。要把追求真善美当作文艺的永恒价值，通过文艺作品传递真善美，传递向上向善的价值观，引导人们增强道德判断力和道德荣誉感，向往和追求讲道德、尊道德、守道德的生活。文艺还要饱含文化传统的血脉，在继承和发扬中华民族优秀传统文化，坚持和弘扬中国精神的同时，注重对世界优秀文化成果的吸收借鉴，坚持洋为中用、开拓创新，做到中西合璧、融会贯通。

第三，要构建中国特色哲学社会科学，打造中国意识形态话语阵地。哲学社会科学是人们认识世界、改造世界的重要工具，是推动历史发展和社会进步的重要力量。构建中国特色哲学社会科学，打造中国意识形态话语阵地是我们工作的当务之急。

一要高度重视哲学社会科学。恩格斯说："一个民族要想站在科学的最高峰，就一刻也不能没有理论思维。"[①] 新时代，我国哲学社会科学地位更加重要、任务更加繁重。面对社会思想观念和价值取向日趋活跃、主流和非主流同时并存、社会思潮纷纭激荡的新形势，如何巩固马克思主义在意识形态领域的指导地位，培育和践行社会主义核心价值观，巩固全党全国各族人民团结奋斗的共同思想基础，迫切需要哲学社会科学更好发挥作用。当前，我国哲学社会科学还处于有数量缺质量、有专家缺大师的状况，作用没有充分发挥出来，要改变这个状况，需要广大哲学社会科学工作者加倍努力，不断在解决影响我国哲学社会科学发展的突出问题上取得明显进展。

二要坚持马克思主义在我国哲学社会科学领域的指导地位。坚持以马克思主义为指导，是当代中国哲学社会科学区别于其他哲学社会

① 《马克思恩格斯选集》第 3 卷，人民出版社 2012 年版，第 875 页。

科学的根本标志，必须旗帜鲜明加以坚持。广大哲学社会科学工作者要自觉坚持以马克思主义为指导，自觉把中国特色社会主义理论体系贯穿研究和教学全过程，转化为清醒的理论自觉、坚定的政治信念、科学的思维方法。首先，要解决真懂真信的问题。只有真正弄懂了马克思主义，才能在揭示共产党执政规律、社会主义建设规律、人类社会发展规律上不断有所发现、有所创造，才能更好识别各种唯心主义观点、更好抵御各种历史虚无主义谬论。其次，要解决好为什么人的问题。我国哲学社会科学要有所作为，广大哲学社会科学工作者必须坚持以人民为中心的研究导向，树立为人民做学问的理想，尊重人民主体地位，聚焦人民实践创造，自觉把个人学术追求同国家和民族发展紧紧联系在一起，努力多出经得起实践、人民、历史检验的研究成果。再次，要落实到怎么用上来。恩格斯早就说过："马克思的整个世界观不是教义，而是方法。它提供的不是现成的教条，而是进一步研究的出发点和供这种研究使用的方法。"① 对待马克思主义，不能采取教条主义的态度，也不能采取实用主义的态度，必须落到研究我国发展和我们党执政面临的重大理论和实践问题上来，落到提出解决问题的正确思路和有效办法上来。

三要加快构建中国特色哲学社会科学体系。要立足国情，着力构建具有继承性、民族性、原创性、时代性、系统性、专业性，在指导思想、学科体系、学术体系、话语体系等方面充分体现中国特色、中国风格、中国气派的中国特色哲学社会科学体系。要着力解决哲学社会科学学科体系中存在的"一些学科设置同社会发展联系不够紧密，学科体系不够健全，新兴学科、交叉学科建设比较薄弱"② 的问题，在"突出优势、拓展领域、补齐短板、完善体系；加快完善对哲学社会科学具有支撑作用的学科；注重发展优势重点学科；加快发展具有

① 《马克思恩格斯选集》第 4 卷，人民出版社 2012 年版，第 664 页。

② 《习近平谈治国理政》第 2 卷，外文出版社 2017 年版，第 344 页。

重要现实意义的新兴学科和交叉学科；重视发展具有重要文化价值和传承意义的‘绝学’、冷门学科”[①] 等方面下功夫。同时，还要注意加强话语体系建设。要鼓励哲学社会科学机构参与和设立国际性学术组织，支持和鼓励建立海外中国学术研究中心，支持国外学会、基金会研究中国问题，加强国内外智库交流，推动海外中国学研究。要聚焦国际社会共同关注的问题，推出并牵头组织研究项目，增强我国哲学社会科学研究的国际影响力。要加强优秀外文学术网站和学术期刊建设，扶持面向国外推介高水平研究成果。对学者参加国际学术会议、发表学术文章，要给予支持。要实施哲学社会科学创新工程，搭建哲学社会科学创新平台，全面推进哲学社会科学各领域创新。要充分发挥马克思主义理论研究和建设工程、中国特色社会主义理论体系研究中心、马克思主义学院、报刊网络理论宣传等思想理论工作平台的作用，深化拓展马克思主义理论研究和宣传教育。要运用互联网和大数据技术，加强哲学社会科学图书文献、网络、数据库等基础设施和信息化建设，加快国家哲学社会科学文献中心建设，构建方便快捷、资源共享的哲学社会科学研究信息化平台。要创新科研经费分配、资助、管理体制，更好发挥国家社科基金作用，把财政拨款和专项资助结合起来，把普遍性经费资助和竞争性经费资助结合起来，把政府资助和社会捐赠结合起来，加大科研投入，提高经费使用效率。要建立科学权威、公开透明的哲学社会科学成果评价体系，建立优秀成果推介制度，把优秀研究成果真正评出来、推广开。

第四，要做好新闻舆论工作，守好意识形态网络阵地。习近平总书记指出：“如何加强网络法制建设和舆论引导，确保网络信息传播秩序和国家安全、社会稳定，已经成为摆在我们面前的现实突出问题。”[②] 在

① 《习近平谈治国理政》第 2 卷，外文出版社 2017 年版，第 344—335 页。

② 中共中央文献研究室编：《十八大以来重要文献选编》（上），中央文献出版社 2014 年版，第 506 页。

自媒体迅速发展的背景下，意识形态风险产生的可能性不断增大，我们要充分运用新闻舆论和虚拟空间传播正能量，下好先手棋，打好主动仗。

一要高度重视意识形态网络阵地的重要性。现代网民，渴望在互动中建构他们的“存在感”，在参与中体验“获得感”。必须正确分析意识形态在网络领域斗争的特点和规律，运用正确战略战术，组织力量对错误思想观点进行针锋相对批驳，增强主流意识形态在网络传播中的亲和力和影响力。习近平总书记指出：“我们必须坚持以立为本、立破并举，不断增强社会主义意识形态的凝聚力和引领力。我们必须科学认识网络传播规律，提高用网治网水平，使互联网这个最大变量变成事业发展的最大增量。”① 要因势而谋、应势而动、顺势而为，加快推动媒体融合发展，使主流媒体具有强大传播力、引导力、影响力、公信力，形成网上网下同心圆，使全体人民在理想信念、价值理念、道德观念上紧紧团结在一起，让正能量更强劲、主旋律更高昂。要在有声有色有内涵、出新出彩出精品、讲真讲实讲故事的过程中，不断提高意识形态工作的亲和力和渗透力，在润物细无声中开展意识形态工作，推出更多高质高效的媒体产品，形成全民族奋发向上的精神力量和团结和睦的精神纽带，将这股正能量内化成人民对马克思主义主流思想文化的情感认同，外化为引导人民养成社会主义向上向善、崇尚公平正义的行为习惯。

二要善于运用新技术，构筑网络意识形态安全的防火墙。维护我国网络意识形态安全，抵御西方意识形态强势渗透，离不开先进网络信息技术的支撑。习近平总书记强调：“没有网络安全就没有国家安全。”必须尽快在网络信息核心技术上取得突破，加强关键信息基础设施安全保障，构建安全可控的信息技术体系，培养专业的网络安全人

① 《举旗帜聚民心育新人兴文化展形象　更好完成新形势下宣传思想工作使命任务》，《人民日报》2018 年 8 月 23 日。

才。我国必须加强对于网络信息操作系统、信息安全等的研发投入，培养庞大的专业性信息技术科技队伍，来应对西方信息霸权的挑战。要独立研制具有自主知识产权的信息挖掘、堵截、甄别、过滤、追踪技术，来防范来自西方形形色色的非主流网络意识形态渗透活动。要发挥互联网的独特优势，利用大数据、云计算等新技术，实现意识形态工作方法技术的升级、融合，为意识形态工作内容的传播提供更为广泛、更加有效的平台。

三要提升网络治理水平，强化网络阵地的舆论导向。随着全媒体的不断发展，使得网络生态、网络舆论、网络沟通方式发生着深刻变化。各级领导干部要清醒认识到，必须加快提升网络治理水平，才能适应当前网络意识形态发展的需要。要建立健全网络治理法律法规体系，加快与网络安全相配套的立法进程，使网络治理有法可依、有章可循。要高度重视互联网的思想内容建设，加强网上正面宣传，旗帜鲜明坚持正确政治方向、舆论导向、价值取向，用习近平新时代中国特色社会主义思想凝聚亿万网民思想，发展积极向上的网络文化，形成网上正面舆论强势。要加强主流媒体和新媒体的融合，进一步提升主流媒体的舆论引导能力，更好地推动主流意识形态的传播。要通过网络传媒以各种丰富的形式，将传统的和新兴的媒体紧密结合起来，让网民在春风化雨中潜移默化地以喜闻乐见的方式接受承载我国主流意识形态内容的大众娱乐文化，让网民自觉认同和维护我国的主流意识形态安全。要创新对外话语表达方式，采用融通中外的概念、范畴、表述，把我们想讲的和国外受众想听的结合起来，使中国故事更多为国际社会和海外受众所认同。要提升各级领导干部知网懂网用网的能力，更要提升广大民众的网络素养。培养广大领导干部与民众对网络信息的辨析能力，理性看待被夸大其词和富有煽动性的不良信息，不盲信、不跟风，能够主动地抵制错误思想，用社会主义核心价值观主动与各种意识形态风险作斗争。

第五，做好基层宗教工作，稳固意识形态后方阵地。基层是我国意识形态工作较为薄弱的地方，也是最容易出现大问题的地方。从总体情况来看，基层的意识形态风险主要体现在各种西方宗教对基层政权的侵蚀上。

首先，把握基层宗教所体现的特点。中国是一个有着 14 亿多人口的大国，农民将近 9 亿。许多农民除了信奉中国的“土教”之外，多是无宗教信仰者。在这样的背景下，西方宗教乘虚而入，与党在基层争夺广大人民群众。总体来看呈现出以下特点：一是传教方式的血缘地缘化。许多教徒是通过亲戚、邻里、朋友的介绍而有所熟悉，逐渐扩大群体的“面”，并实现了“块”状的常规化。二是信教群体由弱势群体逐渐向精英群体发展。年龄上，由中老年人朝青壮年群体发展；性别上，由以妇女为主逐步到男女均等且男性主导；知识水平上，由低学历者向高学历者发展；社会地位上，由社会角色失败者向部分乡村名流转化。三是信教目的世俗化与多元化并存，教徒入教目的大致有受家庭及他人影响、为治病驱邪、寻求精神寄托三种。四是信教群体的政治利益诉求渐显。西方宗教在中国农村地区呈现扩张之势，它们将掌握群众变为与基层政权“合作”或“讨价还价”的砝码，这样的方式在一次或数次的“得逞”之后将会“传染”给其他区域效仿，而一旦他们被组织起来形成一股强大的民氓之力时，基层的有序统治将会出现危机。

其次，西方宗教传教对基层政权的腐蚀性增大。虽然西方宗教在维护中国基层政权中发挥着一定的稳定基层秩序、提供交流平台、成为基层管理媒介的作用，但是其产生的消极影响是隐性的、巨大的。其一，西方宗教不利于解决民众的现实问题。农民在现实生活中的许多问题与冲突，在教堂只能给予一些心理的安慰，而不会起到积极有效的解决，甚至还会加剧矛盾。其二，不利于农村基层政权建设与政治民主化进程。农民在宗教组织中得到归属感和安全感的同时，就会降低其参与基层政权的积极性与主动性，其政治参与意识与民主意识也会进一步削弱。其三，易被非法势力与敌对势力所利用。西方宗教在我国基层发展的目的不言而喻，它们在将其教义本土化的过程中掺杂入其不可告人的意图，潜移默化地影响民众。当民意的积累发生质变时，教徒将会在毫不知情的情况下成为其帮凶。

最后，强化党对基层政权的领导。对于西方宗教在我国的传播，应当从如何囿其影响于政治控制的合理范围之内来考虑，更应当从改造其服务于中国政权统治的视角来考虑。一要处理好宗教信仰与政治信仰的关系。二要推进基层治理，加快乡村文化建设。加强乡村的治理能力，完善乡村基础设施，加强乡村企业的建设，丰富乡村文化的内涵，使农民在现实的生活中找到归属。三要加强基层治理队伍建设，吸收乡村精英加入基层治理之中。将在基层的精英队伍吸收到基层治理队伍中来，以维护基层治理的有序状态。

（六）打造意识形态工作队伍，打好防范化解意识形态风险人才战

防范化解意识形态风险不应只是意识形态专职部门、宣传机构、主流媒体或各类院校的“专项”工作，更应是全党全国人民的“共同”任务。做好意识形态工作，防范化解各类意识形态风险，必须打造一支理论水平过高、业务水平过硬、反应能力过强、综合素养卓越的意识形态工作队伍。

一要注重培养意识形态理论人才。意识形态理论人才是维护意识形态安全的重要保障，有助于中国共产党巩固执政地位的合法性和正当性。毛泽东同志曾指出：“如果我们党有一百个至二百个系统地而不是零碎地、实际地而不是空洞地学会了马克思列宁主义的同志，就会大大地提高我们党的战斗力量。”① 习近平总书记指出：“宣传思想工

① 《毛泽东选集》第2卷，人民出版社1991年版，第533页。

作是做人的工作的，要把培养担当民族复兴大任的时代新人作为重要职责。”[①] 一方面，应组建完备的马克思主义理论研究队伍，不断推进马克思主义理论探索。理论工作者要明确历史使命，强化自身的政治素养，坚持求实创新和理论武装头脑，能够准确判断意识形态领域的现状和新情况，在自觉抵制西方话语侵袭的同时建构中国特色理论，推动马克思主义中国化和时代化发展。另一方面，青年是实现民族复兴的生力军，更是维护意识形态安全的先锋力量。必须坚持教育内容与教育形式相统一的原则，借助思想教育等方式加强青年的意识形态安全，包括马克思主义世界观、方法论、理想信念以及党性原则的内容和实践锻炼，拓宽马克思主义理论在青年群体中的传播广度，重点培养具有较高政治站位、深厚马克思主义理论素养以及综合业务研究能力的新时代青年，组建一支准确把握社会主义意识形态建设规律的马克思主义理论后备人才队伍，使之担负起在现实逻辑中研究中国问题、把好中国意识形态发展脉络的时代重托。

二要注重培养意识形态工作领导干部队伍。领导干部是开展好意识形态工作的中坚力量，领导干部的理论水平与意识形态觉悟决定了其所管辖区域的意识形态水平。总的来看，各级领导干部要提升自身的意识形态能力，必须增强脚力、眼力、脑力、笔力，努力提升意识形态领导能力、鉴别能力、风险处置能力、网络意识形态斗争能力以及同媒体打交道能力等，坚持党管意识形态原则，保持斗争精神、增强斗争本领，强化辨识各种社会思潮利害的认知和判断力，做到主动防控、科学防控、依法防控，坚持立破并举、化育并重，让意识形态工作激浊扬清、正本清源。同时，领导干部要提升意识形态工作能力，还必须提高知网懂网用网能力。互联网是技术密集型产业，也是技术更新最快的领域之一，因而网络意识形态工作对人才和专业的要求也

① 《举旗帜聚民心育新人兴文化展形象　更好完成新形势下宣传思想工作使命任务》，《人民日报》2018年8月23日。

相对较高。习近平总书记指出：“网络空间的竞争，归根结底是人才竞争。建设网络强国，没有一支优秀的人才队伍，没有人才创造力迸发、活力涌流，是难以成功的。”① 各级领导干部必须努力提高在网络领域防范化解意识形态风险的能力，提高在网络领域宣传党的思想、路线、方针、政策的能力，提高与网民沟通交流并积极引导网民意识形态走向的能力。

（七）讲好中国故事，打好防范化解意识形态风险外宣战

做好意识形态工作，不是自说自话，而是要善于向世界各国讲述表达自身的发展，让它们理解认同中国所走的道路是推进世界各国共同发展的和平之路。做好意识形态外宣工作是让世界了解中国的重要方式。各级领导干部也要清醒地认识到，西方敌对国家与我国在国际舞台上的意识形态争斗从来就没有停止过，西方敌对国家攻击、扭曲、抹黑党和政府的形象，削弱主流意识形态在人民群众心中的公信力的企图也从来没有停止过。

舆论导向正确，就能凝聚人心、汇聚力量，推动事业发展；舆论导向错误，就会动摇人心、瓦解斗志，危害党和人民事业。习近平总书记指出：“在全面对外开放的条件下做宣传思想工作，一项重要任务是引导人们更加全面客观地认识当代中国、看待外部世界。宣传阐释中国特色，要讲清楚每个国家和民族的历史传统、文化积淀、基本国情不同，其发展道路必然有着自己的特色；讲清楚中华文化积淀着中华民族最深沉的精神追求，是中华民族生生不息、发展壮大的丰厚滋养；讲清楚中华优秀传统文化是中华民族的突出优势，是我们最深厚的文化软实力；讲清楚中国特色社会主义植根于中华文化沃土、反映中国人民意愿、适应中国和时代发展进步要求，有着深厚历史渊源和

---

① 习近平：《在网络安全和信息化工作座谈会上的讲话》，人民出版社 2016 年版，第 23 页。

广泛现实基础。”[①] 要想有效防范化解在国际舞台上中国所面临的意识形态风险，我们必须主动应对，对外讲好中国故事，让更多的世界各国走进中国、了解中国、认识中国、认同中国。

讲好中国故事，展现中国形象。要不断提升中华文化影响力，把握大势、区分对象、精准施策，主动宣介新时代中国特色社会主义思想，主动讲好中国共产党治国理政的故事、中国人民奋斗圆梦的故事、中国坚持和平发展合作共赢的故事，让世界更好了解中国。中华优秀传统文化是中华民族的文化根脉，其蕴含的思想观念、人文精神、道德规范，不仅是我们中国人思想和精神的内核，对解决人类问题也有重要价值。要把优秀传统文化的精神标识提炼出来、展示出来，把优秀传统文化中具有当代价值、世界意义的文化精髓提炼出来、展示出来。要完善国际传播工作格局，创新宣传理念、创新运行机制，汇聚更多资源力量。[②]

不断创新中国意识形态的传播方式。新时代，我们应该进一步加强人类命运共同体理念的国际传播，使其成为增强中国意识形态国际话语权的重要突破口，提升人类命运共同体理念的国际传播力、引导力和感召力。要把握好传播的重点方向，综合运用各种手段和渠道，向海外受众诠释人类命运共同体理念的内涵及其与他们的利益相关性，消弭“中国威胁论”。要重点对具有话语优势的主流媒体宣传阵地进行建设，运用大数据和新媒体技术及时准确把握舆论导向，从而为引导舆论提供便利。要将主流意识形态的宣传利用便利、高效的信息技术传播到互联网和数字媒体之中，将条例规则、方针政策转化为图片、音频、视频等形式，积极占领新媒体舆论宣传阵地。要牢牢把握住网络信息传播规律，采用公众喜闻乐见的话语模式，根据时代特点创造性地转变思想传播方式，增强主流意识形态的亲和力、渗透力和影响

① 《习近平谈治国理政》，外文出版社 2014 年版，第 155—156 页。

② 参见《举旗帜聚民心育新人兴文化展形象　更好完成新形势下宣传思想工作使命任务》，《人民日报》2018 年 8 月 23 日。

力，增强公众的情感认同。要积极推动传统媒体与新兴媒体的融合，将网络和新媒体作为主流意识形态的主要载体和传播者，使其成为扩大意识形态影响力的有力工具，并成为维护意识形态安全的重要途径。

要充分利用一些关键的时间节点和重要场合，旗帜鲜明地发出中国声音，表达中国观点，提前策划有针对性、有指向性、有专题性的对外传播议题与内容，重点阐释中国经济协同发展的故事，推动建设相互尊重、公平正义、合作共赢的新型国际关系。要以高访外宣为重要传播渠道，着力提升人类命运共同体理念的感召力，针对不同国家和地区形成具有针对性的活动“菜单”，通过系列化、品牌化、高端化的高访外宣活动借势传播，提升中国的国际形象。要借鉴外国经验，坚持国际合作原则。学会按照国际规则办事，积极向国际社会寻求理解和支持，注意分享经验、相互配合。在面对重大危机时，需要向国际社会寻求援助。

提升新时代意识形态建设的国际传播能力，增强国际话语权。习近平总书记在2016年召开的党的新闻舆论工作座谈会上强调：“要加强国际传播能力建设，增强国际话语权，集中讲好中国故事，同时优化战略布局，着力打造具有较强国际影响的外宣旗舰媒体。”① 全面对外开放的背景下，引导人们更加全面地、客观地认识当代中国，认识外部世界是意识形态工作的重要使命与任务。目前我国意识形态工作虽在一定程度上缓解了“自说自话”的尴尬局面，但国际舆论场域“西强东弱”态势尚未从根本上打破。“要善于提炼标识性概念，打造易于为国际社会所理解和接受的新概念、新范畴、新表述”②，在讲故事、传声音、阐精神、扬价值和展风貌中提高对外传播能力。党的十八大以来，习近平总书记根据国际国内形势的发展，在加强国内意识形态建设的同时，创造性地提出了“一带一路”和构建“人类命运共

① 《习近平谈治国理政》第2卷，外文出版社2017年版，第333页。
② 《习近平谈治国理政》第2卷，外文出版社2017年版，第346页。

同体”的命题，倡导“建设持久和平、普遍安全、共同繁荣、开放包容、清洁美丽的世界”，赢得了广泛的国际赞誉。相继举办的共产党与世界对话的系列国际会议，彰显了中国意识形态建设的开放度和自信心，树立了中国良好的国际形象。

意识形态风险关乎生死存亡。各级领导干部务必清醒认识意识形态工作的重要性，把握意识形态工作的关键点，掌握意识形态的规律，在意识形态的斗争中，不断提升自身理论素质与水平，发扬斗争精神，提高斗争本领，在纷繁复杂的意识形态的斗争中站稳人民立场，守住前沿阵地，打好意识形态的阻击战歼灭战防御战，维护好中华民族伟大复兴历程中已经取得的丰硕成果，维护人民群众已经获得的安居乐业的生活现实，维护好中国共产党及中国政府在国内国际上的良好形象，不断开创中华民族伟大复兴中国梦的历史新局面。

第五章　防范化解干部队伍建设面临的重大风险

“坚持和发展中国特色社会主义，关键在党，关键在人。”① 党的干部队伍是党长期执政、科学执政，提升执政水平、维护党的执政地位的主体力量。党的路线方针政策能否得到有效执行、实现预期目标，党与人民群众的血肉联系能否日益密切、强化，党的干部队伍是关键。当前，我们干部队伍建设存在的一些突出问题、面临的一些主要风险，直接影响着政治安全。防范化解干部队伍建设面临的主要风险是打造高素质的干部队伍的主要内容之一，直接关系到选人、用人这个重大问题。

一、干部队伍建设是防范化解政治领域重大风险的组织保障

干部队伍是中国特色社会主义事业的骨干力量，担负着防范化解政治风险的重大责任，决定了事业发展的程度、力度、速度和成败。

（一）重视干部队伍建设是马克思主义政党的内在要求

马克思、恩格斯指出，无产阶级政党代表着人类历史发展的方向，

① 习近平：《在全国组织工作会议上的讲话》，人民出版社 2018 年版，第 26 页。

担负着为无产阶级自身和全人类的解放而奋斗的历史使命。马克思在《资本论》中指出“一切规模较大的直接社会劳动或共同劳动，都或多或少地需要指挥，以协调个人的活动”[①]，要注重对无产阶级政党干部进行教育。一方面，通过共产主义小组、工人协会等组织，深入工人中为工人讲课和作报告的形式，用最通俗易懂的语言向工人们揭露资本家剥削阶级的本质，团结起具有社会主义信念的先进工人同资本家斗争，以提高无产阶级的阶级觉悟。另一方面，通过报刊向工人、组织队伍宣传和灌输理论，“有觉悟的工人阶级组织迅速发展的最好证明，就是它的定期报刊的数量不断增加”[②]。这不但有助于深化并提升共产党员的理论水平，而且有利于无产阶级理论在工人、群众中的广泛传播。共产党人是为最终实现每个人得到全面而自由发展的共产主义社会而奋斗的，他们始终走在运动的前列，有比较高的思想理论水平和比较强的工作能力，在运动中发挥着引领、推动作用。因而，马克思、恩格斯比较注重共产党人的修养，注重提升共产党人的理论水平与实践能力。“在实践方面，共产党人是各国工人政党中最坚决的、始终起推动作用的部分；在理论方面，他们胜过其余无产阶级群众的地方在于它们了解无产阶级运动的条件、进程和一般结果。”[③]

列宁同样重视干部队伍建设。他指出，必须始终保持无产阶级政党的先进性、纯洁性，才能保证党员的素质，提高党的凝聚力和战斗力。一要掌握先进的理论，“只有以先进理论为指南的党，才能实现先进战士的作用”[④]。必须加强党校在无产阶级政党建设中的教育作用，认为“如果办好一所真正的党校，哪怕是办在国外，也会在一定程度上有助于地方组织从工人中培养合格的党的工作者”[⑤]。二要强化无产

① 《马克思恩格斯选集》第 2 卷，人民出版社 2012 年版，第 208 页。
② 《马克思恩格斯全集》第 25 卷，人民出版社 2001 年版，第 165 页。
③ 《马克思恩格斯选集》第 1 卷，人民出版社 2012 年版，第 413 页。
④ 《列宁全集》第 6 卷，人民出版社 2013 年版，第 24 页。
⑤ 《列宁全集》第 19 卷，人民出版社 2017 年版，第 39 页。

阶级政党的组织纪律建设，加强对干部的监督，增强与资产阶级斗争的战斗力。列宁提出要：成立一个同中央委员会平行的监察委员会，这个监察委员会必须由受党的培养最多、最有经验的、最大公无私并能严格贯彻执行党的监督的同志组成，而且每次开会这些监察委员会的同志无须顾忌其他人的威信，做到绝对了解情况使各项事务都能够按规定进行。在无产阶级政党干部内部实行民主决策。要坚持党的集体领导制，防止个人的独裁和专权，针对党内问题要“广泛地展开自由的讨论”，针对党内生活中存在的各种现象开展“自由的、同志式的批评和评论”。三要重视干部队伍的群众工作，他认为群众是党进行一切工作的基础，干部“不接近群众，就会一事无成”。只有真心对待人民群众，才能巩固无产阶级政党的执政地位。

（二）重视干部队伍建设是中国共产党的优良传统

以毛泽东同志为主要代表的中国共产党人高度重视干部队伍建设。“政治路线确定之后，干部就是决定的因素。”我们要建设“一个独立的、有战斗力的党，这样就要有大批的有学问的干部做骨干”①。毛泽东同志认为加强干部队伍建设，防范化解干部队伍面临的重大风险，一要注重对干部进行分类管理。按照层级可以分为下级干部、中级干部、高级干部。“整风，主要是整高级干部，……其次是中级干部，……再次才是下级干部”；按地域可分为外来干部和本地干部，“外来干部和本地干部必须团结”；按工作经验可分为新干部和老干部，老干部要帮助新干部，不但要“扶上马”，还要“送一程”。二要坚持“德才兼备”“又红又专”的选人标准。“中国共产党是在一个几万万人的大民族中领导伟大革命斗争的党，没有多数才德兼备的领导干部，是不能完成其历史任务的。”② 干部的“德”就是思想端正、品质高

① 《毛泽东文集》第2卷，人民出版社1993年版，第526、179页。

② 《毛泽东选集》第2卷，人民出版社1991年版，第526页。

尚、方向正确，时刻保持一颗为党奉献自我的精神。干部的“才”就是具备必要的文化知识和专业技能、较高的落实能力，把党的路线方针政策真正落到实处。新中国成立后，毛泽东同志提出任用干部必须坚持“又红又专”的标准，“我们各行各业的干部都要努力精通技术和业务，使自己成为内行，又红又专”[①]。“红”即对党保持绝对的忠诚，对马克思主义有坚定的信仰，尽心尽力地完成党的任务。“专”指在业务能力上要有丰富的专业理论知识来解决问题。三是确立“任人唯贤”的干部任用原则，就是要做到“善于识别干部、善于使用干部、善于爱护干部”。善于识别干部就是要全面地历史地看待干部。“不但要看干部的一时一事，而且要看干部的全部历史和全部工作，这是识别干部的主要方法。”[②] 在考察或者评价一个干部的时候，不能忽视其做某件事时的历史环境。善于使用干部就是要因岗用人、量体裁衣、不拘形式。每位干部自身所具备的能力是不同的，了解干部的业务能力和办事风格，科学合理地安排其到合适的工作岗位，就能有事半功倍的效果。不论干部出身，不管是农民还是知识分子，不管是他人举荐还是毛遂自荐，只要符合德才兼备的标准，一心为党的事业作贡献的干部都应好好使用。善于爱护干部就是要在一定范围内给干部们工作的权力自由，使他们能够对自己的行为负责；对干部们的工作给予适当的指导，教育他们提高工作能力的方法；帮助干部总结在工作中的经验，保留好的经验，改正错误的做法；在生活上给予干部关心，不仅要了解干部的工作情况，也要在生活中照顾干部。四是重视干部队伍的作风建设，以保持干部队伍的纯洁性和先进性。“共产党人的一切言论行动，必须以合乎最广大人民群众的最大利益，为最广大人民群众所拥护为最高标准。”[③] 防范化解干部队伍面临的重大风险必须善于批

① 《毛泽东文集》第 7 卷，人民出版社 1999 年版，第 309 页。
② 《毛泽东选集》第 2 卷，人民出版社 1991 年版，第 527 页。
③ 《毛泽东选集》第 3 卷，人民出版社 1991 年版，第 1096 页。

评和自我批评，必须保持谦虚谨慎不骄不躁、艰苦奋斗的优良作风，克服一切不正之风，“严肃地坚决地保持共产党员的共产主义的纯洁性”。[①] 防范化解干部队伍面临的重大风险还必须善于学习，干部不但要加强对马克思主义理论、科学文化的学习，还要注重在实践中学习。“我们要建设的一个大党，不是一个‘乌合之众’的党，而是一个独立的、有战斗力的党，这样就要有大批的有学问的干部做骨干。”[②]

党的十一届三中全会以后，以邓小平同志为主要代表的中国共产党人特别强调干部队伍建设。在干部选拔方针上，邓小平同志提出：“进行机构改革和经济体制改革，实现干部队伍的革命化、年轻化、知识化、专业化。”[③] 在干部选拔标准上，邓小平同志指出，选干部的“标准有好多条，主要是两条，一条是拥护三中全会的政治路线和思想路线，一条是讲党性，不搞派性”。[④] 在干部培养上，邓小平同志提出对干部要加强从教育与实践两个方面来锻炼。教育方面，要加强对领导干部进行马列主义、毛泽东思想的学习，加强对经济、科技和管理知识的学习，加强纪律和法制教育，加强党的优良传统的学习，加强理想、信念的教育。实践方面，必须给他们提升这样一个能够施展才华的机会，对年轻干部要早压担子早成长，“把年轻干部放到第一线压担子，这个路子对，不能只靠人家扶着”。[⑤] 在干部监督上，应当开展全面的监督。党内监督主要通过定期召开支部会议，党员干部通过批评与自我批评的方式，对自己的工作进行总结；党员监督包括同级党员之间、不同级别党员之间的互相监督；群众监督要扩大群众各方面的民主，人民代表大会、政协会、厂矿企业里，既要有自上而下的党委领导下的厂长负责制，又要有自下而上的党委领导下的群众监督制。

① 《毛泽东选集》第3卷，人民出版社1991年版，第793页。
② 《毛泽东文集》第2卷，人民出版社1993年版，第179页。
③ 《邓小平文选》第3卷，人民出版社1993年版，第3页。
④ 《邓小平文选》第2卷，人民出版社1994年版，第192页。
⑤ 《邓小平文选》第3卷，人民出版社1993年版，第166页。

民主党派和无党派民主人士的监督要确立中共与各民主党派“长期共存、互相监督，肝胆相照、荣辱与共”的方针。在领导干部职务终身制上，邓小平同志提出废除干部领导职务终身制，对各级领导干部的任期，以及离休、退休要按照不同情况，作出适当的、明确的规定。在培养干部梯队与接班人问题上，邓小平同志指出：“为了保证我们的党和国家不改变颜色，我们不仅需要正确的路线和政策，而且需要培养和造就千百万无产阶级革命事业的接班人。……这是关系我们党和国家命运的生死存亡的极其重大的问题，这是无产阶级革命事业的百年大计，千年大计，万年大计。”① 这表明加强干部培养的重要性。

党的十三届四中全会以后，以江泽民同志为代表的中国共产党人对干部队伍建设作出了重要论述。1996 年 6 月，江泽民同志在纪念中国共产党成立 75 周年座谈会上的讲话中指出：“要把一个稳定的充满发展活力和生机的中国带入二十一世纪，要使我国在二十一世纪中叶基本实现现代化，以社会主义强国的地位屹立于国际社会，取决于党的基本理论和基本路线的长期坚持，归根到底取决于广大青年一代及年轻干部的健康成长。”② 这一时期，确立了不拘一格选人才的思想，进一步扩大了民主，完善了年轻干部考核制度，加强了对年轻干部的培养教育，并要求进一步做好后备干部工作。

以胡锦涛同志为代表的中国共产党人对干部队伍建设作出了重要部署，特别是对如何防范化解干部队伍腐败带来的各类风险提出了明确要求。2001 年 5 月，胡锦涛同志在同全国干部教育培训工作会议代表座谈时的讲话中强调，培养选拔优秀中青年干部“是关系老一辈革命家开创的社会主义事业后继有人，关系我国现代化建设第三步战略目标胜利实现，关系党和国家长治久安的战略大计”③。2005 年 1 月，

---

① 中共中央文献研究室编：《建国以来重要文献选编》第 19 册，中央文献出版社 1998 年版，第 70—71 页。

② 中共中央文献研究室编：《十四大以来重要文献选编》(下)，人民出版社 1999 年版，第 1969 页。

③ 《胡锦涛文选》第 1 卷，人民出版社 2016 年版，第 478 页。

胡锦涛同志在中央纪律检查委员会第五次全体会议上的讲话中指出："历史和现实都表明，一个政党，如果不坚决反对和有效预防腐败，听任腐败现象在党内滋长蔓延，就不可能取得政权，即使取得政权后也不可能保持政权稳定。"① 要从中国特色社会主义事业兴衰成败、党的生死存亡和国家长治久安的战略高度来认识防范化解干部队伍面临的重大风险的极端重要性。2009 年，中组部《关于加强培养选拔年轻干部工作的意见》（中组发〔2009〕8 号）指出：选拔任用优秀年轻干部既要重能力，更要重品行，始终坚持德才兼备、以德为先的用人标准。严格考核和准确评价识别年轻干部的政治品德、职业道德、家庭美德和社会公德，注重选拔政治上靠得住、工作上有本事、作风上过得硬、人民群众信得过、清正廉洁的优秀年轻干部。中央更加注重年轻干部的培养锻炼，积极推动年轻干部到基层和艰苦地区锻炼成长，建立来自基层一线的干部培养链。

党的十八大以来，习近平总书记把干部队伍建设放在更加突出、更加重要的位置。2018 年 7 月，习近平总书记在全国组织工作会议上的讲话中指出："实现中华民族伟大复兴，坚持和发展中国特色社会主义，关键在党，关键在人，归根到底在培养造就一代又一代可靠接班人。这是党和国家事业发展的百年大计。"② 2018 年 11 月 26 日，习近平总书记在中共中央政治局第十次集体学习时的讲话中指出："要打开视野、不拘一格，把干部队伍和各方面人才作用充分发挥出来。要从党和国家事业发展需要出发，以更高的站位、更宽的视野发现人才、使用人才、配置人才。"③ 2019 年 3 月，习近平总书记在中央党校（国家行政学院）中青年干部培训班开班式上的讲话中再次指出，培养选

① 中共中央文献研究室编：《十六大以来重要文献选编》（中），中央文献出版社 2006 年版，第 592 页。

② 习近平：《在全国组织工作会议上的讲话》，人民出版社 2018 年版，第 26 页。

③ 《严把标准公正用人拓宽视野激励干部　造就忠诚干净担当的高素质干部队伍》，《人民日报》2018 年 11 月 27 日。

拔优秀年轻干部是一件关乎党的命运、国家的命运、民族的命运和人民的福祉的大事。这一阶段的主要措施。一是坚持党管干部原则。发挥党组织在干部选拔任用工作中的领导和把关作用。防止出现“高分低能”“考试专业户”，改进竞争性选拔方式，不搞“凡提必竞”。二是解决“四唯”（唯票、唯分、唯 GDP、唯年龄）问题。把得票作为干部选拔任用的重要参考而不是唯一依据，不简单地以 GDP 增长率论英雄，充分调动各年龄段干部工作积极性。进一步优化党政领导班子配备年轻干部的年龄要求，不简单按每个领导班子硬性配备。三是正确坚持“台阶论”。对于一些确有培养前途的优秀年轻干部，要不拘一格大胆使用。但破格不是“出格”，不能借“破格提拔”之名行谋私之实。“我们不能唯‘台阶论’，但必要的台阶也是要的，一步登天在现在这个时代是行不通的。”① 四是全面加强年轻干部培养工作。要求对年轻干部采取有针对性、差异化的培养措施。把思想政治建设放在首位，加强作风建设，强化道德修养。在干部选拔方式上，坚持五湖四海、任人唯贤，统筹用好各类干部资源，树立注重基层、注重实践的导向。建立常态化选拔工作机制，把年轻干部选拔配备寓于干部日常管理、经常性工作之中。在干部监督管理上，加强思想教育和制度约束，充分发挥纪检、审计、巡视等合力作用，着力健全完善年轻干部选拔、培育、管理、使用环环相扣又统筹推进的全链条机制。

（三）干部队伍是推动中国特色社会主义事业的中坚力量

党的十九大报告指出：“坚定不移全面从严治党，不断提高党的执政能力和领导水平。”② 新时代，要实现社会主义建设的各项目标任务，进行伟大斗争，关键在党，关键在人。“关键在党，就要确保党在

---

① 中共中央文献研究室编：《十八大以来重要文献选编》（上），中央文献出版社 2014 年版，第 349 页。

② 习近平：《决胜全面建成小康社会　夺取新时代中国特色社会主义伟大胜利》，人民出版社 2017 年版，第 61 页。

发展中国特色社会主义历史进程中始终成为坚强领导核心。关键在人，就要建设一支宏大的高素质干部队伍。”[1] 领导干部是党和国家事业的中坚力量，是推动中国特色社会主义事业不断向前的关键。

干部队伍是推动中国特色社会主义事业不断向前的中流砥柱。“党的干部是党和国家事业的中坚力量。”[2] 党的事业的每一项活动、每一个计划、每一个过程都要依靠广大人民群众不断向前发展，而带领亿万人民群众的主体则是各级领导干部所组成的干部队伍，他们既是党联系群众的纽带和桥梁，又担负着组织和领导人民积极参与到各项建设中去的重要任务。首先，干部队伍是贯彻落实国家战略部署的先行者。不管是国家战略的执行还是党的建设的推行，战略部署安排只是第一步，贯彻落实才是最关键的。干部队伍素质、能力的高低直接影响国家各项政策落实的效果与程度，影响着国家改革的进度。新时代，站在“两个一百年”奋斗目标的历史交汇期，我们前所未有地接近实现中华民族伟大复兴的目标；面对国内、国际两个大局，我们面临前所未有的挑战和严峻的考验。中国共产党所面临的考验需要干部队伍把不同阶层、不同行业、不同文化背景、不同利益群体的人民群众组织起来朝着建设中国特色社会主义的目标奋进。如果没有干部队伍的桥梁纽带作用，就不可能真正把人民群众团结在一起，把人民群众的先进经验上升为党的理论。其次，干部队伍的精神面貌关乎党的作风建设。人民群众通过观察了解身边的领导干部，来感知了解中国共产党。干部队伍的形象代表党的形象，领导干部的精神和作风面貌展现了党的作风，领导干部的口碑直接关系着群众对党的认同度。长期以来，干部队伍中出现的“形式主义、官僚主义、享乐主义和奢靡之风”严重损害了我们党在人民群众中的形象，影响了党与人民群众的关系。

---

① 中共中央文献研究室编：《十八大以来重要文献选编》（上），中央文献出版社 2014 年版，第 336 页。

② 习近平：《决胜全面建成小康社会　夺取新时代中国特色社会主义伟大胜利》，人民出版社 2017 年版，第 64 页。

我们的干部队伍中也出现了害群之马，他们肆意践踏党和人民赋予的职权，在人民群众中造成了严重的不良影响。面对社会经济结构日益复杂，利益诉求日益多元化的现实，我们需要更多能够经受得住诱惑、经得起考验的焦裕禄、孔繁森、沈浩、任长霞、李林森式的好干部。最后，干部队伍是社会主义事业取得成功的基本保证。任何一项社会实践，都必须有一部分人参与领导和组织工作，通过这部分人的领导、组织，可以使进行实践活动的全体成员形成一个有战斗力的积极有序的整体，可以使每个成员按照既定的目标保持团结一致的行动，从而保障生产与实践的顺利进行，保证目标任务的有效完成。中国要实现经济富强、政治民主、文化繁荣、社会和谐、生态美丽的目标，唯有在中国共产党的带领下进行经济制度与政治制度的改革才能取得成功。

干部队伍建设是应对国际国内新形势的需要。从国际形势看，随着世界多极化、经济全球化进程不断加快，不同经济与文化密切交融，国家之间交往日益频繁，国际金融危机对世界经济的影响进一步显现，国际关系进入大发展、大变革时期。特别是随着中国经济的发展，国际地位的提高，中国前所未有地靠近世界舞台中心，如何抓住这一历史机遇，为世界发展提出中国方案，开出中国药方，这需要一支忠诚干净担当的高素质干部队伍，坚守社会主义理想，并为之不懈奋斗，为国家能够屹立于世界之林的前列奉献智慧、提供力量，让中国与世界各国合作共赢。从国内形势看，我们进入了改革攻坚期和深水区，面对难啃的骨头、难过的险滩，需要有勇气、有魄力、有能力的领导干部带领我们迎难而上，取得这场攻坚战的巨大胜利。“必须清醒看到，我们的工作还存在许多不足，也面临不少困难和挑战。主要是：发展不平衡不充分的一些突出问题尚未解决，发展质量和效益还不高，创新能力不够强，实体经济水平有待提高，生态环境保护任重道远；民生领域还有不少短板，脱贫攻坚任务艰巨，城乡区域发展和收入分配差距依然较大，群众在就业、教育、医疗、居住、养老等方面面临不少难题；社会文明水平尚需提高；社会矛盾和问题交织叠加，全面依法治国任务依然繁重，国家治理体系和治理能力有待加强；意识形态领域斗争依然复杂，国家安全面临新情况；一些改革部署和重大政策措施需要进一步落实；党的建设方面还存在不少薄弱环节。”① 我国经济和社会生活中长期存在的一些深层次矛盾和问题已经而且正在显现出来，一些可能触动根本的改革已到了无法回避的程度，能否妥善处理和解决深入改革带来的各种问题，抵御可能会遇到的各种风险，确保改革开放事业的继续向前推进和经济的又好又快发展，关键要看中国共产党干部队伍建设的水平。

二、新时代干部队伍建设面临的重大风险

干部队伍建设是干事创业的组织保障。干部队伍建设得坚强有力，我们的事业才会不打折扣、一丝不苟地落实下去，才能在实现中华民族伟大复兴的历史征程中披荆斩棘，一往无前。但是，我们的干部队伍建设还存在着一些亟待解决的突出问题，是干部队伍建设面临的主要风险，必须下大气力切实加以解决。

（一）传统政治文化带来干部队伍“封建化”倾向

我国是一个具有两千多年封建历史的国家，封建“等级特权”意识、“官本位”思想在人们头脑中根深蒂固，造成官僚主义盛行，行政系统内部人情政治和权威主义横行，催生出滥用权力和贪污腐化现象。所形成的个人主义、分散主义、自由主义、本位主义、好人主义、宗派主义、圈子文化、朝臣文化、码头文化大行其道，两面派、两面人屡见不鲜。习近平总书记指出：“对党员、干部来说，思想上的滑坡是

① 习近平：《决胜全面建成小康社会　夺取新时代中国特色社会主义伟大胜利》，人民出版社 2017 年版，第 9 页。

最严重的病变。"[①] 腐朽的传统政治文化渗透进党员干部的头脑，逐步形成党内的"亚文化""潜规则"，极易导致消极腐败现象在党内滋长，使党的干部队伍陷于危险境地。

（1）特权思想。中国长达几千年的封建旧思想、旧观念在价值观上对干部队伍起到了负面影响，又以其他形式渗透到制度的建设和执行中去。特权思想最突出的表现就是"官本位"意识，在党的干部队伍中仍有一定的市场。特权思想使领导干部表面上信仰马克思主义，思想深处则是权力至上，在各种腐败面前态度暧昧；使得干部队伍内部的上下级不是平等的同志或同事关系，干部与人民关系也不是理想中所谓的"干部是人民的公仆"。具体表现为官僚主义、等级观念、官本位，脱离群众、高高在上，个人专断、家长作风，颐指气使、为所欲为，破坏法治、徇私枉法，以言代法、以权压法、官官相护。

（2）封建迷信思想。一些党员干部封建迷信思想严重，把无神论和辩证唯物论抛到脑后，是理想信念动摇的直接信号，导致方向迷失、动力丧失、精神萎靡，走上腐败堕落的迷途，也助长了封建迷信之风，败坏了社会风气，损害党和政府的形象。具体表现为思想堕落，精神空虚，情趣低下，信仰异化，热衷风水、算命、相面，烧香拜佛、求神问卜，不信马列信鬼神、不信组织信大师，向宗教寻求庇护，甚至纵容邪教活动，或直接参与封建迷信活动。

（3）帮派思想。党的干部队伍在帮派思想的影响下，通过非正式的隐秘的手段，在党内结成非正规的官官相护、官商勾结的利益集团，对党的政治纪律、组织制度和公共利益构成极大威胁。具体表现为山头主义，宗派主义，哥们义气，封官许愿，热衷厚黑学、关系学，圈子文化、人身依附，结党营私、团团伙伙、拉帮结派。极少数人结党营私、拉帮结派，成为搞政治阴谋的重要手段。辽宁贿选案震动全国，

---

① 中共中央文献研究室编：《十八大以来重要文献选编》（中），中央文献出版社 2016 年版，第 94 页。

折射出“圈子”“帮派”思想的严重后果。

（二）理想信念缺失带来干部队伍“功利化”倾向

共产主义理想信念是人类历史上最为崇高的信仰和理想，无数革命先烈之所以能在生死考验面前视死如归、前赴后继，就是因为他们将共产主义理想作为精神支柱和力量源泉。习近平总书记指出：“理想信念就是共产党人精神上的‘钙’，没有理想信念，理想信念不坚定，精神上就会‘缺钙’，就会得‘软骨病’。现实生活中，一些党员、干部出这样那样的问题，说到底是信仰迷茫、精神迷失。”① 随着全面改革开放的推进，特别是东欧剧变苏联解体给我国所带来的震荡，我国社会结构深刻变动，各种利益诉求相互对立、多种意识形态相互激荡，在各利益群体不同思想观念的交锋中，部分领导干部世界观、人生观、价值观、事业观、群众观、道德观、政绩观受到冲击，对社会主义事业信心不足，对中国特色社会主义道路产生怀疑，对马克思主义的价值追求产生动摇。主要表现为：

在世界观上，少数领导干部逐步动摇了对马克思列宁主义的信仰，淡化了对党的绝对忠诚意识，缺乏了建设新时代中国特色社会主义的信心，丧失了为中华民族伟大复兴而奋斗的理想信念。在带有原则性是非曲正的问题面前立场不坚定、观点不明确，经受不住长期执政和市场经济的考验，贪图享乐、拉帮结派、脱离群众、以权谋私，甚至腐化堕落。

在人生观与价值观上，少数领导干部“嘴上全是主义，心里满是生意”，口头上为“人民”服务，实际上为“人民币”服务，自己的利益一旦受损，就推三阻四，找各种借口。甚至“黑白通吃”，长期与黑社会势力勾结，充当保护伞，维护极少数人的非法利益，站在广大人

---

① 中共中央文献研究室编：《十八大以来重要文献选编》（上），中央文献出版社 2014 年版，第 80—81 页。

民群众的对立面。

在权力观上，少数领导干部宗旨意识淡薄，权力观结构错位，不能正确对待和使用权力，在工作中只从自身利益的角度考虑问题。他们认为权力是上级给的，对上级交代的事情就优先、高质完成，阿谀奉承、唯上是从；对待群众往往是“门难进、脸难看、事难办”。他们认为权力是自己奋斗和努力得来的，“有权不用，过期作废”，进而走上了“以权谋私，滥用权力，搞权钱、权色交易”的贪腐之路。

在事业观上，少数领导干部缺少实干精神和斗争精神，遇事互相推诿，不主动作为。离开对人民和社会的贡献大搞个人主义，上下级和干部之间相互吹捧，将党内生活庸俗化，大搞“一言堂”，破坏党内的民主的作风。

在群众观上，少数领导干部在脱离人民群众的道路上越行越远，站在了人民的对立面。

在道德观上，少数领导干部对党不忠诚，与党离心离德，不能有效贯彻落实党的理论路线方针政策以及中央的各项决策部署。

在政绩观上，少数领导干部天天把全面、协调、可持续发展挂在嘴边，在工作中却唯政绩至上，唯 GDP 至上；一心只顾自己的升迁，欺上瞒下，将民心工程搞成形象工程，将民生工程搞成政绩工程，劳民伤财。

（三）理论水平不足带来干部队伍“庸俗化”倾向

理论是行动的先导。马克思认为，“理论一经掌握群众，也会变成物质力量”①，理论上的通达才能更好地指导我们的具体实践。中国共产党自成立以来就十分重视对领导干部的马克思主义基本理论教育工作，但是党的干部队伍中仍然存在着理论水平不足的现状，部分领导

① 《马克思恩格斯选集》第 1 卷，人民出版社 2012 年版，第 9 页。

干部更是忽视了理论水平的提升。

一是有的领导干部虽然长期接受马克思主义基本理论教育，但只是停留在被动地接受上，并没有主动去学习，更遑论将学到的理论知识同实践结合起来。党的大多数领导干部都是在工作中不断学习，提升自己的工作能力与理论水平，但少数领导干部对待党的理论知识采取敷衍了事的态度，装装样子，应付检查，搞突击学习，善用旁门左道。

二是少数领导干部理论学习的主动性不强。只有将马克思主义的理论、观点、方法与具体的实践相结合，才能真正发挥理论的力量。然而，少数领导干部在学习马克思主义理论，特别是习近平新时代中国特色社会主义思想的过程中，只武装了嘴巴，并没有武装头脑，天天嘴上挂着“理论”，但是并没有用以指导实际行动，而是人云亦云；更有人把马克思主义理论当成了装点门面的“装饰品”，当成升官发财的“敲门砖”，当成哗众取宠的“新装”，当成平步青云的“扶梯”。

三是少数领导干部不重视新知识的学习。少数领导干部虽处在重要的领导岗位上，但是对新生事物对理论发展却是聋子瞎子，认为这些均可由下属来做，自己只需签字表态出席会议即可，放弃了自身理论水平的提升。随着经济体制改革的深入，对党员干部的知识化、专业化要求越来越高。没有过硬的技术本领、专业知识，或者没有丰富的领导科学知识、管理科学知识，领导干部不仅很难完成本职工作任务，更难以带领其他党员同志和广大人民群众取得改革开放和中国特色社会主义事业的胜利。

因而，领导干部只有对党的理论和思想做到真学真懂真信真用，才能在实践中发挥理论的指导作用。但各级领导干部要提升理论水平，光靠“坐在会议室里听传达、听解析，坐在课堂上听报告、听讲解，坐在办公桌前看文件、记笔记，坐在图书馆里翻著作、查资料，坐在培训班上谈体会、讲理想是远远不够的”，必须“起而行之”。[①] 在干中学，学中干，才能常学常新，“往深里走、往实里走、往心里走，把自己摆进去、把职责摆进去、把工作摆进去，做到学、思、用贯通，知、信、行统一”[②]，才有可能悟深悟透理论，真正地掌握理论，深刻领会理论的时代意义和实践意义，从而激发领导干部干事创业的积极性、主动性和创造性。

（四）本领能力不足造成干部队伍“低能化”倾向

习近平总书记告诫我们，本领恐慌问题“在党内相当一个范围、相当一个时期都是存在的”。“从总体上看，与今天我们党和国家事业发展的要求相比，我们的本领有适应的一面，也有不适应的一面。特别是随着形势和任务不断发展，我们适应的一面正在下降，不适应的一面正在上升。”[③] 干部队伍的本领能力是否“达标”，直接决定其应对各种挑战能力的强弱，直接影响其干事创业的实际成效的高低。

当前，经济发展的新常态、深化改革的新布局、社会矛盾的新变化，一些老问题也因时过境迁而难以参照以往“一体裁量”，对干部队伍的综合素能特别是专业化水平提出了更高的要求。如由于少数领导干部的专业化水平不足，使其看不懂发展形势，厘不清工作思路，把不准工作方向，打不开工作局面，道不明问题缘由，解不开危机困局，致使给某些领域造成巨大损失，甚至是无法挽回的社会影响及政治代价。再如，由于科学决策能力不足，不深入基层进行调查研究，“拍脑袋”决策，“拍胸脯”保证，“拍屁股”走人，只求过得去、不求过得硬，不愿主动担当尽责，致使出台的方案、政策无法落实，甚至是落实起来漏洞百出。再如，少数领导干部驾驭全局能力不强，不能从全

① 刘俊生：《理论学习关键在于“知行合一”》，《人民论坛》2019 年 S1 期。

② 《加强理论修养　不断修炼自我》，《人民日报》2019 年 3 月 2 日。

③ 《习近平谈治国理政》，外文出版社 2014 年版，第 403、402 页。

局出发，不善于抓主要矛盾，不能正确处理好地方与中央、局部与整体的关系，急功近利，喜欢搞“短平快”，缺乏“功成不必在我”的胸襟和“功成必定有我”的担当。如此等等，不一而足。虽然领导干部本领能力不足与其原有的理论水平、知识积累有关，但更与领导干部的本领能力没有随职位的升迁而同步提高相关，部分领导干部原有的本领能力在较低的岗位上或许能够相对应，但一旦把其提拔到更高的职位上，就会随着主管范围的加大、主管事务的增多、主管事情的加重，使“彼得原理”效应产生。故而，领导干部由“适应岗位”到新的岗位上的“低能化”也就不足为奇了。

（五）实践锻炼不足导致干部队伍“悬浮化”倾向

“纸上得来终觉浅，绝知此事要躬行。”基层是直接面对群众，直接服务群众的重要岗位，对党员干部而言，一线工作是锻炼党员干部工作能力，提高党员素质的重要途径，党员干部要将一线工作作为提升自我的机会。一些年轻干部削尖脑袋想获得提拔，热衷自我设计官阶晋升路线，做事投机取巧，整天琢磨平步青云，不愿意去艰苦地区和基层一线磨炼，不愿意到任务重、矛盾多、情况复杂的岗位上锻炼，不愿意深入人民群众之中，甚至不愿到农村贫困户中做扶贫攻坚工作。此外，一些组织部门不注重多岗位培养锻炼干部，没有为年轻干部搭建“下得去、上得来”的平台和畅通的交流机制。深入一线，就是要通过走出机关，深入基层，与群众打成一片，力戒官僚主义、本本主义和形式主义等不良习气，养成求真务实、真抓实干，吃苦耐劳、攻坚克难，清正廉洁、服务群众的思想、工作和生活作风；在基层首先就是通过深入基层、深入群众，全面了解真实情况，准确掌握作决策、定思路、抓落实的第一手资料。要通过与群众零距离的接触，培养亲民爱民的鱼水情怀，融洽干部群众的感情，密切党群干群关系，树立新时期领导干部的良好形象。

基层实践是培养锻炼领导干部的“试金石”，对具有一定潜质的优秀人员，要强化实践导向，到多个岗位经受锻炼，磨炼意志。通过各个岗位的磨炼，提高应急、应变与处事、决策能力。在基层实际工作中，不仅可以提高干部的理论素质和知识水平，也能提高执行政策的能力和做好群众工作的能力。领导干部要想获得战略谋划、统筹兼顾能力，就必须经常深入基层。只有在实践中反复锤炼、与时俱进，才能提升综合素质与能力。如果没经历过艰苦环境和风浪的考验，就会发育不良，就难以成长成熟、厚重干练。基层导向，注重在基层发现人才，磨炼、培养优秀干部。对于有潜力的领导干部，组织部门要及时选拔出来，敢于交任务、压担子，把他们放到重要的岗位上磨炼，让他们在实践中砥砺品德、增长才干、获得成长。

（六）制度建设滞后致使干部队伍“懈怠化”倾向

“经国序民，正其制度。”制度的生命力在于执行，但干部队伍中仍存在“干多干少一个样、干与不干一个样”，“潜规则大行其道、显规则已成摆设”的现象，使制度成为橡皮章、纸老虎、稻草人。制度建设滞后存在的问题主要表现在：

选拔考核评价机制不科学。部分党政机关与地方政府在开展品德测评时，存在指标多、走形式、数据虚的现象，在民主测评、个别谈话、群体座谈时，受主观因素的影响较大，难以做到公平公正，考核结果往往不能令人信服，使组织部门难以得到真实的评价信息。在干部的绩效考核评价方面，存在“唯票、唯分、唯 GDP、唯年龄”的“四唯”倾向，忽视了公民满意度、环境友好度和民生方面的评价维度。基层领导干部升迁提拔往往存在“天花板”现象，打击了领导干部沉下心来建功立业的积极性与决心。

“能上能下”渠道不畅通。一方面，传统的“官贵民贱”和“官本位”思想以及干部自身能力的单一造成领导干部在思想上只愿“上”，不愿“下”；少数干部任人唯亲、任人唯势、任人唯权，或者跑官要官、买官卖官，这些人参与竞争不是靠德才兼备，而是靠不正之风，靠拉关系、送礼品。另一方面，“不称职”或“不胜任”的科学认定标准缺失，使得除了违法乱纪的行为外，其他的具体工作评判标准难以执行，对“下”缺乏可操作性。同时，长期存在的不正之风让少数干部中存在“关系网”和“老好人”的事实，对应当“下”的采取迁就、照顾或者包庇。干部队伍中合理的上下交流渠道不畅通，造成领导干部不能在党和人民的事业需要的岗位发挥自己特长，不能做到人尽其才，才尽其用。

考核机制不够完善。一般情况下，上级作为考核主体，就意味着考核的方式是自上而下的，这虽有利于权力的监督和引导，但也造成一些党的干部唯上而不唯实，做表面功夫给上级看，导致考核失实，脱离群众。一是考核方法注重“质”的评价而忽视“量”。“质”的方法一般就是靠主观经验和感觉来完成，评判标准主要是“政治坚定”“道德品质”“工作思路”“廉洁自律”等评语性标准，所得出的结论一般都带有主观性。“量”的考核方法则是运用现代数学的方法，通过数据收集、整理，然后进行多层次、多角度的数量分析、比较和研究，得出对领导干部的综合性评价。二是考核结果运用不充分。现在的干部考核结果并不是直接与奖惩相挂钩的，只有当作出重大贡献或犯有重大错误以致触犯党纪国法时，才进行奖励或处罚。这就失去了考核的意义，失去了考核的激励和警示作用，以至于每次的考核多流于形式，走过场居多。三是由于考核没有与奖惩挂钩，一些单位奖惩上实行平均主义，严重打击了领导干部的积极性，打压了领导干部的工作热情。

监督体系有待完善。“防为上，救次之，戒为下。”只有把防范性监督和惩治性监督有机结合起来，防患于未然，才能标本兼治，才能从根本上治理腐败。但是监督体系仍有不完善之处。首先，监督考核的主体、手段过于单一，使得对干部的监督考核不到位、软弱无力，缺乏约束性和强制性。其次，对于监督考核的结果运用不充分，使一些应该受到惩罚甚至法律制裁的干部逃脱惩罚和制裁，一些应该受到褒奖甚至提拔的干部失去褒奖和提拔的机会，影响了干部监督考核体系的完善。再次，监督缺乏整体性。在现实的工作中，还没有把党内监督同人民群众监督、民主党派监督、新闻舆论监督有机结合起来，并没有形成一个自上而下、自下而上、从党内到党外的统一监督网络，党外监督特别是人民群众监督还很薄弱。

干部队伍“懈怠化”不仅造成用人者的腐败变质和被用者的“带病上岗”，而且严重危害党的干部队伍建设，败坏党风党纪、社会风气，损害党群关系、干群关系，极大丑化了党和政府在百姓心中的形象。

（七）干部队伍建设“四唯化”倾向

干部队伍建设中的“四唯化”是一个新问题，具体而言：

一是“唯票”倾向。选拔任用领导干部简单以候选人所得推荐票多少作为干部升迁的主要根据。把票选法等同于民主制，又把民主制等同于干部任用制。一些长袖善舞、圆滑世故、投机钻营但碌碌无为的“能耐人”常常能获得高票，而朴实无华、勤勤恳恳、任劳任怨的“老黄牛”和那些锐意改革、开拓进取、常常得罪人的“弄潮儿”往往票数不高，以至劣币驱逐良币。习近平总书记强调：“选人用人是一项非常复杂的工作，推荐票只是一个方面，只能作为用人的重要参考，不能作为用人的唯一依据。”“都靠票来定，党管干部怎么落实啊?”[①]只有领导班子、分管领导和组织部门最了解干部的德才和实绩，应该适当加强他们在推荐干部方面的权重。

① 中共中央文献研究室编：《十八大以来重要文献选编》（上），中央文献出版社 2014 年版，第 345 页。

二是“唯分”倾向。一些组织人事部门单纯根据考核上的高低决定选拔任用的人选。但是，将选拔干部简化、泛化为考试，“凡提必竞”，看似程序规范，体现“公开、公平、竞争、择优”的原则，实则弱化党组织的领导作用和群众的参与力度。更有甚者，在“唯分”的导向下，“高分低能”者进入干部队伍并受到提拔，一些单纯“考”入者时刻关注考录信息而不把心思放在本职工作上，造成干部队伍人心不稳。对于“唯分”倾向，习近平总书记指出：“引导干部在实干、实绩上竞争，而不是在考试、分数上竞争，不能搞‘一考定音’。就是公选也要科学设置资格条件和考试方法，让干得好的才能考得好，考出干部真水平、真本事。”①

三是“唯GDP”倾向。即“以GDP论英雄”，把干部所在地方GDP的增速作为考核和选拔的首要指标。“唯GDP”不但轻视、忽视选拔任用对象的大德、公德、政德、私德，而且只看短期“显绩”，不看长期“潜绩”，更没有考虑“显绩”背后破坏生态环境的“潜害”。习近平总书记指出：“要改进考核方法手段，既看发展又看基础，既看显绩又看潜绩，把民生改善、社会进步、生态效益等指标和实绩作为重要考核内容，再也不能简单以国内生产总值增长率来论英雄了。”②要引导树立“功成不必在我”的正确政绩观，对干部实行终身责任追究制度，绝对不让“拍脑袋决策、拍胸部蛮干、拍屁股走人”的人照样晋升。

四是“唯年龄”倾向。在干部选用工作中以年龄划线搞“一刀切”，人为造成领导干部任职年龄自上而下“层层递减”的“金字塔”。一些年富力强、经验丰富的干部，到四五十岁就过早离开重要岗位，甚至实际上“退居二线”，积极性大为挫伤。习近平总书记指出，优化

---

① 中共中央文献研究室编：《十八大以来重要文献选编》（上），中央文献出版社2014年版，第347页。

② 中共中央文献研究室编：《十八大以来重要文献选编》（上），中央文献出版社2014年版，第343—344页。

干部队伍年龄结构，“不能简单以年龄划线，否则会造成多大的人才浪费啊”！“年轻干部不经过千锤百炼、艰苦磨炼，很难在关键时刻经受住考验。”[①] 为使领导班子年轻化，有些地方和部门对年轻干部采取“揠苗助长”式的提拔重用，致使少数年轻干部因晋升迅速而自认为理所当然，不读书、不学习、不思考、不实践，久而久之，染上了“官僚主义、形式主义、享乐主义、奢靡之风”。

三、打造高素质干部队伍，着力防范化解干部队伍建设重大风险

防范化解干部队伍建设中的重大风险，关键是要建设一支高素质的干部队伍，以此在干事创业的过程中充满昂扬斗志，饱满热情。发扬斗争精神，增强斗争本领，战胜中华民族伟大复兴中的一切困难挑战，艰难险阻，朝着实现中华民族伟大复兴中国梦的目标不懈奋斗。

（一）牢牢把握干部队伍建设的原则

党的十九大报告特别强调：“要坚持党管干部原则，坚持德才兼备、以德为先，坚持五湖四海、任人唯贤，坚持事业为上、公道正派，把好干部标准落到实处。”[②] “各级党委及组织部门要坚持党管干部原则，坚持正确用人导向，坚持德才兼备、以德为先，努力做到选贤任能、用当其时，知人善任、人尽其才，把好干部及时发现出来、合理使用起来。”[③]

① 中共中央文献研究室编：《十八大以来重要文献选编》（上），中央文献出版社 2014 年版，第 347、348 页。

② 习近平：《决胜全面建成小康社会　夺取新时代中国特色社会主义伟大胜利》，人民出版社 2017 年版，第 64 页。

③ 中共中央文献研究室编：《十八大以来重要文献选编》（上），中央文献出版社 2014 年版，第 343 页。

坚持党管干部原则。习近平总书记强调："建立管思想、管工作、管作风、管纪律的从严管理体系。好干部是选出来的，更是管出来的。"[①] 加强全方位管理，加强党内监督，管好关键人、管到关键处、管住关键事、管在关键时，特别是要把一把手管住管好。培养选拔干部是由党统一领导和协调的，党将具有丰富工作经验、政治阅历、领导才能的人选到干部的位置上来，实现跨部门、跨领域、跨行业内的干部交流。

坚持党管干部原则，关键在于突出政治标准。"首关不过，余关莫谈"，政治标准是选人用人第一位、最根本的标准。党的十八大以来，以习近平同志为核心的党中央在选人用人问题上特别要求突出政治标准，按照党和人民的意愿用人，确保各级党组织的领导权始终掌握在忠于党、忠于人民、忠于马克思主义和中国特色社会主义的人手中。选用一个干部，就是要看他是否具有坚定的政治意识，能否在思想上政治上行动上同以习近平同志为核心的党中央保持高度一致。要把政治标准贯穿干部选拔任用全过程各方面，既看平常看一贯，更看面对大是大非等关键时刻的表现，准确掌握干部的政治信仰、政治立场、政治定力、政治品格。一要突出领导干部的政治忠诚。要考察干部贯彻落实中央路线方针政策的表现，考察其在大是大非问题上的立场，还要看干部在重要关头、关键时刻是否同党中央保持高度一致，将对党忠诚、树牢"四个意识"、坚定"四个自信"、做到"两个维护"的干部选拔出来。二要突出领导干部的政治担当。看其是否坚持原则、敢于斗争，关键时刻站得出来、顶得上去。看其面对大是大非能否敢于亮剑，面对矛盾能否敢于迎难而上，面对危机能否挺身而出，面对失误能否承担责任，面对歪风邪气是否敢于坚决斗争。三要考察领导干部的政治能力。制定政策、落实政策时，看领导干部能否具有政治

---

① 习近平：《在全国组织工作会议上的讲话》，人民出版社 2018 年版，第 21 页。

敏锐性，能否准确研判诱发政治突发事件的苗头性问题，能否准确把握政治方向，能否与党中央要求对表对标，及时校准偏差。

坚持民主集中制原则。一方面，对干部人选的提名要进行民主酝酿，敞开提名、差额提名，并在民主讨论中对这些候选人进行比较鉴别，择优选拔，逐渐推选出多数人比较满意的候选人，既不能偏听偏信，也不能独断专行。另一方面，要坚持票决民主与协商民主相结合的原则，充分发挥好民主与协商的功能，将二者有机结合起来，既要保障民主机制的发挥，又要实行合理集中，确保干部选拔机制的有效发挥。

坚持“公道正派、事业为上”原则。习近平总书记指出：“组织部门改进作风，最核心的是坚持公道正派。”① 公道正派的主要标志就是任人唯贤，在选人用人的过程中把好干部标准贯穿始终。要坚决禁止跑官要官、买官卖官、拉票贿选，伸手向党要职务、要名誉、要待遇，向党组织讨价还价、不服从组织决定的行为，要旗帜鲜明为敢于担当的干部担当，为敢于负责的干部负责，为好干部说公道话，让好干部真正受尊重、受重用。其落脚点就是在选人用人上坚持事业为上的原则。事业需要什么样的人就选什么样的人，岗位缺什么人就配什么样的人，把适合的干部放到合适的岗位上。在选拔任用人才时，要“因事设人，量才任职”，结合本地区本单位本部门发展情况，加强对不同岗位性质、职责标准的分析，根据不同岗位职责细化完善专业化要求，多考虑“该用谁”而不是“谁该用”。要把“学过什么、干过什么、管过什么”作为干部选配的重要条件，更要把“干得怎么样、管得好不好”作为重要标准。

坚持“德才兼备、以德为先”原则。坚持正确的选人用人原则，应将德才兼备、以德为先的思想贯穿始终。习近平总书记在 2013 年

---

① 中共中央文献研究室编：《十八大以来重要文献选编》（上），中央文献出版社 2014 年版，第 353 页。

全国组织工作会议上指出："好干部的标准，大的方面说，就是德才兼备。"① "领导干部要讲政德。政德是整个社会道德建设的风向标。立政德，就要明大德、守公德、严私德。"② 党的十九大报告对新时代的干部队伍建设提出了新要求，以德为先贯穿始终，确定了选人用人的重要原则。"政治上靠得住、工作上有本事、作风上过得硬、人民群众信得过"③ 就是深化改革的新时代德才兼备的重要要求。德才兼备、以德为先体现了两点论与重点论的统一，德与才是考察干部的两个重要方面，两者都是非常重要的，缺一不可。

坚持"五湖四海、任人唯贤"原则。坚持五湖四海、任人唯贤，是中国共产党性质和宗旨的必然要求。坚持任人唯贤，就要坚持五湖四海，反对以人划线和以地域划线。广开进贤之路，把各方面优秀人才及时发现出来、合理使用起来。要加大干部交流力度，疏通党政机关、企事业单位领导干部交流渠道，注意从企业、高等学校、科研院所等单位以及社会组织中发现选拔优秀人才。要鼓励年轻干部到基层和艰苦地区锻炼成长，注重从基层一线和困难艰苦的地方培养选拔年轻干部，大胆使用经过艰苦复杂环境磨炼、重大斗争考验、实践证明优秀、有培养前途的年轻干部。对长期在基层和艰苦边远地区工作的干部、长期担任县乡党政领导职务的干部实行倾斜政策。

坚持"注重实绩、群众公认"原则。注重实绩、群众公认就是要树立正确的政绩观，就是要忠实践行党的宗旨，真正做到权为民所用、情为民所系、利为民所谋。要求领导干部干事创业要实事求是，按客观规律办事，坚持讲真话、办实事、求实效，不盲目攀比；要深入实

---

① 中共中央文献研究室编：《十八大以来重要文献选编》（上），中央文献出版社 2014 年版，第 337 页。

② 《习近平李克强栗战书赵乐际分别参加全国人大会议一些代表团审议》，《人民日报》2018 年 3 月 11 日。

③ 中共中央文献研究室编：《十七大以来重要文献选编》（中），中央文献出版社 2011 年版，第 290 页。

际，深入群众，脚踏实地，艰苦奋斗，不搞花架子；要顾全大局、统筹兼顾，立足当前、着眼长远，不急功近利。选拔任用领导干部注重群众公认，从群众的利益和愿望出发，自觉把群众拥护不拥护、赞成不赞成、答应不答应，作为想问题、办事情的根本出发点和落脚点，不搞主观臆断、违背客观规律的“拍脑袋”决策，不追求脱离实际的盲目攀比，不搞“劳民伤财”的形象工程，不提哗众取宠的空洞口号，自觉做到不与民争利。考核评价干部政绩，既要看发展，又要看基础；既要看“显绩”，又要看“潜绩”；既要看经济建设成果，又要看社会进步成果；既要看城市变化，又要看农村发展；既要看当前发展，又要看发展的可持续性；既要看经济增长总量，又要看民生改善、社会进步、生态效益；既要看经济政治文化社会生态发展成就，又要看党的建设成效。

坚持“能上能下，严防带病提拔”原则。不论干部处于何种级别的岗位从事何种工作，都应踏踏实实地干。“能上能下”本质上是为了保持干部队伍的活力和战斗力，及时把那些锐意进取、奋发有为、干事创业的干部使用起来，让那些“在其位不谋其政、人岗不相适”的干部及时调整下去。以此，增强干部队伍生机活力，促进干部干事创业，担当进取，营造风清气正优胜劣汰能上能下的用人氛围。带病提拔是干部任用中的通病，对干部带病提拔会使政治生态受到更为严重的破坏，损害党的形象，降低党的威信。“对干部选拔任用要严格把关，坚决防止带病提拔。有的干部身上有那么多毛病，而且早就有群众不断反映，但那里的党委和组织部门都不知道，或者知道了也没当回事，让这些人一而再、再而三被提拔起来，岂非咄咄怪事！”[①] 要明确干部不被列为提拔考察对象的情形，把好任前关，强化对干部选拔任用主体责任的细化和落实工作；要打牢日常了解、综合研判两个基

① 中共中央文献研究室编：《十八大以来重要文献选编》（中），中央文献出版社 2016 年版，第 98 页。

础，抓好动议审查、任前把关两个关键环节。坚持审核关口前移，做到动议即审，坚持做到干部档案“凡提必审”，个人有关事项报告“凡提必核”，纪检监察机关意见“凡提必听”，反映违规违纪问题线索具体、有可查性的信访举报“凡提必查”。

（二）确立干部队伍建设的基本标准

治国之要，首在用人。党历来高度重视选贤任能，始终把选人用人作为关系党和人民事业的关键性、根本性问题来抓。选什么样的干部、用什么样的干部，必须有一个明确的标准。

领导干部都是在党内担负重要工作的骨干力量，无论职位高低都必须要拥有“忠诚干净担当”的精神，这是干部队伍建设的基本标准。2014 年 10 月，习近平总书记在对云南工作的重要指示中强调，党员干部要“对党忠诚、个人干净、敢于担当”。在党的十八届六中全会上，习近平总书记指出：“要落实好干部标准，严把政治关、品行关、作风关、廉洁关，真正让忠诚干净担当、为民务实清廉、奋发有为、锐意改革、实绩突出的干部得到褒奖和重用。”① 2018 年 11 月中央政治局第十次集体学习时，习近平总书记又指出：“必须全面贯彻新时代党的组织路线，严把德才标准，坚持公正用人，拓宽用人视野，激励干部积极性，努力造就一支忠诚干净担当的高素质干部队伍。”② 忠诚干净担当是干部队伍建设的基本标准。

忠诚是对领导干部的政治要求，是指领导干部要不忘初心，牢记使命，对党忠诚，忠于社会主义建设事业，有坚定的理想信念。习近平总书记强调：“优秀年轻干部必须对党忠诚，坚持走中国特色社会主义道路，坚定不移听党话、跟党走”③，树牢“四个意识”，坚定“四

---

① 《习近平谈治国理政》第 2 卷，外文出版社 2017 年版，第 182 页。

② 《严把标准公正用人拓宽视野激励干部　造就忠诚干净担当的高素质干部队伍》，《人民日报》2018 年 11 月 27 日。

③ 习近平：《在全国组织工作会议上的讲话》，人民出版社 2018 年版，第 28 页。

个自信”，坚决做到“两个维护”。我们选拔任用干部首先要把政治标准放在首位，不论在什么岗位，从事什么样的工作，每个干部都要忠于马克思主义，坚定地维护党的权威，坚持走社会主义道路。

干净是指广大领导干部做事要有原则、有底线，要做到清正廉洁，克己奉公。习近平总书记强调：“为政清廉才能取信于民，秉公用权才能赢得人心。”[①] 干部的权力是人民赋予的，每个干部都要慎用手中的权力，做到“为民用权、公正用权、依法用权、廉洁用权”。作为领导干部要时常审视自己，照照镜子、正正衣冠、洗洗澡，反省自己工作中的不足之处，端正自身行为。不断提升自我净化、自我完善、自我革新、自我提高能力。

担当是指领导干部要有强烈的责任感和使命感，始终把党和人民群众的利益摆在首位，以人民为中心，为人民办实事，为人民谋幸福，为民族谋复兴。空谈误国，实干兴邦。习近平总书记指出：“担使命，就是要牢记我们党肩负的实现中华民族伟大复兴的历史使命，勇于担当负责，积极主动作为……保持斗争精神，敢于直面风险挑战。”[②] 领导干部，要认真履行自身职责，勤政务实，不断提高自身能力，力争把每个目标完成，把每项工作做好。每个干部都要肩负起身上的责任，不怕事、不躲事，担起多大的担子就会拥有多大的舞台，将能干成多大的事业。

习近平总书记对处于不同岗位、不同领域的领导干部提出了具体要求。如对党委办公厅干部提出要“坚持绝对忠诚的政治品格、坚持高度自觉的大局意识、坚持极端负责的工作作风、坚持无怨无悔的奉献精神、坚持廉洁自律的道德操守”；对民族地区的干部提出了“明辨大是大非的立场特别清醒、维护民族团结的行动特别坚定、热爱各族

① 《习近平谈治国理政》，外文出版社 2014 年版，第 385 页。

② 习近平：《在“不忘初心、牢记使命”主题教育工作会议上的讲话》，人民出版社 2019 年版，第 7 页。

群众的感情特别真诚”的要求。2013 年 6 月，习近平总书记在全国组织工作会议上提出干部队伍建设要坚持“信念坚定、为民服务、勤政务实、敢于担当、清正廉洁”的好干部标准。信念坚定就是坚定共产主义远大理想，真诚信仰马克思主义，矢志不渝为中国特色社会主义而奋斗，坚持党的基本理论、基本路线、基本纲领、基本经验、基本要求不动摇。为民服务就是必须做人民公仆，忠诚于人民，以人民忧乐为忧乐，以人民甘苦为甘苦，全心全意为人民服务。勤政务实就是必须勤勉敬业、求真务实、真抓实干、精益求精，创造出经得起实践、人民、历史检验的实绩。敢于担当就是必须坚持原则、认真，面对大是大非敢于亮剑，面对矛盾敢于迎难而上，面对危机敢于挺身而出，面对失误敢于承担责任，面对歪风邪气敢于斗争。清正廉洁就是必须敬畏权力、管好权力、慎用权力，守住自己的政治生命，保持拒腐蚀、永不沾的政治本色。

（三）建立完备的干部队伍体系

党的十八大以来，以习近平同志为核心的党中央从长期执政的战略高度，对干部队伍建设作出了全面系统部署，形成了高级干部、一把手、县委书记、基层干部、青年干部及广大青年的干部队伍体系。

高级干部队伍是干部队伍的风向标。高级干部队伍是党的中坚力量，其素质直接关系到党和国家的前途命运，关系党和国家大政方针的贯彻落实，关系党和国家的前途命运。高级干部执掌着重要权力，具有在全党发挥表率作用的特殊职责，而中央委员会、中央政治局、中央政治局常委会组成人员作为“高级中的高级”更是首当其责。高级干部率先垂范、勤政廉洁，能潜移默化地感染和带动广大群众见贤思齐。当然，我们也必须看到高级干部队伍中存在的突出问题，少数人集政治蜕变、经济贪婪、生活腐化、作风专横于一身。有的肆意践踏党章党规党纪，结党营私、拉帮结派；有的享乐奢靡、穷奢极欲，沉溺灯红酒绿，纵情声色犬马；有的欲壑难填、利令智昏，大肆收钱敛财。这些行为，严重损害党的事业和威信，败坏党的风气和形象。习近平总书记指出："领导干部不论职务多高、资历多深、贡献多大，都要严格按法规制度办事，坚持法规制度面前人人平等、遵守法规制度没有特权、执行法规制度没有例外。"[①] 高级领导干部要做到：一是自觉维护中央权威。要坚决贯彻执行党的路线方针政策，正确处理保证中央政令畅通和立足实际创造性开展工作的关系，决不能在贯彻执行中央决策部署上打折扣、做选择、搞变通，决不能搞"上有政策、下有对策"，也决不能对中央大政方针和重大工作部署口无遮拦、毫无顾忌、评头论足，任何情况下都要严守政治纪律，自觉维护中央权威。二是绝不搞弄虚作假、口是心非那一套。高级干部要坚守正道、弘扬正气，坚持以信念、人格、实干立身；要襟怀坦白、光明磊落，对上对下讲真话、实话、心里话，绝不搞弄虚作假、口是心非那一套；要坚持原则、恪守规矩，严格按党纪国法办事，不成为不正当社会关系的编织者，绝不搞看人下菜、翻云覆雨那一套；要严肃纲纪、疾恶如仇，对一切不正之风敢于亮剑，绝不搞逃避责任、明哲保身那一套；要艰苦奋斗、清正廉洁，正确行使权力，在各种诱惑面前经得起考验。三是做好表率。"当官就不要发财，发财就不要当官。"对高级干部配偶和子女等经商办企业，党纪国法都有明确规定，问题是没有落实。"中央委员会的同志要在党言党、在党忧党、在党为党，带好头、做好表率。"中央委员会的同志"要清醒认识高级干部岗位对党和国家的特殊重要性，自觉按党提出的标准要求自己、磨练自己、提高自己"。[②] 四是不能护着胡作非为、欺压百姓的干部。各级党委和政府，各级领导干部，在出现侵害群众利益、违反党纪国法的事情时，一定不要护

① 中共中央文献研究室编：《习近平关于全面从严治党论述摘编》，中央文献出版社2016年版，第111页。

② 中共中央文献研究室编：《习近平关于全面从严治党论述摘编》，中央文献出版社2016年版，第34页。

着掩着，要表明坚决反对的态度。五是不能当“甩手掌柜”。各级党委（党组）不能当“甩手掌柜”，要切实把党风廉政建设当作分内之事、应尽之责，真正把担子担起来。

一把手是干部队伍的领头雁。把方向、谋全局、抓关键、带队伍，是一把手的主要职责。使班子成员安其位、谋其政、尽其责、竭其智、展其长、成其事，为本地区本部门的发展带好头，为人民群众干好事，推动各项工作的进展是一把手的职责所在。一把手要学会和充分发挥“班长”作用。在谋事谋略方面眼界要宽，“要学会运用辩证法，善于‘弹钢琴’，处理好局部和全局、当前和长远、重点和非重点的关系”①，推动事业协调发展；“能容人容事，注意听取班子成员意见”；在工作作风方面要踏实认真，突出抓改革，“扑下身子，狠抓落实”，敢于担当。树立不抓党风廉政建设就是严重失职的意识，常研究、常部署，抓领导、领导抓，抓具体、具体抓，种好自己的责任田。在家风建设方面，一把手还要管好配偶、子女和身边工作人员，树立“权为民所赋”和“权为民所用”的清醒认识，自重自省自警自励，自觉接受党内外监督。

县委书记是一线总指挥。“郡县治，天下安。”县委是党执政兴国的“一线指挥部”，县委书记就是“一线总指挥”，是我们党在县域治国理政的重要骨干力量。县委书记的能力、水平、形象和素质如何，直接关乎县域政治经济社会发展的好坏，直接关乎党和国家事业的兴衰安危。习近平总书记指出，县委书记是领导班子的一班之长，要带头执行民主集中制，不把“班长”当成家长。县委书记要心中有党，做政治的明白人，对党绝对忠诚，始终同党中央在思想上政治上行动上保持高度一致，坚定理想信念，坚守共产党人的精神家园，自觉践行社会主义核心价值观，自觉执行党的纪律和规矩，真正做到头脑始

① 《习近平谈治国理政》第 2 卷，外文出版社 2017 年版，第 206 页。

终清醒、立场始终坚定。县委书记要心中有民，做发展的开路人，勇于担当、奋发有为，适应和引领经济发展新常态，把握和顺应深化改革新进程，回应人民群众新期待，坚持从实际出发，带领群众一起做好经济社会发展工作，特别是要打好扶贫开发攻坚战，让老百姓生活越来越好，真正做到为官一任，造福一方。县委书记要心中有责，做群众的贴心人，坚持全心全意为人民服务的根本宗旨，自觉贯彻党的群众路线，心系群众、为民造福，心中始终装着老百姓，先天下之忧而忧，后天下之乐而乐，真正做到心系群众、热爱群众、服务群众。县委书记要心中有戒，做班子的带头人，带头讲党性、重品行、做表率，带头搞好“三严三实”专题教育，带头抓班子带队伍，带头依法办事，带头廉洁自律，带头接受党和人民监督，带头清清白白做人、干干净净做事、堂堂正正做官，真正做到率先垂范、以上率下。

基层干部队伍是战斗堡垒。“基础不牢，地动山摇”，离群众最近的基层干部队伍的素质和质量如何，直接关系到国家政权和基层社会的稳定与否。基层干部队伍建设，绝非一日之功，不可一蹴而就，要在实际工作中抓好干部的教育培养，在选拔任用中着眼干部成长、放眼当地经济社会发展，把干部的专业化建设落实在干部工作的全过程中。在实际工作中，要注重加强理想信念教育，不断强化基层干部党的意识，提高干部党性修养，增强党性的自觉，保持党员干部本色。要提升基础专业，秉承“干一行爱一行，干一行钻一行”，按照缺什么，补什么的要求，不断丰富基层干部的专业知识，提升基层干部的工作本领。要适应岗位需求。随着基层干部交流等制度的落实，干部自身必须适应新的工作岗位，要以新的工作要求去要求自己，要以新的专业需求去激励自己，在新的岗位上练就新本领，逐步使自己能够适应不同的岗位需求，适应不同的工作环境，逐步成为适应多岗位工作的综合性领导干部。要着眼干部培养。结合干部的实际情况，把干部放在不同的岗位上不断进行锻炼，历练干部的工作意志和品质，不断提高干部的综合能力。要结合干部的性格特点，按照干部的成长方向，有意识地将干部向着培养的方向去安排工作、压实担子，切实加强干部的培养和锻炼。要放眼当地发展。基层党组织要把干部用到合适的岗位上发挥作用，让干部的潜能得到有效激发，使干部在岗位实干并取得实绩。

青年干部是干部队伍的生力军。习近平总书记强调："我们要建设一支忠实贯彻新时代中国特色社会主义思想、符合新时期好干部标准、忠诚干净担当、数量充足、充满活力的高素质专业化年轻干部队伍。"[①] 实现中华民族伟大复兴，坚持和发展中国特色社会主义，关键在党，关键在人，归根到底在培养造就一代又一代可靠接班人。青年干部必须扣好人生的第一粒扣子，要勇于肩负起时代赋予的重任，志存高远，脚踏实地，努力在实现中华民族伟大复兴的中国梦的生动实践中放飞青春梦想。优秀年轻干部要把当老实人、讲老实话、做老实事作为人生信条；必须对党忠诚，坚持走中国特色社会主义道路，坚定不移听党话、跟党走。要信念如磐石、意志如铁、勇往直前，遇到挫折撑得住，关键时刻顶得住，扛得了重活，打得了硬仗，经得住磨难。要加强和改进年轻干部工作，要下大气力抓好培养工作。对那些看得准、有潜力、有发展前途的年轻干部，要敢于给他们压担子，有计划地安排他们去经受锻炼。优秀年轻干部要有足够本领来接班，加强学习、积累经验、增长才干，自觉向实践学习、拜人民为师。大力发现储备年轻干部，注重在基层一线和困难艰苦的地方培养锻炼年轻干部，源源不断选拔使用经过实践考验的优秀年轻干部。对有培养前途的优秀年轻干部，要不拘一格大胆使用。各级党委要把关心年轻干部健康成长作为义不容辞的政治责任，加强长远规划，健全工作责任制，及时发现、培养起用优秀年轻干部。

---

① 习近平：《在全国组织工作会议上的讲话》，人民出版社 2018 年版，第 27—28 页。

广大青年是干部队伍的后备力量。青年干部来自青年。青年是未来，是一切事业的继承者。党的十八大以来，习近平总书记多次对青年提出希望，勉励青年要胸怀大志，刻苦学习，早日成为可堪大任的优秀人才，把学到的本领奉献给祖国和人民，让青春之光闪耀在为梦想奋斗的道路上。“青年——是我们的未来，我们的一切事业的继承者。”[①] 每一个时代要发展就必须有一大批在时代潮流面前认清时代发展方向、把握时代发展潮流、推动时代发展的青年俊杰。广大青年在历史的发展过程中发挥着不可估量的作用。从历史发展的长期性与连贯性来看，广大青年是推动时代发展的主要动力。首先，青年了解时代。青年是时代的声音，青年人对时代的发展有着自身独到的认识。青年了解时代、明确时代的使命是必需的，就是在中国共产党引领下，开拓创新，踏实做事，构筑民族复兴的中国梦。其次，广大青年是推动历史发展的主要动力之一。青年人是最富有活力、动力，也是最具有创造力的群体，是社会发展的先锋力量。重视广大青年的培养，不但要做好青年的教育工作，还要抓好工青妇等组织工作，不但要把青年当成推动社会进步的主要力量，还要把青年当成党的事业接班人来培养。

（四）完善干部队伍培养选拔考核监督机制

用一贤人则群贤毕至，见贤思齐就蔚然成风。选什么人就是风向标，就有什么样的干部作风，乃至就有什么样的党风。习近平总书记强调：“贯彻新时代党的组织路线，建设忠诚干净担当的高素质干部队伍是关键，重点是要做好干部培育、选拔、管理、使用工作。”[②] 完善干部队伍培养选拔考核监督机制，有助于建设忠诚干净担当的高素质干部队伍，为推进“四个伟大”提供强有力的组织保证。

第一，建立健全科学合理的干部队伍培养选拔制度。当前，对干

① 《邓小平文选》第1卷，人民出版社1994年版，第254页。

② 习近平：《在全国组织工作会议上的讲话》，人民出版社2018年版，第16页。

部的选拔任用虽然根据新时代特征进行了一系列的创新与完善，但与现阶段民众对干部队伍的期许及党对干部队伍建设的目标，特别是国家治理现代化的目标还有一定的差距。一要健全干部培养机制。要根据干部的人员特点，有针对性地加大区域经济、行政管理、领导科学、危机应对等相关领域知识的培训，并进行专业化的考核，将干部人才培养与高层次人才培养相结合，切实提高干部培养的专业化、精细化水平。二要完善干部的选拔机制。要探索干部直接差额选举制度，积极探索试行干部的基层差额选举制度，中层竞争选举制度，高层任免制度。三要完善干部培养的配套机制。不但要建立相应级别的干部资格准入制度。根据基层工作年限、级别、年龄的不同，对其考核、选拔、管理、调配应有相应标准。更要建立干部竞争遴选机制。不但要突出干部从青年干部中选拔的刚性要求，对例外情形进行严格限制；还要深化干部成长过程中的竞争性选拔机制建设，变“伯乐相马”为“赛场选马”，更要打破地域、系统、单位、级别等界限，从整体工作比较突出、经济发展较快、创出突出政绩的艰苦环境中选人。

第二，推动领导干部考核评价机制改革。构建和形成一套科学化和前瞻性的领导干部考核评价制度，有利于提高领导干部选拔任用的科学化水平，调动各级领导干部的工作积极性、主动性、创造性。一要完善考核评价的多元参与机制。对领导干部考核评价不仅需要在党政系统内实现“齐抓共管”，更离不开社会多元机制的参与。要完善党政系统内的多主体协同机制。要在党政系统内部实现协同，有效规避内部考评“政出多门”，推进党委主导下人大、政协和司法机关职能的有效发挥。要完善社会参与机制，构建多元化考评主体，让党员群众、专家学者、知名社会人士、权威社会机构作为考评主体参与到考核评价工作中来，并赋予他们对干部考核评价一定的分值比重。二要完善考核评价的指标筛选机制。在目标取向上，形成指标设计的跟进机制。将“干部”考核评价指标体系的完善同新时代的使命和任务紧密衔接，形成边落实政策边创新考评指标的方法。在考核评价内容上，要将经济发展速度与经济发展方式质量并重、经济发展成就与社会发展代价并重，当前发展与长远发展并重。在具体层级上，要制定与领导干部职位、级位、工作性质相应的考核细则，细化和量化指标，尽可能把各项目标责任细化为数值形态，明确责任大小和责任归属。在具体条目上，应形成精细化的分析机制，在“德”“能”“勤”“绩”“廉”“学”六大层面上确立针对性的指标条目和分配权重。三要完善考核评价的方法机制。要坚持定性考核与定量考核相结合，做到定性考核与定量考核、具体分析与综合分析、集中考核与经常考核相结合。要健全“大数据”考核评价方式，强化数据意识，建立干部信息数据库，定期对领导干部能力水平作出评估。要建立健全政绩成本分析机制，增强对领导干部考核评价的科学性、真实性。看政治成本、经济成本、社会成本、资源和环境成本、民生成本上是否出现了沉没成本与负向成本。要构建完善的考核评价体系。考核前针对考核方案的制定、考核消息的发布、考核人员的组成、考核场地及其设施的选择与布置进行监督和管理。保证考核中一切工作按方案执行，并对考核中出现的有悖于考核公平的问题做出及时的纠正和处理。针对考核结果发布后出现的举报、申诉等问题进行调查与核实，及时地对调查结果进行反馈和公示。四要完善考评结果反馈机制。考核的结果应与工资待遇、教育管理和培养使用有机结合起来。建立公开透明的考评结果公示制度，在公平公正考评基础上公开考核结果；建立及时灵活的考评结果反馈制度，使考评者的劳动成果得以迅速确认，使被考评者早日听到组织和群众的评价；建立综合全面的考评结果分析制度，为决策层选任和监管领导干部提供系统全面的准确依据；建立及时到位的考评奖惩制度，充分发挥考评机制的激励功能和纠偏功能。

第三，完善干部队伍建设监督问责机制。要完善干部队伍建设的具体举措，切实增强干部队伍监督的系统性、经常性、有效性，使领导干部知敬畏、存戒惧、守底线，正确行使权力，确保干部队伍清正、政府清廉、政治清明。一要做好干部队伍监督体系的顶层设计。进一步完善集体领导和分工负责制度、领导干部述职述廉制度、重要情况通报和报告制度、民主生活会制度、提醒谈话制度、诫勉谈话制度、函询和质询制度、舆论监督制度、罢免或撤换等具体监督制度，使各类监督制度形成环环相扣的制度链条。建立完善行政审批、财务管理制度，任前廉政征询制度、任前公示制度、试用期制度、届考察制度与年度考核制度，领导班子议事规则和工作程序制度、集体领导和个人分工负责相结合制度、重大问题民主决策制度和推进交流、回避制度及警示、惩戒制度等。二要形成干部队伍监督网络。要强化对授权机关的监督，逐步推行监督部门垂直管理、异地监督、轮岗轮值法，减少党委、行政机关对同级监督部门监督工作的干扰。要改革国家监察体制，形成垂直管理的相对独立封闭的监察体制。要形成干部队伍监督合力机制，构建人大监督、司法监督、民主监督、审计监督、舆论监督、群众监督、组织监督等各司其职、紧密配合的监督机制，形成监督合力。要完善监察巡视制度，在进一步完善巡视监督制度、严格党的组织生活制度、坚持上级干部约谈下级干部制度、严格执行干部考察考核制度、述责述廉制度、建立领导干部插手干预重大事项记录制度等党内监督制度的同时，推进落实领导干部个人有关事项报告公示制度，规范干部配偶子女从业行为的相关监督制度。三要助推干部队伍监督意识向监督习惯转化。要强化领导干部主动接受监督的意识。定期安排其到党校、行政学院、干部学院进行学习和培训，提高其理论水平。通过开展党规党纪教育、批评与自我批评教育，倡导领导干部消除特权意识，促使领导干部自愿接受监督。通过敬畏意识的教育，培养其对权力的畏惧感，通过廉政文化建设帮助其树立正确的价值观、权力观、地位观、利益观，筑牢“不敢腐”“不能腐”“不想腐”的安全防线。通过“不忘初心、牢记使命”教育，增强领导干部立党为公、执政为民的意识。

（五）全面提升干部队伍的能力本领

能力和本领是领导干部履职尽责的重要依托。领导干部如果没有干事创业的基本能力和本领，是不可能在干事创业的岗位上取得预定的目标的。要想化解干部队伍中的各类风险，就需要每一位领导干部不断强化自身素能，增强九大本领，不断提升防范化解政治、意识形态、经济、科技、社会、外部环境、党的建设等领域重大风险的能力，以克服“本领恐慌”。

党的十九大报告提出：“全面增强执政本领。领导十三亿多人的社会主义大国，我们党既要政治过硬，也要本领高强。要增强学习本领，在全党营造善于学习、勇于实践的浓厚氛围，建设马克思主义学习型政党，推动建设学习大国。增强政治领导本领，坚持战略思维、创新思维、辩证思维、法治思维、底线思维，科学制定和坚决执行党的路线方针政策，把党总揽全局、协调各方落到实处。增强改革创新本领，保持锐意进取的精神风貌，善于结合实际创造性推动工作，善于运用互联网技术和信息化手段开展工作。增强科学发展本领，善于贯彻新发展理念，不断开创发展新局面。增强依法执政本领，加快形成覆盖党的领导和党的建设各方面的党内法规制度体系，加强和改善对国家政权机关的领导。增强群众工作本领，创新群众工作体制机制和方式方法，推动工会、共青团、妇联等群团组织增强政治性、先进性、群众性，发挥联系群众的桥梁纽带作用，组织动员广大人民群众坚定不移跟党走。增强狠抓落实本领，坚持说实话、谋实事、出实招、求实效，把雷厉风行和久久为功有机结合起来，勇于攻坚克难，以钉钉子精神做实做细做好各项工作。增强驾驭风险本领，健全各方面风险防控机制，善于处理各种复杂矛盾，勇于战胜前进道路上的各种艰难险阻，牢牢把握工作主动权。”① 党的十九届四中全会指出：“完善担当作为的激励机制，促进各级领导干部增强学习本领、政治领导本领、改革创新本领、科学发展本领、依法执政本领、群众工作本领、狠抓落实本领、驾驭风险本领，发扬斗争精神，增强斗争本领。”②

具体而言：增强学习本领，就是要向实践学习，提升认识世界和改造世界的本领；向书本学习，提升理论与实际相结合的本领；向人民学习，提升凝聚集体智慧的本领；向先进文明学习，提升吸收借鉴的本领；向历史学习，提升总结历史经验的本领。增强政治领导本领，就是要坚持战略思维，增强总揽全局的本领；坚持创新思维，增强开拓前进的本领；坚持辩证思维，增强协调发展的本领；坚持法治思维，增强依法治国的本领；坚持底线思维，增强守住边界的本领。增强改革创新本领，就是要在解放思想中统一思想，增强自我超越的本领；正确判断世情国情党情，增强求真务实的本领；科学认识社会主义建设规律，增强整体推进的本领；善于把上级精神与本地实际相结合，增强解决具体问题的本领；善于运用互联网技术和信息化技术手段开展工作，增强应用现代技术的本领。增强科学发展本领，就是要贯彻创新发展理念，增强发展质量和效益统一的本领；贯彻协调发展理念，增强统筹兼顾发展的本领；贯彻绿色发展理念，增强人与自然和谐共生的本领；贯彻共享发展理念，增强共同富裕的本领；贯彻开放发展理念，增强合作共赢的本领。增强依法执政本领，就是要正确处理党的政策和国家法律的关系，夯实依法执政的制度基础，增强完善党内法规制度体系的本领；完善依法执政的机构框架，增强领导国家政权机关的本领；筑牢依法执政的社会基础，增强创建和谐社会的本领。

---

① 习近平：《决胜全面建成小康社会　夺取新时代中国特色社会主义伟大胜利》，人民出版社 2017 年版，第 68—69 页。

② 《中国共产党第十九届中央委员会第四次全体会议文件汇编》，人民出版社 2019 年版，第 26 页。

增强群众工作本领，就是要组织动员人民群众坚定不移跟党走，增强群众工作引领力；善于把党的主张变成群众的自觉行动，增强群众工作组织力；创新群众工作机制和工作方法，增强群众工作科学性；推动群团组织增强政治性、先进性、群众性，增强群众工作凝聚力。增强狠抓落实本领，就是要确立狠抓落实意识，增强驾驭复杂局面、处理复杂问题的本领；要一张蓝图干到底，增强按照客观规律办事的本领；要关注改革开放的重点领域，增强抓住和解决主要矛盾的本领；要将雷厉风行与久久为攻相结合，增强落实速度与效率统一的本领。坚持敢啃硬骨头，敢闯难关的劲头，增强攻坚克难的本领。增强驾驭风险本领，就是要科学认识各类风险，提升识别和预测风险本领；要正确把握改革开放中的各类风险，提升把控风险本领；要集中解决各领域重大风险，提升防范重大风险本领。① 增强斗争本领，就是要从理论上界定清斗争的内涵，增强自觉斗争的本领；强化斗争精神，形成强大的精神动力，增强敢于斗争的本领；明确斗争使命，形成崇高的理想追求，增强不懈斗争的本领；把准斗争方向，形成强大的政治定力，增强勇于斗争的本领；讲究斗争方法，形成高超的斗争艺术，增强善于斗争的本领；坚持斗争原则，形成坚定的宗旨意识，增强赢得斗争的本领；总结斗争规律，形成按规律办事的自觉，增强科学斗争的本领。②

“火车跑得快，全靠车头带。”干部队伍是推动中国特色社会主义事业向前发展的决策者、先行者、示范者，干部队伍中的任何一个小的疏漏、懈怠、忽视甚至是过失、错误都会对党和人民的事业造成难以弥补的损失。特别是对于处在重要决策岗位、领导地位上的领导干部，更应时刻“不忘初心、牢记使命”，时刻把“人民对美好生活的向

---

① 参见于永达、阮青、马彦涛：《新时代党政干部必须增强八大本领》，中央党校出版社2019年版。

② 参见阮青、马彦涛：《增强斗争本领》，国家行政管理出版社2020年版。

往”放在心上，落实在行动上，时刻不忘提升自我、完善自我，加强思想淬炼、政治历练、实践锻炼，发扬斗争精神，在干事创业的历史征程中自觉提升各方面的本领，为推动中华民族伟大复兴贡献更大力量。

第六章　防范化解政治落实面临的重大风险

政治落实的本质就是把党的路线方针政策、国家法律及其具体制度安排真正落地，落到实处，不断增强人民群众的获得感幸福感安全感，密切党与人民群众的血肉联系。当前，政治落实还存在着落实不当、走样、梗阻、置换等突出问题，成为党的意志、国家法律真正落地的潜在风险。对此，要高度警惕，严加防范。只有在落实党的路线方针政策的过程中，雷厉风行久久为攻，发扬“钉钉子精神”，一步一个脚印地把各类政策落实到位，才能使党和国家事业稳步推进。

一、防范化解政治落实重大风险的重大意义

政治落实是确保党和国家的路线方针政策得到贯彻执行的根本点，中国共产党从成立之初就将政治落实视为党战胜各种困难挑战的有效方法。新时代，防范化解政治落实面临的重大风险，是全面建成小康社会的迫切要求，是建成社会主义现代化强国的内在需要，更是实现人民对美好生活向往的承诺的根本遵循。

（一）防范化解政治落实重大风险是贯彻落实党的路线方针政策的主要途径

马克思在《哥达纲领批判》中提出："一步实际运动比一打纲领更重要。"[①] 中国共产党人历来注重政治落实，在领导中国革命、建设和改革的实践过程中，不仅积累了丰富的政治落实经验，而且总结了系统的政治落实思想。

毛泽东同志历来强调要把党的各项工作落到实处、收到实效，在政治落实工作中，特别注重党委、党的各级机关、各级党政领导干部抓落实的重要性。1929 年，毛泽东同志在《关于纠正党内的错误思想》中指出："党的各级机关解决问题，不要太随便。一成决议，就须坚决执行。"[②] 1942 年，《在延安文艺座谈会上的讲话》中又说："一个人做事只凭动机，不问效果，等于一个医生只顾开药方，病人吃死了多少他是不管的。又如一个党，只顾发宣言，实行不实行是不管的。……我们判断一个党、一个医生，要看实践，要看效果。"[③] 1949 年，在《党委会的工作方法》中，毛泽东同志再次强调：党委对主要工作不但一定要"抓"，而且一定要"抓紧"，什么东西只有抓得很紧，毫不放松，才能抓住。抓而不紧，等于不抓；不抓不行，抓而不紧也不行。各级领导干部要将发展蓝图、工作路线图、具体施工图"三图合一"，当好"施工队长"。做好落实工作必须做到三个相结合：使领导骨干和广大群众相结合，才能既坚持正确的前进方向，又能把党的意图真正落实到位；使一般号召和个别指导相结合，才能把广大群众动员起来，抓住主要矛盾，重点突破攻克难点；使统一领导和分工负责相结合，才能使各项工作既有统一领导，又有分工负责。

---

① 《马克思恩格斯文集》第 3 卷，人民出版社 2009 年版，第 426 页。
② 《毛泽东选集》第 1 卷，人民出版社 1991 年版，第 89 页。
③ 《毛泽东选集》第 3 卷，人民出版社 1991 年版，第 873—874 页。

邓小平同志在领导改革开放的过程中，时刻强调党和国家的路线、方针、政策、方案必须得到落实。他指出，“任何好主意不会自动实现。美好的前景如果没有切实的措施和工作去实现它，就有成为空话的危险”“现在，摆在我们各级党组织面前的事情，就是要鼓实劲，要切实解决问题，要踏踏实实地工作。一句话，就是要落在实处”。① 邓小平同志关于政治落实的思想主要体现为：一是领导干部要成为抓落实的表率。“能不能深入下去，工作能不能落实，关键在于领导干部是不是以身作则。”二是要严格政治组织纪律，建立敢字当头的领导班子。“组织路线是保证政治路线贯彻落实的。”“现在不只是组织纪律差，政治纪律也差。比如，中央说要落实政策，他就是不干。这是什么问题？这就是政治纪律问题。”② 三是要围绕着中心工作结合实际创造性地进行落实。各级领导干部不能当“收发室”，照抄照转，机械执行，要突出中心工作，有的放矢。四是要敢于试验，创造性地解决新问题，反对形式主义、官僚主义。坚决反对不讲实际效果、效率、速度、质量、成本的形式主义，杜绝说空话、说大话、说假话的官僚主义。五是要建立严格的落实责任制。一项工作有没有落实，必须有人过问；落实的结果好坏，必须要管。

江泽民同志同样强调政治落实的重要性，他提出：“正确的决策制定出来以后，必须抓好落实。”③ 一要注重从基础环节抓落实。各级领导干部要经常深入基层，开展调查研究，办实事，求实效，把党的根本宗旨、优良作风和群众路线落实到实际行动中去。二要注重从大局着眼来抓落实。贯彻落实党的路线方针政策，必须形成规划方案，持久不懈地抓落实；搞好落实工作要制定总体方案，不要停留在口头上。“重在落实，而且要年年抓，经过几年努力，就可以

① 《邓小平文选》第 2 卷，人民出版社 1994 年版，第 110、99—100 页。
② 《邓小平文选》第 2 卷，人民出版社 1994 年版，第 124、193、17 页。
③ 《江泽民文选》第 2 卷，人民出版社 2006 年版，第 573 页。

收到成效。”[①] 三要注重从贯彻执行抓落实。为了确保党的理论、路线、方针、政策落实到基层，上级部门要加强对下级部门的督促检查，对于出现的问题要及时研究解决，不断获取新经验。四是要注重结合实际情况抓落实，反对教条主义、经验主义。教条主义和经验主义是严重妨碍贯彻党的思想路线的不良作风，必须努力加以克服。

胡锦涛同志在阐述科学发展观的过程中，同样形成了丰富的关于政治落实的思想。一要通过全面贯彻执行科学发展观来抓落实。各级领导干部要不断深化对科学发展观的理论基础、深刻内涵、基本要求和指导意义的认识，破除一切阻碍科学发展观落实的观念，纠正一切偏离科学发展观的行为。二要在坚持贯彻党的群众路线中抓落实。要改进群众工作的方式方法，综合运用法律、政策、经济、教育、协商等手段，高度重视和维护群众最现实、最关心、最直接的利益，高度重视解决群众生产生活中面临的困难问题，努力使党的群众工作取得实效。三要在全党以求真务实的精神抓落实。必须坚持实现远大目标和切实做好当前工作的统一，坚持发扬共产党人的革命精神和坚持科学务实态度的统一，脚踏实地，埋头苦干，讲实效，办实事，坚决反对形式主义和官僚主义。四要通过建立健全体制机制来抓落实。要切实把科学发展观贯穿于经济社会发展的全过程、落实到经济社会发展的各个环节，切实把经济社会发展转入以人为本、全面协调可持续发展的轨道。

党的十八大以来，以习近平同志为核心的党中央立足于国家发展的新实际，在制定各项大政方针政策的同时更加强调狠抓落实，要求把中央的决策部署、目标任务、措施要求落到实处，把决策变为行动、把目标变为结果、把蓝图变为实景。习近平总书记在浙江工作时就提

① 《江泽民文选》第1卷，人民出版社2006年版，第272页。

出，决策部署作出以后，对广大干部特别是基层干部来说，最重要的莫过于求真务实、狠抓落实。在中央党校 2011 年春季学期开学典礼上，习近平总书记强调："抓落实是领导工作中一个极为重要的环节，是党的思想路线和群众路线的根本要求，也是衡量党员世界观正确与否党性强不强的一个重要标志。"[①] 2013 年，习近平总书记在山东考察工作时再次强调："一分部署，九分落实。改革蓝图有了，现在的关键是把蓝图一步步变为现实。"[②] 2014 年，习近平总书记在全面深化改革专题研讨班开班式上又强调："制定出一个好文件，只是万里长征走完了第一步，关键还在于落实文件。"[③] 习近平总书记在全国党委秘书长会议召开前作出重要批示："崇尚实干、狠抓落实是我反复强调的。如果不沉下心来抓落实，再好的目标，再好的蓝图，也只是镜中花、水中月。"[④] 在党的十九大上，习近平总书记提出："增强狠抓落实本领，坚持说实话、谋实事、出实招、求实效，把雷厉风行和久久为功有机结合起来，勇于攻坚克难，以钉钉子精神做实做细做好各项工作。"领导干部提高科学决策水平，就必须始终坚持和发扬我们党一切从实际出发，理论联系实际，实事求是，在实践中检验和发展真理的思想路线，大兴调查研究之风，深入基层、深入一线，从细节着眼、从小处着手，深入解剖麻雀，使决策部署有的放矢。2019 年，习近平总书记在中央党校（国家行政学院）秋季学期中青年干部培训班开班式上指出，要发扬斗争精神，增强斗争本领，为实现"两个一百年"奋斗目标、实现中华民族伟大复兴的中国梦而顽强奋斗。

---

① 中共中央文献研究室编：《十七大以来重要文献选编》（下），中央文献出版社 2013 年版，第 196 页。

② 中共中央宣传部编：《习近平总书记系列重要讲话读本》，学习出版社、人民出版社 2014 年版，第 212 页。

③ 《习近平谈治国理政》，外文出版社 2014 年版，第 106 页。

④ 中共中央文献研究室编：《习近平关于协调推进"四个全面"战略布局论述摘编》，中央文献出版社 2015 年版，第 157 页。

（二）防范化解政治落实重大风险是贯彻执行党的路线方针政策的重要保障

第一，政治落实是维系党和国家各项路线方针政策生命力与活力的关键，任何得不到落实的“完美”政策都是没有生命的。首先，政治落实是实现执政目标的核心环节。正如毛泽东同志所说：“如果有了正确的理论，只是把它空谈一阵，束之高阁，并不实行，那么，这种理论再好也是没有意义的。”① 任何一项政策如果不加以落实，也只是一纸空文，不但达不到预期的政策目标，还会浪费政策资源，甚至会消耗执政主体的公信力。只有切实地贯彻落实，才能有效地实现政策目标。党的路线方针政策最终都必须在政治落实过程实现政策目标，从而对社会政治、经济、文化等各方面产生作用和影响。将路线方针政策转换成可操作的具体活动，从“纸上谈兵”转变为“实际用兵”，才能确保政策目标的实现。对于党的决定，领导干部必须自觉、坚决、全面执行，这是党的政治纪律和政治规矩。在建立社会主义市场经济体制过程中，各种矛盾和问题更为复杂，更需要各级领导干部深入下去，在实践中正确把握各种矛盾的内在联系，具体问题具体分析，及时发现和纠正工作中存在的问题，充分发挥人民群众的创造精神，优化决策，减少失误，牢牢掌握领导工作的主动权。对于党和国家的政策和任务，必须千方百计，克服困难，去贯彻执行。否则，不但会背离党的宗旨，影响党和政府的威信，造成许多负面影响，还会破坏正常的社会生活，损害群众的切身利益，影响社会的发展与进步。

第二，政治落实是检验政策合理性的有效手段。一项政策是否合理，是否对解决现实问题有效，就必须通过政治落实来检验。在政治落实的过程中，我们可能会发现许多在制定政策时没有发现的问题和

① 《毛泽东选集》第1卷，人民出版社1991年版，第292页。

没有考虑到的后果，通过不断地发现问题，并采取措施加以解决，然后再进行总结，就可以为今后的工作提供许多宝贵的经验，从而使今后工作中制定出的政策更加合理，执行更加规范和有效。毛泽东同志说："判断认识或理论之是否真理，不是依主观上觉得如何而定，而是依客观上社会实践的结果如何而定，真理的标准只能是社会的实践。"正如习近平总书记指出："出台政策措施要深入调查研究，摸清底数，广泛听取意见，兼顾各方利益。政策实施后要跟踪反馈，发现问题及时调整完善。要加大政策公开力度，让群众知晓政策、理解政策、配合执行好政策。"① 只有这样，才能与广大人民群众同甘共苦，始终和人民群众保持密切联系，使我们的各项工作合民心、顺民意、暖民心，真正得到人民群众的拥护和支持。如果上上下下都能事事讲落实，层层抓落实，那些不负责任、推诿扯皮、脱离实际、脱离群众、搞假大空、摆花架子等官僚主义和形式主义恶习就难以存在下去。

第三，政治落实是保证国家机器正常运转的关键一环。中国的社会主义建设事业是前无古人的伟大工程，发展社会主义没有现成的模式可以遵循。新世纪、新阶段中国面临的问题更多、更为复杂，而绝大多数问题的解决，都要在政策落实中完成。政策制定主要是研究问题的过程，而政治落实才是直接地、实际地、具体地解决问题的过程。政治落实是国家运用政策解决问题的最直接环节，以此维护社会正常秩序，保证国家机器的正常运转。党和国家的路线方针政策的形成都经历了一个初步讨论、形成决议、政策分解、分步落实的实践过程。最终形成的路线方针政策必须在具体的实践中得以贯彻落实，付诸实施，才能取得预期的效果。党在各个历史时期依据不同的时代要求，均形成了符合当时历史条件的路线及一系列方针政策。新民主主义时期，毛泽东同志在《在晋绥干部会议上的讲话》中，完整地表述了中

① 《习近平谈治国理政》第 2 卷，外文出版社 2017 年版，第 363 页。

国共产党的新民主主义革命的总路线，即无产阶级领导的，人民大众的，反对帝国主义、封建主义和官僚资本主义的革命。新民主主义革命总路线反映了中国革命的基本规律，指明了中国革命的对象、动力、领导力量。在社会主义建设时期，毛泽东同志通过深入的调查研究，提出以苏联为鉴，探索中国自己的社会主义建设道路的任务；1956 年党的八大提出了正确的路线，1958 年 5 月，又通过了“鼓足干劲，力争上游，多快好省地建设社会主义”的社会主义建设总路线。改革开放后，党在国家发展的历史进程中，重新确立了新的社会主义初级阶段的总路线。党的十三大报告指出：“领导和团结全国各族人民，以经济建设为中心，坚持四项基本原则，坚持改革开放，自力更生，艰苦创业，为把我国建设成为富强、民主、文明的社会主义现代化国家而奋斗。”[①] 党的十九大报告对社会主义初级阶段的总路线又进一步深化，提出：领导和团结全国各族人民，以经济建设为中心，坚持四项基本原则，坚持改革开放，自力更生，艰苦创业，为把我国建设成为富强民主文明和谐美丽的社会主义现代化强国而奋斗。党在不同时期的总路线，最终都得到了有效贯彻落实，甚至有些总路线规定的任务得以提前完成或超出预期完成。党和国家为更好地落实好党在不同时期的总路线，还制定了许多与总路线相适应的关于各个领域的具体方针和具体政策，在这些具体方针政策的有效落实下，才保证了党的路线的更好落实。邓小平同志说：“社会主义国家有个最大的优越性，就是干一件事情，一下决心，一做出决议，就立即执行，……这方面是我们的优势，我们要保持这个优势，保证社会主义的优越性。”[②] 实践证明，防范化解政治落实重大风险，对于党的发展壮大，对于取得党的事业的成功，是至关重要的。如果党和国家的各项路线方针政策得不到落实，或者是落实不到位，落实过程中出现偏差走样变形的情况，

① 《江泽民文选》第 2 卷，人民出版社 2006 年版，第 252 页。
② 《邓小平文选》第 3 卷，人民出版社 1993 年版，第 240 页。

不但会造成对政策的损失，更会因为落实不到位而造成比不落实更加难以控制的后果，从而导致党和政府的公信力下降。

（三）防范化解政治落实重大风险是实现中华民族伟大复兴中国梦的必然要求

中国特色社会主义新时代，党和国家各项路线方针政策的贯彻执行，特别是中华民族伟大复兴中国梦的实现，都必须建立在党和国家的各项路线方针政策切实落实的基础之上。这必然要求各级领导干部做好防范化解政治落实中的各类重大风险的准备。

防范化解政治落实重大风险是夺取中国特色社会主义事业胜利的重要保证。邓小平同志指出："世界上的事情都是干出来的，不干，半点马克思主义都没有。"[①] 党的十八大以来，习近平总书记指出："崇尚实干、狠抓落实是我反复强调的。如果不沉下心来抓落实，再好的目标，再好的蓝图，也只是镜中花、水中月。"[②] 他反复强调，全面建成小康社会要靠实干，基本实现现代化要靠实干，实现中华民族伟大复兴要靠实干。求真务实、埋头苦干是我们党的优良作风，是共产党员的优秀品质。中国共产党人所强调的求真务实、埋头苦干，不仅是实干、苦干，而且也是会干善干；不仅有埋头苦干的热情与执着，而且也要有敢于和善于创新的精神；不仅需要克服浮躁、沉下心来，而且需要耐住性子、精心研究。

历史和现实证明，我国社会主义现代化建设的发展和前进，最终取决于广大领导干部对建设中国特色社会主义的理论、路线和政策的忠诚度和贯彻执行的力度。从党的十五大报告首次提出"两个一百年"奋斗目标以来，我国社会主义现代化的历程是在一步步具体的政治落

① 中共中央文献研究室编：《十六大以来重要文献选编》（下），中央文献出版社 2008 年版，第 874 页。

② 中共中央文献研究室编：《习近平关于协调推进"四个全面"战略布局论述摘编》，中央文献出版社 2015 年版，第 157 页。

实的基础上实现的。党的十九大报告明确了到 21 世纪中叶把我国建成“富强民主文明和谐美丽的社会主义现代化强国”的总目标，要实现这个总目标就必须把总目标下的每一个阶段性目标执行到位、落实到位，把每一个阶段性目标内的每一个子目标以及每一个子目标中的具体目标落实到位；只有将这些具体目标、子目标、阶段性目标逐步落实到位，逐步实现，才能推进总目标的进一步实现，才能使我们的蓝图变为实景。从党的十九大到二十大，是“两个一百年”奋斗目标的历史交汇期。我们既要全面建成小康社会、实现“第一个百年”奋斗目标，又要乘势而上开启全面建设社会主义现代化国家新征程，向“第二个百年”目标进军。但各级领导干部也要清醒认识到：“两个一百年”目标的实现不是在口头上、文件上、会议中，而要将一个个的目标落实到位，见真章、求实效，在具体的实践过程中不断推进。这种落实是一个长期的过程，从 2020 年实现全面建成小康社会到 2050 年实现社会主义现代化强国的目标之间，是在一步步落实之中完成的，是一个积累的过程，是一个由量变的积累到质变的飞跃的过程。

实现中华民族伟大复兴是一项光荣而艰巨的事业，需要一代又一代中国人共同为之努力。空谈误国，实干兴邦。真抓才能攻坚克难，实干才能梦想成真。党和国家事业不断向前推进的基石来自每一项具体目标的落实，党不仅应成为中国特色社会主义事业的科学决策者，更应成为推动各项科学决策不折不扣的贯彻落实者。中国现代化战略目标中的每一个阶段性的目标就是一个历史任务的节点。“全面实现农业、工业、国防和科学技术的现代化，使我国经济走在世界前列。”① 这一目标的实现可分为七个节点。一是建成一个独立的比较完整的工业体系和国民经济体系，1980 年前已基本完成；二是从 1981 年到 1990 年，国民生产总值翻一番，解决温饱问题；三是从 1991 年到

① 《周恩来选集》下卷，人民出版社 1984 年版，第 439 页。

20世纪末，再翻一番，达到小康；四是2010年比2000年翻一番，使人民的小康生活更加宽裕，基本建成小康社会，形成比较完善的社会主义市场经济体制；五是2020年，全面建成小康社会；六是从2020年到2035年，通过15年的奋斗，基本建成富强民主文明和谐美丽的社会主义现代化国家；七是从2035年到21世纪中叶，建成富强民主文明和谐美丽的社会主义现代化强国。而第六个节点，2020年到2035年基本实现现代化这15年的长期目标是需要进一步划分的，必须制定中长期的发展目标。领导干部在实际工作中，也必须坚持将工作中普遍存在的问题与工作的特殊性区别开来，将具体工作中的一般情况与特殊情况区别开来，将工作中存在的普遍规则与特殊规则区别开来，才能在具体的工作实践中有重点、有主次、有层次地将工作落实到位。因而在具体问题具体分析的过程中还必须做到：一是结合实际的多样性，从实际出发考虑问题。领导干部在制定方针政策时必须将其结合进去，把“群众的要求”和“群众的觉悟”作为推进工作的依据，做到“有的放矢”。二是结合发展的多种积极性，在普遍联系中统筹发展。领导干部在贯彻“四个全面”，落实“五位一体”总布局，推进中国特色社会主义建设不断进步，实现中华民族伟大复兴的征途中必须既看到各方面、各层次、各主体之间的存在的普遍矛盾，又要看到各方面、各层次、各主体间存在的特殊矛盾。要注重将矛盾的普遍性与特殊性结合起来，把各方积极性都充分调动起来。三是结合改革的矛盾和力度，做全面深化改革。领导干部要着眼于现在正在进行的工作，结合改革的阶段性特点，有步骤地确定前进的步伐和解决问题的措施，全面深化改革。

二、清醒认识政治落实面临的重大风险

一分部署，九分落实。党的路线方针政策要发挥其预定的效果，

就必须得到有效的落实。政治落实所面临的风险是多方面的，政治落实不实不但会使政策“束之高阁”，达不到政策对象的期待与预期，还会降低党和政府的威信和公信力，使党与人民群众的关系疏远，甚至离心离德，危及政权。

（一）政治落实重大风险的具体表现

习近平总书记指出：“有了好的制度如果不抓落实，只是写在纸上、贴在墙上、锁在抽屉里，制度就会成为稻草人、纸老虎。要强化制度执行，加强监督检查，确保出台一个就执行落实好一个。要坚持执行制度没有例外，对违反制度规定踩‘红线’、闯‘雷区’的，要零容忍，发现一起就坚决查处一起。”① 政治落实重大风险就是在广大领导干部在贯彻党的各项路线方针政策时所体现出的与路线方针政策的目标相悖离的各种表现。从表面上看，政治落实重大风险是某一项政策得不到有效贯彻落实，从而出现政策的失效，出现治理的失灵。但实质上，一旦有落实不实的情况发生，甚至政治落实不实形成一种政治风气，使我们的路线方针政策和法律规章成为一纸空文。久而久之，就会破坏良好的政治生态，给党和政府的执政威信甚至是公信力带来一定的损害，一旦这种威信与公信力下降叠加起来，就会形成民众对执政主体的不信任，从而产生较大的执政危机。

政治落实是由具体的人来完成的，在政治落实过程中，由于主客观因素的影响，政治落实就会存在一定程度上的偏差，与政策制定时的目标相违背，使政治落实出现不当、走样、梗阻、置换等情况。政治落实重大风险的主要表现是：

一是象征性落实。象征性落实是指政治落实过程中只重视表面文章和形象包装，忽视深层问题的解决，具有相当大的欺骗性和虚伪性。

① 中共中央纪律检查委员会、中共中央文献研究室编：《习近平关于严明党的纪律和规矩论述摘编》，中央文献出版社、中国方正出版社 2016 年版，第 82 页。

表面上，党的路线方针政策只是通过文件、会议、口头传达进行了落实，并没有起到实质性效果，使严肃的政策成为一纸空文，损害了人民群众的根本利益，增加了政府的财政负担，降低了政府威信及形象。象征性落实是典型的形式主义表现。

二是选择性落实。选择性落实是指在政治落实过程中落实者坚持“以我为主、为我所用”的做法，不从政策制定的全局出发，只考虑自己的私利，使党和国家的政策得不到全部落实，政策精神得不到有效贯彻。选择性落实是典型的本位主义、地方保护主义的表现。

三是附加性落实。附加性落实是指落实者在政治落实过程中，盲目增加原本没有的内容，扩大政策的外延，使政策的目标等超出原本的范围，从而使政策无法执行到位。附加性落实是典型的部门主义的表现。

四是强制性落实。强制性落实是指落实者在政治落实过程中以命令、强制甚至是没有向执行对象解释清楚和宣传政策，使执行对象缺乏对政策的了解，当执行对象出现不合作和抵触情绪时，执行者就会动用公权力甚至通过暴力执行进行惩罚，从而造成干群关系紧张，严重影响了政策执行的效果。强制性落实是典型的官僚主义的表现。

五是机械式落实。机械式落实是指落实者在政治落实过程中不考虑客观环境条件，忽视国家治理中各种新问题、新特点，对相关问题不能因时、因地根据本部门的特点做出具体分析。机械地照搬上级文件，没有将政策与自己本地的实际情况相结合，没有坚持实事求是的原则。机械式落实是典型的机械主义的表现。

六是替代式落实。替代式落实是指落实者在政治落实过程中，采取“偷梁换柱”的做法，落实与上级政府政策不相一致的政策方案。替代式落实不仅影响了政策目标的实现，而且恶化了政策执行环境，增加了解决政策执行问题的难度。替代式落实是典型的“上有政策，下有对策”的表现。

七是随意性落实。随意性落实是指落实者在政治落实过程中以自我喜好、自我感觉为中心，缺乏大局观念，没有树立起政策的权威性和可信度，使政策多变，朝令夕改。随意性落实极大地危害了政策目标群体的法定权力，导致公众对政府不信任和抵触情绪。随意性落实的落实者在落实过程中喜欢当“背手干部”，奉行“上班不迟到、下班不早退、干事不知道”的“三不标准”；喜欢做“挥手干部”，把自己当“收发室”“传声筒”“留声机”；喜欢做“袖手干部”，一味“等靠要”，不推不出手；还喜欢当“甩手干部”，“是在按程序办事”，踢来踢去、推诿扯皮，生怕多干了活、吃了亏。

总之，政治落实风险的各种形式所带来的结果就是使党的政策成了纸老虎、稻草人，使人民群众对党的公信力、威信与政府的效能大大降低，恶化了党群关系，给党的形象与执政地位带来了负面影响。

（二）政治落实重大风险的影响因素

政治落实风险的危害是巨大的，如果任由政治落实风险的恶果累积起来，最终将会使人民群众对党和政府失去信任，面临巨大的信任危机，以致陷入“塔西佗陷阱”。因而，认清造成政治落实风险的各类原因，将政治落实风险防范在源头及政治落实的各环节，是做好落实工作的正确思路。

第一，政策科学性影响政治落实。“病树结不出好果子。”一项政策的成败与否，首先取决于政策本身是否科学合理。任何一项政策要想取得实施的成功，必须要有合法性、合理性、可行性。

政策的合法性。只有合法的政策才会产生约束力与生命力，才会赢得政策对象的认可与支持。但是政策的合法性来源又因出台政策的法定机构的层次不同而呈现出差异。一般而言，出台政策的机关层级越高，其政策的落实程度就越高，落实的效果就会越好。政治落实人员在具体落实过程中，往往以出台政策的部门而确定落实政策的强度。

政策的合法化程度影响到政策的稳定性。如果政策频繁变动、朝令夕改，往往使政治落实者感到无所适从，导致先参加分配政策对象处于不同规则和标准之下，进而会产生政策体系的结构性紊乱，从而造成政策间的摩擦和冲突。

政策的不合理程度。一般而言，政策必须符合事物发展的规律，符合大多数人民的愿望、利益和要求，为执行者所认同，被政策目标所拥护，这样的方案才能顺利有效地实施。政策缺乏合理性，就会使政策的落实力、生命力与活力大打折扣。政策目标不明确，在执行过程中会因为传达不清晰造成落实的“无的放矢”，不但实现不了政策目标，而且还浪费人财物力。政策目标定得过低，即使政策目标完全实现，也无法解决政策问题；政策目标定得过高，政策执行容易受到现实条件和政策资源的制约，同样无法达到预期的目的。在落实的时候就容易被截留或扭曲，继而偏离政策制定的初衷，政策目标难以实现。政策的不合理还体现在政策缺乏弹性，在政治落实过程中就会失去灵活性和变通性，很容易出现“一刀切”现象。政策弹性空间过大，也会造成公共政策目标缺乏明确性、稳定性，使执行者无所适从。

政策的可行性不强。既定的政策具备落实所需要的基本条件，经过落实者的主观认同和努力，可以实现客观和主观的统一，即实现既定的政策目标。政策的可行性不强，没有针对客观的问题而行，没有尊重主观的条件，政策所规定的各项行为不符合社会发展的客观规律，政策就无法得到有效的落实。故而，在政策制定前要进行充分的调研，针对性施策，才能提高政策的可行性。

政策的配套机制不完善。政策之间是相互联系相互衔接的，一个政策的有效落实需要许多相应的配套政策与之相配套，否则，孤立的政策是无法得到有效落实的。如人口会影响到教育政策、医疗政策、房产政策、就业政策等；就业政策也会与经济政策、社会政策息息相关。政策配套机制的不完善是指某项政策在生效之前，配合其产生有效效果的配套机制没有同步推行，从而导致了政治落实的难度。

第二，政治落实主体导致政治落实风险。“徒善不足以为政，徒法不能以自行。”任何政策的落实最终都要依靠各级政府和政治落实者来进行。政治落实都必须依赖一定的机构和执行人员来承担，没有健全的组织机构和高素质的落实人员，要实现政策目标几乎是不可能的。政治落实者可能会积极、主动、创造性地落实政策，也可能出现软弱无能、效率低下、抵制政策、钻政策空子而使政策失效的现象。

从组织化的组织机构角度讲，组织机构设置的不合理，容易导致权责的“交叉”“空洞”“真空地带”“多头领导”现象，影响政策执行的统一协调，影响政策的执行效果。组织机构设置的不合理还会加大组织机构利益的冲突与矛盾，难以形成有效的约束机制，职能部门之间的不合作博弈就会随之出现。组织监督机制缺乏也易导致政策难以落实。统一、完整的命令服从体系，是政策有效执行的保障。“没有监督的权力是危险的”，组织结构中缺乏监控机制，也容易使政策出现“虚监”和“漏监”情况，导致政策执行的偏差行为。组织机构间的配合度也影响着政治落实的效果。如果职能部门交叉重叠，且能力不对称，就会产生不合作的低效博弈，大大降低政治落实的效率。

从具体的政治落实主体角度讲，政治落实的状况如何，与政治落实者的综合能力素质、思想政治素质、认知水平、利益相关度、心理素质、身体素质等方面相关。从综合能力素质上看，政治落实者负责政策的具体执行，必须具备与之相适应的能力水平。随着我国公务人员选拔任用制度的不断健全和完善，政治落实者的能力水平呈上升趋势。从思想政治素质上看，政治执行者的品德修养、价值观念、思想政治素质关系到政治落实取向和落实性质，关系到政策对象对政策的认同度。从认知水平上看，政治落实者的认知水平的高低与政策的落实程度息息相关。从利益关联度上看，政治落实者的“利益导向”影响着政治落实的方式甚至内容的选择，当违反政策目标所得到的利益远远大于因此受到的惩罚时，政治落实者会毫不犹豫地违反政策目标。此外，政治落实效果还与政治落实者的心理素质、身体素质等密切相关。

第三，政策对象导致政治落实难。政治落实的目的就是影响或改变政策对象，使政策对象按政策的要求规范其行为。由于政治对象群体规模、知识水平、年龄结构、传统习俗、价值取向、思想素质、对政策的认同度、同落实者的关系等方面的差异，都会影响政治落实的效果。

从政策对象的群体规模看，政策涉及的政治对象规模越大，社会联系越广，构成越复杂，政策就越难执行；反之亦然。从政治对象的知识水平与年龄结构看，政治对象对政策的反应有拒绝、漠视、服从、认同与内化，这是一个从被动服从到习惯遵从再到主动参与的不断深化过程。知识层次高、年龄较轻的政治对象，对新政策更易理解和接受，并采取积极的行动配合政策的执行。从政治对象的价值取向与思想素质看，如果政治对象对国家认同、社会认同的认知程度高，对国家的合理政策的配合积极，则会积极响应政策的落实。而如果政治对象对国家政策采取的是无所谓或漠不关心的态度，则会影响政策的落实效果。从政治对象所接受的传统习俗看，政策与政治对象所处的传统习俗如果存在耦合一致性，就会有利于推动政策的落实，如果政策与传统习俗相冲突或无关，则会使政策的落实效果大打折扣。从政治对象与落实者的关系看，如果双方关系密切融洽，工作就容易做；双方关系僵硬，可能造成落实者利用政策“教训”政治对象、政治对象采用各种方式对抗政策的现象。

第四，政策资源影响政治落实效果。“巧妇难为无米之炊。”好的政策如果没有足够的资源来支撑，只能“束之高阁”，变成空洞的理论。这些资源主要包括人力资源、财物资源、信息资源和权威资源。

人力资源在政治落实过程中起着关键性作用。人力资源投入的适量是政治落实成功的关键，过多或过少的人力资源投入都不利于政治落实。财物资源是政治落实的物质基础。投入过多的财物资源会造成资源浪费，投入过少的财物资源会使政治落实效果大打折扣。在政治落实过程中，充分的适量的财力物力保证，可以为落实者在政治落实的各个环节上进行要素的最佳组合、寻求最优效果提供条件。信息资源是政治落实的必要条件。落实者应该保证具有充分的信息来源和畅通的信息渠道，否则，不仅很难制定出切实可行的政策方案，更无法对政治方案进行有效执行。权威资源是政治落实的特殊资源，为保证政治意图顺利实施，落实者必须具有一定的权威。权威资源是政治落实者调度人、财、物的重要保障，如果没有相应的权力资源作支撑，政治落实就会步履艰难。

第五，政策环境影响政治落实。“世异则事异，事异则备变。”政策总是处于一定的环境之中，任何一项政策的落实都受到政策环境的影响与制约。政策环境指政治落实者自身之外的诸多社会因素和自然因素的总和。政治落实必须与其所处的环境相适应，并随时根据具体的环境进行政策的适应性调整，以便更好地实现政策目标。

自然环境、政治环境、经济环境、社会文化环境等都会影响到政策的落实。自然生态环境及突发的可能的自然灾害都会影响到政策的有效落实。任何政策的落实也都必须在尊重自然规律的前提下进行，如果违背自然规律，则会受到规律的惩罚。政治环境的不安定因素影响着政策的稳定性、连续性。政治落实不但受国内政治环境的影响，还受到国外政治环境的影响。政治落实必须充分考虑国内国际政治环境，使制定的政策得到有效的落实。经济环境制约着政策执行的物质资源。政治落实所处的经济状况良好，政策的落实度也就会高；政治落实所处的经济状况较差，则会影响政策的落实度。社会文化环境影响着政策的认可度。社会文化具有稳定性与引导性，如果社会文化环境与政治需要相适应，就有利于政治落实，如果相悖，就会成为政治落实的阻力。如人民群众对计划生育政策态度的变化就说明了这个问题。

（三）政治落实重大风险的几个关键点

政治落实过程中不但受到政策自身、落实主体、落实对象、落实资源及落实环境等因素的制约，政策落实还受到政策过程的关联度、公民参与状态、非正式组织与制度、监督约束机制作用发挥情况以及政策制定过程中的相关环节是否完善等因素的影响。

第一，政策过程的关联度。政策过程即政策前期调研准备、政策制定、政策落实、政策评估、政策反馈、政策终结等环节的统称。从政策制定偏好看，决策者偏好决定政策方案。在诸多政策方案中，决策者会根据个人的偏好，综合考量多种因素，最终对方案做出选择。在政策的制定过程尤其是重大政策的制定中，常以听证会的形式拓宽政策制定参考渠道。从政策宣传上看，政策执行者只有在明确认识、充分了解政策意图和具体实施措施的情况下，才有可能积极主动地参与执行。从政策细化上看，要使落实工作顺利进行，就必须在这些基本原则指导下，对总体目标进行分解，编制出政策执行的“具体计划”，明确工作任务目标，商定和落实具体问题，使落实活动有条不紊地进行。从物质与组织准备上看，落实者应根据政策执行活动中的各项开支编制预算。预算要准备必要的设备，包括交通工具、通信器材、机械设备、办公用品等，并且要做好包括建立组织机构、配备领导和工作人员，制定必要的规章制度等在内的组织准备。从组织协调上看，要使各落实机构间、落实人员间做到分工合作、步调一致，形成一个整体，保证大家为实现政策目标共同努力。从政策试点推广上看，政策推广要严格遵循政治落实的基本原则，充分发挥政治落实的功能要素，以保证政策目标的圆满实现。从政策监督上看，政策的有效性常常基于各种原因而受到影响，造成政策表面化、政策扩大化、政策缺损和政策曲解等现象。从政策沟通上看，政治落实中的落实机构间、落实机构与有关部门间、上下级间、落实人员间、落实人员与政策对象间的沟通都必须高效协调，步调一致。从政策评估上看，评估标准应切合实际，要做到原则性和具体性相结合、定量指标和一定性分析相结合、严格性和灵活性相结合。

第二，政治过程中的公民参与度。公众参与政治落实，不仅可以提高政治落实的社会认同度和接受度，而且还有助于减少政治落实政策偏差和腐败行为。但是在实际政治落实过程中，单纯依靠行政机关，公众参与不足现象还是普遍存在的。一是我国关于规范参与行为、畅通参与渠道、保证参与实施的制度却不够健全。这使得政府虽然鼓励公民参与，但是由于参与形式、方法、渠道和手段等都没有具体的规定，公民不能通过正常合法的程序进行参与。我国公共政策执行的政策听证制度、政策公开制度、责任追究制度、政策监督制度等还不够健全，公民政治参与愿望和要求无法真正实现和有效保障，政治参与信心和激情无法得到提高。二是公民普遍缺乏参与意识。由于受社会成员自身素质，对资讯掌握程度、理解程度以及对政策目标实现的可能性和途径的认识等诸多因素的影响，现实中公民参与的能力与参与要求并不相符，参与效率低下。三是公众参与的受重视程度不高。把公民参与作为“形象工程”，表面化、敷衍化、过场化，即使公民提出自己的意见和建议，政府也不予考虑和重视，使公民参与和不参与一个样，从而导致公民真实的意见得不到有效的关注和积极的回馈。

第三，正式制度与非正式制度之间的契合度。非正式制度是人们在长期交往中无意识形成的，具有持久的生命力，是对人的行为不成文的规定。一方面，非正式制度能减少正式制度的实施成本，非正式制度通过内心法则形成“自觉意识”，可以提高人们遵守正式规则的自觉性，提高正式制度实施的绩效；另一方面，非正式制度又可以阻碍制度变迁与创新，因为非正式制度的变迁缓慢，而且需要较长的时间，会迟滞制度变迁的进度。

政策是在一定的制度约束下制定和落实的，这种制度约束不仅包括成文的正式制度约束，也包括伦理规范、传统规范、风俗习惯、意识形态等非正式制度约束。由于当前我国政策制定权的高度集中，对人们心理、行为的影响在政策制定过程中难以得到足够的关注。如果政策安排与人们在长期社会生活中积淀下来的文化习俗、社会心理等非正式规则的摩擦较小，人们对政策的认知与政策制定者宣称的政策意图较一致，那么政策就较有可能得以顺利、有效落实。而如果与非正式制度不一致，政治落实则会受到影响。

第四，政治监督体制的完善度。政治落实过程中，必须建立和完善行之有效的政治落实监控制度，以保证专门监督机构享有广泛的授权。在多元监督体制下缺乏科学合理的分工，监督范围与监督责任不明确，各监督机构在监督工作中相互推诿，使监督内容难以落实。一要理顺监督体制，使监督体制更加独立。要改变专门监督机构现行的双重领导体制，实行垂直管理。使监督机关的财政权、人事任免权等不再受制于监督客体，而是由其上级主管部门直接安排，保证专门监督机构独立行使监督权。二要健全监督制度。政治落实者依法定权力落实政策，政治落实必须强化责任追究制度，加强行政诉讼法律制度和行政赔偿制度的建设。对由于政治落实失败而造成损失的责任者，必须依法追究其责任，提高政治落实者的责任意识和风险意识，促使其控制政策执行方向，规范政治落实行为。三要充分发挥监督机构的监督作用。我国的政治落实的监督者又往往是政治对象，在政治落实中，他们难以做到“价值中立”，致使监督机构的作用难以有效发挥出来，甚至成为影响政治落实的阻碍者。

三、防范化解政治落实重大风险的重点任务

要使党的路线方针政策在贯彻落实的过程中得到最有效的保障，使党的为民意志为民情怀直达千家万户，每一个家庭每一个公民，切实提升人民群众的获得感幸福感安全感，就必须明确防范化解政治落实重大风险的主要任务，推进政治落实的公开化科学化规范化。

（一）强化防范化解政治落实重大风险的意识

抓落实，是党的政治路线、思想路线、群众路线的根本要求，也是衡量领导干部党性和政绩观的重要标志。党的十八大以来，以习近平同志为核心的党中央部署推进全面深化改革，坚持制定改革任务和狠抓改革落实并重，推动改革落实工作取得重大进展和积极成效。

一要增强政治意识，善于从政治高度抓落实。增强政治意识是由马克思主义政党的性质决定的，是我们党对党员干部的一贯要求。新时代，全面深化改革面临的矛盾增多、难度加大，越是任务艰巨繁重，越需要提高政治站位，强化责任担当，要敢于直面矛盾、解决问题，推动工作落地落实。要在着眼大局中抓好谋划，勇于负责，敢于担当。要自觉把讲政治的要求转化为坚定不移推进改革的实际行动，注意从政治高度认识问题、把握工作、推动发展，增强“四个意识”，做到“两个维护”，始终保持头脑清醒，任何情况下都要做到政治信仰不变、政治立场不移、政治方向不偏，坚定不移推进全面落实改革要求落地落实。必须加强党的领导，把握政治方向，突出主体责任，努力先行先试，持续推进制度创新，完善督察机制，为改革落实提供坚强有力的政治保障。

二要强化责任意识。无论做什么事情，都要记住自己的责任；无论在什么样的工作岗位上，都要对自己的工作负责。敢抓敢管、敢于

负责、善于负责，应该成为每一个共产党员尤其是领导干部的处事风格。定下来的事情要雷厉风行，抓紧实施，刻不容缓；部署了的工作要认真负责，一抓到底，督促检查，层层落实；执行过程中的每一个环节，都必须严格体现党的路线、方针、决策和决议的精神实质，不打折扣、不走样、不延误时机，要身先士卒、奋不顾身、靠前指挥。

三要确立遵守制度意识。无规矩不成方圆，没有健全的制度，就不会形成强大的执行力。邓小平同志早就指出："党和国家的各级机关中，一个很大的问题就是无人负责。名曰集体负责，实际上等于无人负责。一项工作布置之后，落实了没有，无人过问，结果好坏，谁也不管。"① 在科学合理的制度意识指导下，要建立严格的责任制，不能借口集体领导，逃避个人责任。哪一级出了问题，就要追究哪一级领导的责任；要制定权责清晰的责任制，明确每个人应该做什么，怎样做，达到什么目标，要用最快的速度在最短的时间内实现执行目标；要规范严格的检查监督制度，明确由谁检查监督，检查监督什么，发现问题如何处理；要建立和落实奖励惩罚制度，有功必赏，有过必罚，赏罚分明。特别是要健全人人负责、层层负责、环环相扣、科学合理、行之有效的工作责任制。

四要强化使命担当意识。在政治落实的过程中总会遇到这样那样的矛盾和问题，还会受人情世故、个人利益、小团体利益的纠缠。如果回避矛盾，畏惧不前，敷衍了事，政治落实必然会落空。因此，抓好政治落实必须"敢"字当头，矛盾面前不躲闪，挑战面前不畏惧，困难面前不退缩，在关键时刻和危急关头能够豁得出来、顶得上去、经得住考验。一方面，要正视问题，对存在的问题不回避，敢于正视，善于在解决问题上下功夫、用气力，把消极因素转化为积极因素；另一方面，要有揭露问题的勇气，不掩盖矛盾，不回避矛盾，越是后进

① 《邓小平文选》第2卷，人民出版社1994年版，第150—151页。

越要抓，越是弱项越使劲，形成政治落实的良性循环，在政治落实的实践过程中提升防范化解政治落实重大风险的能力。

（二）以全面深化改革的勇气切实推进政治落实

当前，改革将进一步触及深层次利益格局的调整和制度体系的变革，改革的复杂性、敏感性、艰巨性更加突出。习近平总书记指出：容易的、皆大欢喜的改革已经完成了，好吃的肉都吃掉了，剩下的都是难啃的骨头。这就要求我们胆子要大、步子要稳。

全面深化改革，才能进一步增强改革实效。恩格斯说："历史从哪里开始，思想进程也应当从哪里开始。"[①] 改革开放以来党在实践上的每一个重大成就，在理论上的每一个重大创新，在工作中的每一个重大突破，都是思想解放的结果。就全面深化改革而言，触及深层次的社会关系和利益调整，凝聚改革共识难度加大，统筹各方面利益任务艰巨，协调不顺，处理不好，改革就难以顺利推进，难以取得成功。只有最大限度地解放思想、坚定信念，凝聚政策执行的思想共识，才能把这场伟大而深刻的革命推动和深化下去。从改革落实的效果来看，"打折""擦边"现象依然存在。解决好这些问题，要深入学习贯彻习近平总书记关于抓好改革落实的重要指示精神，主动回应群众关切，满足人民群众对美好生活的向往。要进一步推出创新措施，从惠民生的角度去认识改革，实现好、维护好、发展好人民群众的根本利益，顺应社情民意，坚持不懈深化改革、落实改革。要把是否促进经济社会发展、是否给人民群众带来实实在在的获得感作为改革工作成效的评价标准，让实践来检验，让基层来评判，让群众来打分，确保各项改革取得预期成效。

坚定改革信念，增进政治落实共识。具体要做到：在党的建设上

---

① 《马克思恩格斯选集》第2卷，人民出版社2012年版，第14页。

强化改革，就是要坚持和完善党的领导制度体系，提高党科学执政、民主执政、依法执政水平，建立不忘初心、牢记使命制度，完善坚定维护党中央权威和集中统一领导的各项制度，健全党的全面领导制度，健全为人民执政、靠人民执政各项制度。在政治体制上强化改革，就是要坚持和完善人民当家作主制度体系，发展社会主义民主政治，坚持和完善人民代表大会制度这一根本政治制度，坚持和完善中国共产党领导的多党合作和政治协商制度，巩固和发展最广泛的爱国统一战线，坚持和完善民族区域自治制度，健全充满活力的基层群众自治制度。在法治体制上强化改革，就是要坚持和完善中国特色社会主义法治体系，提高党依法治国、依法执政能力，健全保证宪法全面实施的体制机制，完善立法体制机制，健全社会公平正义法治保障制度，加强对法律实施的监督。在行政体制上强化改革，就是要坚持和完善中国特色社会主义行政体制，构建职责明确、依法行政的政府治理体系。完善国家行政体制，优化政府职责体系，优化政府组织结构，健全充分发挥中央和地方两个积极性体制机制。在经济体制上强化改革，就是要坚持和完善社会主义基本经济制度，推动经济高质量发展。要毫不动摇巩固和发展公有制经济，毫不动摇鼓励、支持、引导非公有制经济发展，坚持按劳分配为主体、多种分配方式并存，加快完善社会主义市场经济体系，完善科技创新体制机制，建设更高水平开放型经济新体制。在文化体制上强化改革，就是要坚持和完善繁荣发展社会主义先进文化的制度，巩固全体人民团结奋斗的共同思想基础。坚持马克思主义在意识形态领域指导地位的根本制度，坚持以社会主义核心价值观引领文化建设制度，健全人民文化权益保障制度，完善坚持正确导向的舆论引导工作机制，建立健全把社会效益放在首位、社会效益和经济效益相统一的文化创作生产体制机制。在社会体制上强化改革，就是要坚持和完善共建共治共享的社会治理制度，保持社会稳定、维护国家安全。要完善正确处理新形势下人民内部矛盾有效机制，完善社会治安防控体系，健全公共安全体制机制，构建基层社会治理新格局，完善国家安全体系。在生态体制上强化改革，就是要坚持和完善生态文明制度体系，促进人与自然和谐共生。实行最严格的生态环境保护制度，全面建立资源高效利用制度，健全生态保护和修复制度，严明生态环境保护责任制度。从而形成一定的制度安排，才能成为政策推进的坚强基石。

（三）不断提高党的路线方针政策过程的公开化科学化规范化水平

党的路线方针政策过程的公开化科学化规范化，可以使民众有更多的机会参与决策，从而有利于避免滥用权力的独裁，降低政策的决策风险，维护人们自身的根本利益。

必须推进党的路线方针政策制定过程的公开化。要建立有效的监督机制，避免“黑箱”操作，内在地要求公共政策制定过程的公开化。政策制定者在制定政策的过程中会因这样或那样的原因出现错误或失误，必须对政策制定者的权力加以限制，建立约束和监督机制，而“公开”是最好的防腐剂。一要通过立法程序，规定中央政府与地方政府的职责权限，保持两者职权关系的相对稳定，有效防止因中央政府与地方政府间的权限划分缺乏规范而导致的政策执行障碍。二要建立健全政策执行的相关法律法规。对执行的程序和责任等作出明确的规定，依法处理违规事件。政策制定过程要阳光操作。政策制定过程的公开化是政策制定规范化的内在要求。三要明确政策执行效果的标准。加强政策执行评估的科学研究，实现评估机制的科学化，明确评价标准、改进评价方法，对政策执行效果尽量实行定量分析。四要建立相关的责任追究制度。如果由于工作失误而造成政策偏离预定方向、造成政策失真，将要受到相应的处罚。

必须推进党的路线方针政策的科学化水平。科学合理地制定政策包括政策制定过程的科学性和政策内容的科学性。一方面，要确保政策过程的科学性，必须注重调查研究。“没有调查就没有发言权”，只有以实事求是、注重调查的态度制定政策，才能使政策内容正确反映政策现实和政策问题。要多听取多方意见。在制定政策过程中应该充分体现政策顾问团的作用，倾听专家的意见，取长补短，使政策的制定和实施更加科学合理。运用大众的智慧，完善政策的内容，调动各方参与者参政议政的积极性，有利于提高各种参与者的政策认同感，为政策执行打好沟通与协调的基础。要重视政策试点，通过政策试点发现可能出现的问题，为科学合理地制定政策提供例证与参考。另一方面，要确保政策内容的科学性。政策本身的不可行性、目标的僵化和缺乏前瞻性、政策的变动频繁以及政策缺乏配套措施等都是造成政策执行偏差的重要原因，政策内容的制定必须坚持宏观性原则、连续性和稳定性原则、合理的目标弹性原则、政策的前瞻性原则以及政策的配套原则。

必须推进党的路线方针政策的规范化水平。制度程序规范化是政策制定过程合法化的保证，公共政策只有产生于严密的制度安排下，才能保证公共政策制定的确定性和规范性。一方面，要遵循科学决策的基本原则。任何一项政策的出台，都必须坚持实事求是的科学精神，严格按照决策程序，在深入细致的调查，并掌握大量的第一手资料的基础上，确定目标，拟订方案，科学论证。另一方面，政策必须符合人民群众的最大利益，解决群众最关心的实际问题。只有坚持“以人民为中心”的理念，根据国情，围绕民众关心的问题进行决策，才能使政策在落实过程中得到人民群众的真心拥护。同时，政策制定过程中还必须注重公众参与，避免决策权力滥用和“寡头决策”，减少政策制定中的独断风险。

（四）完善防范化解政治落实重大风险的具体制度安排

防范化解政治落实重大风险不但要确立防范化解风险的意识，以深化改革推进各项事业的发展，确立党的路线方针政策过程的公开化科学化规范化，还要制定防范化解政治落实风险的各类制度安排，通过制度提升政治落实的效率，以实现政治意图。

一要构建政治落实责任制。构建责任制，要责任明晰。从行政首长到各级负责人员再到具体落实人员，必须明确具体职责。对集体责任和个人责任、直接责任与间接责任应明确界定。政治落实者要明确自己的职责范围、职权范畴，建立健全政治落实配套机制，形成多层次、多功能、内外沟通、上下结合的政策网络，提升政治落实的透明度。构建责任制，要责权职利一致。政治落实者的责任应与其所掌握的权力、在政治落实中的位置及能运用的资源相一致，使其责权职利有机结合起来，形成一个统一的系统。构建责任制，必须建立有效的监督机制。有效的监督机制有利于对政治落实情况及时跟踪评估。在完善政策内部监督机制的同时，还要确保社会临近权力在政治落实中的运用与规范化。

二要健全沟通传播机制。只有党的路线方针政策深入人心，才能得到民众的理解与支持。而要使党的路线方针政策“飞入寻常百姓家”，必须健全党的路线方针政策的沟通传播机制，扩大受众范围。政治制定者要运用多种手段加大政策的宣传、解释力度，让政治对象及时知晓、了解政策内容，加深对政策的认同，并积极配合政治落实。政策的沟通传播是双向的，即要把政策信息及时有效地传递给公众，又要使公众对政策的反馈、评估信息及时地传递给政策制定者。政策的沟通传播也是不受时间限制的，只要政策仍在实施的过程中，对政策的宣传就不会停止。政策的沟通传播手段是多元的，现代社会，政策的传播除了运用传统的广播宣传、公告、出版物、宣传手册等，还要注重运用新媒体、官方网站、微博、微信、公众号等信息渠道进行正式发布，以提升信息传递的时效性、准确性。

三要完善公众参与制度。政治落实除涉及党和国家机密外，都应按法律程序和规章制度，使政治落实活动置于公众的监督之下。公众参与是政治落实的有力保障，公众参与政治落实越充分，政策就越容易被认可和支持，政策监督和评估就越及时充分，政策目标也就越容易实现。要加强公众参与的具体制度建设，拓宽公众参与政治落实参与渠道，提升公众政治落实的知情权、参与权，如举行听证会、信息披露会、表决会等。要规范公民参与程序，保障公民参与权的实现。应对公民参与政策执行的内容、方式、途径作出明确的规定，并用法律的形式固定下来，依法确定科学合理的公民参与程序。要培养公民参与政治落实意识，提升公众参与能力。积极培育公民参与政治落实的环境，引导公民树立平等意识、自主意识、责任意识和法制意识。要加强对公民参与政治落实技能的培训，增强公民参与的有效性。通过向公民传授必需的知识，让公民懂得如何参与政治落实，了解如何保障和实现自身合法权益，提高公民参与政治落实技能，增强公民参与的有效性。

四要构建激励机制。“工欲善其事，必先利其器。”对政治落实者利益的忽视，在很大程度上导致了政治落实的偏失。要使政治落实取得实效，必须建立完善的激励机制，以激发政治落实者的积极性，提升政治落实的效率。政治落实有赖于政治落实资源的准备，政策人力资源、财物资源、政策资源、权力资源等方面准备的是否充足决定了政治落实的状况，特别是对政治落实者相关的政治落实的激励机制的完善，更好有效地激发政治落实者落实政策的热情与积极性，使政治落实的效果达到“立竿见影”。

（五）切实增强各级领导干部狠抓落实本领

办好中国的事情，关键在党，关键在人，关键在一支高素质的干部队伍。领导干部要坚持身体力行，以上率下，在全面从严治党、坚定理想信念、加强作风建设、陶冶道德情操、形成风清气正的政治生态等各方面发挥好示范带头作用，形成“头雁效应”。再好的蓝图，再伟大的事业，最终都是要通过奋斗才能成为现实。

一要坚持“说实话、谋实事、出实招、求实效”的科学态度。新时代增强狠抓落实本领，必须坚持“说实话、谋实事、出实招、求实效”，在“实”上下苦功夫，下真功夫，才能不断巩固党的执政地位，确保党和人民事业取得成功。

说实话是领导干部党性的内在要求。领导干部对工作、对上下级、对自己、对人民群众要说实话，有一说一，不忽悠推诿，使领导干部和群众之间的血肉联系越来越紧密，不断强化工作落实的根本基础。谋实事就是要“干在实处”。只有“干在实处”，才能把嘴上说的、纸上写的、会上定的，变成具体的行动、有效的举措、看得见的成果。在实干中形成共识、破解难题、推动发展。“干在实处”贵在脚踏实地。领导干部要有“功成不必在我”的政绩观、“创业必须有我”的责任观、“革命理想高于天”的价值观、“策马扬鞭自奋蹄”的人生观，才能激发干事创业的激情，提升干事创业的能力，享受干事创业的乐趣，迎接干事创业的挑战。但道路不可能一帆风顺，蓝图不可能一蹴而就，梦想不可能一夜成真。出实招就是要尊重规律、统筹各方、善用典型、形成制度。这就要求各级领导干部，要树立正确的政绩观、树立超前意识，正确处理人与自然的关系，科学决策、持之以恒，在落实上下苦功、做硬功，要精益求精，抓好细节。必须在搞清楚情况的基础上，统筹兼顾、综合平衡，突出重点、带动全局，将抓大放小、以大兼小与以小带大、小中见大有机结合起来。要善于发现典型、培养典型、推广典型，可以使领导干部学有榜样、比有参照、赶有目标。要围绕抓好工作落实，建立健全目标责任制、督查通报制、工作问责制、奖惩考核制等制度，从根本上解决不敢抓、不想抓、不会抓的问题，使事有专管之人、人有专管之责、时有限定之期，形成全方位、多层次的督查落实体系，促进工作落实的科学化、规范化和制度化。求实效就是要注重落实的效果。各级领导干部在抓落实的过程中，只要是和岗位职责有关的事，都要及时反馈，做到凡事有交代、件件有着落、事事有回音，不能搞先斩后奏、边斩边奏，甚至斩而不奏，也不能等任务全部完成了才反馈，对工作的进展情况、存在的问题及产生的原因、解决的建议和办法都要及时反馈报告。

二要发扬抓铁有痕、踏石留印的“钉钉子精神”。“钉钉子精神”是指干事业好比钉钉子，要一锤一锤接着敲，才能把钉子钉实钉牢。钉牢一颗再钉下一颗，不断钉下去，必然大有成效。

要找准钉入点。钉入点就是要钉的位置和方向，想好往哪里“钉”，让实干的“榔头”敲得稳、敲得准、敲到位、敲到点子上，把钉子钉上，把事情办成。找准需要解决的突出问题，明确具体任务和推进措施，不能大而化之、搞“一刀切、一锅煮”。就是要在经济上要找好发展点、民生上要找好安抚点、政治上要找好平衡点、社会上要找好稳定点。要持久发力。落实工作有易有难，需要反复用力敲打，甚至可能钉坏了几个钉子才能钉下去。各级领导干部必须要有较真碰硬的劲头，敢啃硬骨头，敢闯难关。面对落实中遇到的诸多棘手问题与困难，绝不能规避躲闪，妥协退让，绕着走。否则就势必半途而废，工作部署无法落到实处。要有耐心。钉钉子不会一锤定音，需要足够的耐心逐步实现，这样才能把钉子钉得更加牢固。新时代面临的任务是艰巨的，需要付出长期的艰苦努力；面临的困难和问题又异常严峻复杂，也绝不是一劳永逸能解决的。各级领导干部必须以锲而不舍的精神状态，一锤接着一锤敲，要注重“跬步”的积累。要有钉稳钉好的恒心。“钉钉子往往不是一锤子就能钉好的，而是要一锤一锤接着敲，直到把钉子钉实钉牢。”① 这要求我们每一项重点任务都要全过程进行把控，对每一项工作的深度、广度要考虑更全面些、更细致些，一锤一锤钉稳钉深入，才能真正把自己的工作抓实抓好。钉稳钉好重在钉牢，就是要使落在实处的成果不变更、不变化，切实成为人民群

① 《习近平谈治国理政》，外文出版社 2014 年版，第 400 页。

众所遵循的利益关切。一个单位、一个地区面貌的改变，并非一朝一夕之功，而需要沿着正确的目标久久为功、持之以恒。

这需要各级领导干部要有真抓的实劲、敢抓的狠劲、善抓的巧劲、常抓的韧劲，抓铁有痕、踏石留印抓落实，要“聚焦、聚神、聚力抓落实，做到紧之又紧、细之又细、实之又实”。[①]

三要树立坚持真理、捍卫真理的大无畏作风。中国特色社会主义建设事业的历史征程中，每一个领域、行业、项目工作的落实都不是一帆风顺的，更多的时候，会遇到来自部门之间、行业之间、非正式组织之间、个体之间甚至是外力的阻力与设碍，形成各种各样的困难与难题。在某些困难面前，领导干部会攻坚克难，想方设法去克服。但是在一些涉及根本利益，涉及个人利益与集体利益，个人价值与社会价值的重大抉择时，考验的不仅是领导干部个人狠抓落实的本领，考验更多的是领导干部有没有一抓到底的决心与勇心，有没有坚持落实、捍卫落实、必定落实的大无畏精神，考验的是领导干部对中国特色社会主义事业的坚定信心、社会主义现代化国家建设的坚定信念、对共产主义远大理想的坚定信仰。

领导干部在贯彻落实党和国家路线方针政策的时候要追求真理、坚持真理。领导干部无论处于何种岗位、何种职务、做何种工作，在狠抓落实的工作中肯定会遇到各种各样的问题，在问题面前是坚持原则、坚持真理，还是妥协让步、委曲求全，或是丧失原则进行利益交换，不但是对领导干部狠抓落实本领的考验，更是对领导干部原则性、党性的考验。

领导干部要有捍卫真理的大无畏精神。求真知、做真人、办真事，不但是做人的基本标准，也是对党员干部起码的要求。各级领导干部在干事创业的最好时代中，在具体的实践工作中，肯定会面对各种是

---

① 《全面深化改革大潮正起：以习近平同志为总书记的党中央推进全面深化改革述评》，人民出版社 2014 年版，第 5 页。

是非非，面对各种压力挑战，面对多种功利诱惑，这更要求领导干部要有坚持真理、捍卫真理的政治勇气，要有共产党人“敢叫日月换新天”的浩然正气。在狠抓落实的过程中，要敢于对那些对社会主义建设事业指手画脚的人亮剑，用具体的实践行动切实的实际成果来回应；要敢于对那些质疑攻击党和国家路线方针政策的论调进行坚决回应与斗争，用具体的思想指导我们的实际行动；要敢于给那些企图颠覆党和国家政权的人和行为给予坚决回击，用具体的行动证明中华人民共和国的主权和中国共产党的执政地位不容侵犯与动摇。

防范化解政治落实重大风险，就是要使党的路线方针政策真正落地见效，使政治对象切实感受到党的路线方针政策带来的获得感幸福感安全感，从而形成人人遵从政策、信奉政策、维护政策的良好社会局面，使党的威信与政府的公信力得到进一步的提升。也只有政治落实到位，党和国家对人民的承诺才会通过制度化的机制有效表达出来，党的领导力水平与执政水平才能得到彰显。以此，才能使党带领和团结最广大人民群众在中华民族伟大复兴中国梦的每一个目标上稳步前进，为实现富强民主文明和谐美丽的社会主义现代化强国打好稳固的基础。

后 记

2019年1月21日，习近平总书记在省部级主要领导干部坚持底线思维着力防范化解重大风险专题研讨班开班式的重要讲话指出，要深刻认识和准确把握外部环境的深刻变化和我国改革发展稳定面临的新情况新问题新挑战，坚持底线思维，增强忧患意识，提高防控能力，着力防范化解重大风险，保持经济持续健康发展和社会大局稳定，为决胜全面建成小康社会、夺取新时代中国特色社会主义伟大胜利、实现中华民族伟大复兴的中国梦提供坚强保障。

我们以习近平总书记这次重要讲话精神为指导，结合自己对政治安全的认识与理解，撰写了《防范化解政治领域重大风险》一书。本书梳理了马克思主义经典作家关于马克思主义政党防范化解政治领域重大风险思想的发展脉络，总结了中国共产党在防范化解政治领域重大风险中的经验、教训及重点关注方向，重点分析了新时代我国国家主权安全、政权与制度安全、意识形态安全、干部队伍安全、政治落实安全等面临的重大风险及其防范化解措施。

真诚希望本书的出版，能够帮助读者强化对政治安全风险的认识、关注和警惕，切实提升防范化解重大风险的能力。当然，本书的研究只是初步的，由于时间和水平的限制，难免有不妥之处，欢迎广大读者批评指正。同时，在写作的过程中，我们也吸收了多位专家学者的研究成果，由于篇幅所限没有一一标出，在此一并表示真诚感谢。中央党校出版集团、国家行政管理出版社的同志对本书的编辑、设计、出版付出了大量的心血，在此也表示真诚的感谢。

作者

2020年8月